Fontes Christiani

AMBROSIUS VON MAILAND
ÜBER DEN GLAUBEN
[AN GRATIAN]

I

FONTES CHRISTIANI

Zweisprachige Neuausgabe christlicher Quellentexte
aus Altertum und Mittelalter

Im Auftrag der Görres-Gesellschaft
herausgegeben von
Siegmar Döpp, Franz Dünzl, Wilhelm Geerlings,
Gisbert Greshake, Rainer Ilgner, Rudolf Schieffer

Band 47/1

AMBROSIUS VON MAILAND
ÜBER DEN GLAUBEN
[AN GRATIAN]
I

LATEINISCH
DEUTSCH

TURNHOUT
BREPOLS PUBLISHERS
2005

AMBROSIUS VON MAILAND

DE FIDE
[AD GRATIANUM]

ÜBER DEN GLAUBEN
[AN GRATIAN]

ERSTER TEILBAND

ÜBERSETZT UND EINGELEITET
VON
CHRISTOPH MARKSCHIES

TURNHOUT
BREPOLS ✠ PUBLISHERS
2005

Abdruck des lateinischen Textes von O. Faller (CSEL 78)

Fontes-Redaktion:
Silke Floryszczak, Melanie Kurek, Horst Schneider

Bibliografische Information der Deutschen Bibliothek

Die Deutsche Bibliothek verzeichnet diese Publikation in der Deutschen Nationalbibliografie; detaillierte bibliografische Daten sind im Internet unter <http:/dnb.ddb.de> abrufbar

Umschlagbild: Marmorplatte eines Lesepults,
Ravenna, S. Apollinare Nuovo, 6. Jh.

Alle Rechte vorbehalten – Gedruckt in Belgien
© Brepols Publishers, Turnhout, 2005
Satz: Arbeitsstelle Fontes Christiani, Bochum
Herstellung: Grafikon – Ter Roye, Oostkamp, 2005
D/2005/0095/48
ISBN 2-503-52133-9 gebunden
ISBN 2-503-52134-7 kartoniert

INHALTSVERZEICHNIS

ERSTER TEILBAND

Einleitung

I. Der Autor des Werkes De fide:
   Ambrosius von Mailand 9
   1. Zur Biographie des Ambrosius 9
   2. Zu den Werken des Ambrosius 27
   3. Zur Theologie des Ambrosius 41

II. Das Werk De fide. 44
   1. Zu den Entstehungsumständen des Werkes
      De fide. 45
   2. Zu den literarischen Reaktionen auf die Schrift
      De fide. 52
   3. Zu Ziel und Inhalt des Werkes De fide 54
   4. Zur Trinitätstheologie des Werkes De fide . . . 60

III. Die Quellen des Werkes De fide. 68
   1. Ambrosius und Athanasius 72
   2. Ambrosius und Hilarius. 77
   3. Ambrosius und Origenes
      beziehungsweise Ambrosius und Didymus. . . . 78
   4. Ambrosius und die kappadokischen Theologen . 80

IV. Die Bibelzitate im Ambrosianischen Text. 82
   1. Zur Funktion der Bibelzitate 83
   2. Zum Bibeltext 86

INHALTSVERZEICHNIS

V. Der Stil und die Sprache des Werkes De fide 88

VI. Der Text der Ausgabe 91
   1. Zur handschriftlichen Bezeugung des Werkes
      De fide 91
   2. Zu den Kapitelüberschriften 97
   3. Zum Wert der indirekten Überlieferung 98

VII. Bemerkungen zur Übersetzung 130

VIII. Erläuterungen zum Apparat der Edition
     Otto Fallers 131
   1. Textzeugen 131
   2. Handschriftengruppen 132
   3. Frühere Editionen 132
   4. Allgemeine Abkürzungen im Apparat 133

Text und Übersetzung

Liber Primus 136
Erstes Buch 137

ZWEITER TEILBAND

Liber Secundus 250
Zweites Buch 251
Liber Tertius 354
Drittes Buch 355
Liber Quartus 462
Viertes Buch 463

DRITTER TEILBAND

Liber Quintus 586
Fünftes Buch 587

Anhang

Abkürzungen 776
    Werkabkürzungen 776
    Allgemeine Abkürzungen 783
    Bibliographische Abkürzungen 785

Bibliographie 795
    Quellen 795
    Literatur 823

Register 840
    Bibelstellen 840
    Personen 851
    Geographische Namen 861
    Sachen 862
    Lateinische Stichwörter 864
    Griechische Stichwörter 867

EINLEITUNG

I. DER AUTOR DES WERKES DE FIDE: AMBROSIUS VON MAILAND

Ambrosius von Mailand zählt — verglichen etwa mit seinem Schüler Augustinus — zwar nicht zu den ganz prominenten lateinischen Kirchenvätern des Abendlandes und wird heute wohl auch eher von Spezialisten gelesen. Trotzdem handelt es sich um einen einst viel gelesenen Autor, dessen Schriften in Form wie Inhalt charakteristisch für das lateinische Christentum sind und bis in die frühe Neuzeit einflußreich blieben, um einen Kirchenführer, dessen Aktionen für die Gestaltung des Verhältnisses von Kirche und Staat bis heute von Bedeutung geblieben sind, und schließlich um einen Theologen im Bischofsamt, dessen exegetische, homiletische und trinitätstheologische Arbeiten die lateinische Theologie der Folgezeit geprägt haben.

1. Zur Biographie des Ambrosius

Die erste Lebenshälfte verbrachte Ambrosius in Kreisen hoher Beamter des spätantiken Kaiserreiches, die zweite Lebenshälfte als Bischof in der westlichen Kaiserresidenz Mailand. Über die erste Phase seines Lebens wissen wir leider recht wenig, obwohl sie den späteren norditalienischen Metropoliten erkennbar stark geprägt hat. Im Grunde sind nur einige wenige Eckdaten bekannt, und selbst hier bleibt manches unsicher: Ambrosius wurde vermutlich 333/334 als Kind einer vornehmen Familie (stadt-?)römischer Christen in der Kaiserresidenz Trier geboren[1]. Zu seinen

---

[1] Vgl. Ambrosius, *epist.* 49[59], 3 (CSEL 82/2, 55); weniger wahrscheinlich ist das Jahr 339. Zum Geburtsdatum siehe jetzt auch MARKSCHIES, *Ambrosius von Mailand und die Trinitätstheologie* 44; zum Geburtsort vgl. FISCHER, *Ist Ambrosius wirklich in Trier geboren?* 132–135.

drei Geschwistern, denen er zeitlebens in herzlicher Zuneigung verbunden blieb, zählten die ältere Schwester Marcellina und der gleichfalls ältere Bruder Uranius Satyrus[2]; die griechischen Namen Ἀμβρόσιος (sc. ‚der Unsterbliche') und Σάτυρος könnten darauf hindeuten, daß die Familie ursprünglich aus Griechenland stammte, vielleicht sind sie aber auch einfach nur ein Hinweis auf den Bildungsstand des Elternhauses, in dem Ambrosius aufwuchs. Leider bleiben unsere Kenntnisse über dieses Elternhaus recht beschränkt; so kennen wir weder *nomen gentile* der Familie noch *cognomen* des Ambrosius. Die *gens* könnte höchstens aus seiner Verwandtschaft mit dem berühmten paganen Rhetor und Politiker Q. Aurelius Symmachus (Eusebius) erschlossen werden[3], mit dem Ambrosius als Bischof trotz vollkommen unterschiedlicher religionspolitischer Standpunkte einen höflichen Briefwechsel mit kühlen Untertönen pflegte[4]. Selbst wenn Ambrosius zur *gens Aurelia* gehörte, will dies nicht viel besagen: Nach der *Constitutio Antoniniana* (212 n.Chr.) gehörte Aurelius zu den häufigsten Gentilnamen. Über den Vater des späteren Bischofs Ambrosius, Ambrosius den Älteren[5], sind wir allein durch den Biographen seines Sohnes unterrichtet[6]. Der Vater amtierte irgendwann zwischen 337 und 340/341 als Prätorialpräfekt Galliens mit Sitz in Trier und bekleidete also eines der höchsten Ämter in der Reichsverwaltung unterhalb des Kaiserthrons.

---

[2] JONES/MARTINDALE/MORRIS, *Prosopography* 1,809.
[3] Ambrosius, *hex.* 1, 32 (CSEL 32/1, 227). — Es bleibt der Verdacht, daß sich die Zugehörigkeit des Ambrosius zur *gens Aurelia,* die immer wieder erwogen wird (beispielsweise bei DASSMANN, *Ambrosius von Mailand* 362) oder gar als sicher behauptet wird, erst der frühmittelalterlichen Hagiographie verdankt.
[4] Vgl. die Einschätzung von MCLYNN, *Ambrose of Milan* 264f: „No personal warmth can be discovered in these documents".
[5] JONES/MARTINDALE/MORRIS, *Prosopography* 1,51.
[6] PAULINUS VON MAILAND, *vita Ambr.* 3,1 (58 BASTIAENSEN/CANALI/MOHRMANN).

Nach dessen Ableben wohnte die Mutter mit den Geschwistern in Rom; möglicherweise stehen sowohl der Tod des Vaters wie auch das vollständige Fehlen von Spuren seines Wirkens in zeitgenössischen Quellen in Zusammenhang mit dem schmählichen Ende des gallischen Augustus Constantinus II. im Frühjahr 340: Vielleicht gehörte Ambrosius der Ältere zu seinen Parteigängern und bezahlte die Niederlage seines Monarchen nicht nur mit dem Leben, sondern auch mit einer *damnatio memoriae*. Es verwundert kaum, wenn angesichts dieser Herkunft aus prominentesten Kreisen sein Sohn schon in Trier und erst recht in Rom[7] eine sorgfältige, aber strenge Ausbildung erhielt[8]. Aber auch hier ist man wieder auf indirekte Rückschlüsse aus seinen späteren Werken angewiesen; von berühmten zeitgenössischen Lehrern in Rom wie Donatus oder Marius Victorinus, die ja durchaus christliche Theologen wie Hieronymus unterrichtet und geprägt haben, spricht Ambrosius nicht; ob er sie überhaupt gehört hat, muß also offenbleiben. Im Vergleich mit Zeitgenossen und Nachgeborenen wie Augustinus fallen allerdings Niveau und Umfang seiner Griechischkenntnisse auf[9]. Analysiert man die Verwendung paganer Literatur in späteren Werken des Mailänder Bischofs, so entsprach seine Lektüre dem zeitgenössischen Bildungskanon[10], Vergil dominiert in Zitaten und Anspielungen, aber natürlich werden auch Cicero, Plinius und sogar die homerische Odyssee verwendet. In Rom, das als alte Hauptstadt des Reiches und Sitz des Senates noch über-

---

[7] DÖLGER, *Der erste Schreib-Unterricht* 62–72.
[8] Vgl. Ambrosius, *hex.* 6,38 (CSEL 31/1, 299).
[9] COURCELLE, *Les lettres Grecques* 119–136.
[10] ELLSPERMANN, *Early Christian Latin Writers* 113–125; DIEDERICH, *Vergil in the Works of St. Ambrose;* HAGENDAHL, *Latin Fathers and the Classics* 347–372, sowie jetzt mit substantiellen Korrekturen an der Tendenz der vorgenannten Arbeiten ZELZER, *Symmachus, Ambrosius, Hieronymus und das römische Erbe* 150.

wiegend pagan geprägt war, scheint die Familie sich ebenfalls der christlichen Minderheitsgemeinde angeschlossen zu haben und wurde dort sogar vom monastischen Aufbruch des Christentums erfaßt, der aus dem Osten in den Westen sozusagen hinüberschwappte[11].

Als *adolescens* erlebte Ambrosius die feierliche Profeß der Schwester in der Peterskirche mit (6. Januar 353/ 354[12]); später hat er die damalige Ansprache des Ortsbischofs Liberius nachgestaltet[13]. Wie sich die Familie in den heftigen Auseinandersetzungen um den stadtrömischen Bischof und den Glaubensstand der Reichskirche orientierte, kann man freilich nicht mehr sagen. Ambrosius stammte offenbar aus einer Familie von hohen Reichsbeamten, und so verwundert es nicht, daß er nach Ende seiner verschiedenen Ausbildungen, die mit dem juristischen Unterricht schlossen, keine kirchliche Berufslaufbahn wählte, sondern wie sein Vater eine Beamtenkarriere einschlug. Die erste uns bekannte Position auf der Karriereleiter des Ambrosius zeigt, daß er recht schnell an eine wichtige Stelle innerhalb der Reichsverwaltung gelangt war: Er wirkte frühestens seit 365 als *advocatus* am Hof des illyrischen Prätorialpräfekten in Sirmium und wurde Berater des dortigen Präfekten Sextus Claudius Pe-

---

[11] HIERONYMUS, *epist.* 127, 8 (CSEL 56/1,151f): *ad Principiam: Multoque ita vixistis tempore, ut imitatione vestri et conversatione multarum gauderemus Romam factam Hierosolymam. Crebra virginum monasteria, monachorum innumerabilis multitudo.* — „So habt ihr lange Zeit zugebracht, und es freut mich, daß infolge eurer Anregung viele durch ihre Lebensweise Rom zu einem zweiten Jerusalem gemacht haben. Zahlreich entstanden Klöster von Jungfrauen; der große Kreis der Mönche wuchs ins Unermeßliche" (Übersetzung: 1, 188 SCHADE).
[12] PAULINUS VON MAILAND, *vita Ambr.* 4, 1 f (58 BASTIAENSEN/CANALI/ MOHRMANN).
[13] Ambrosius, *virg.* 3, 1, 1 – 3, 3, 14 (204–221 GORI); dazu vgl. KLEIN, *Meletemata Ambrosiana* 9–15.

tronius Probus (ab 368[14]). Wie während seiner Ausbildungszeit in Rom ist natürlich auch während seiner ersten Berufsjahre in Sirmium nicht ausgeschlossen, daß Ambrosius am Sitz des Präfekten Zeuge der heftigen kirchenpolitischen Auseinandersetzungen um das nicaenische Bekenntnis geworden ist; allerdings wissen wir für diese Jahre ebenfalls nichts Genaues[15]. Bereits der nächste Karriereschritt führte Ambrosius auf einen äußerst attraktiven Posten in der Reichsverwaltung und in die Stadt, in der er den Rest seines Lebens zubringen sollte: Wahrscheinlich etwas später, als gewöhnlich angenommen wird, nämlich zwischen 372 und 374 (üblicherweise: um 370) wurde er *consularis,* das heißt Provinzialstatthalter der Liguria Aemilia mit Sitz in der westlichen Kaiserresidenz Mailand[16]. Auf dieser zweiten und zugleich letzten Stufe seiner Beamtenkarriere erreichte er eine der hervorgehobensten Statthalterschaften des Reiches. Diese Tatsache läßt vermuten, daß er ohne den folgenden Wechsel in die kirchliche Hierarchie wahrscheinlich bald auf die noch verbleibenden höchsten Posten der Zivilverwaltung gekommen wäre und möglicherweise wie sein Vater oder sein Mentor als Prätorialpräfekt hätte wirken können.

Kirchlicherseits handelte es sich bei seinem neuen Dienstsitz Mailand genauso wie bei den vorausgehenden Wohnorten Rom und Sirmium um kein leichtes Pflaster: Mailand hatte sich unter dem griechischen Ortsbischof

---

[14] PAULINUS VON MAILAND, *vita Ambr.* 5,1 (60 BASTIAENSEN/CANALI/MOHRMANN).
[15] MARKSCHIES, *Ambrosius von Mailand und die Trinitätstheologie* 41–57.
[16] PAULINUS VON MAILAND, *vita Ambr.* 5,2 (60 BASTIAENSEN/CANALI/MOHRMANN); RUFIN VON AQUILEIA, *hist.* 11,11 (GCS 1018); SOZOMENUS, *h. e.* 6,24,2 (GCS 268); SOCRATES, *h. e.* 4,30,2 (GCS 266), und THEODORET VON CYRRHUS, *h. e.* 4,7,2 (GCS 218).

Auxentius, der eine lange Zeit umstritten, aber letztlich unangefochten amtierte (355–374 n. Chr.), zu einem Hauptstützpunkt der lateinischen Homöer entwickelt, die Nicaener bildeten am Ort nur eine Minderheit. Daß das zeitweilige Reichsbekenntnis, das man heute nach dem griechischen Ausdruck, mit dem man seinerzeit die Subordination des Sohnes unter den Vater beschrieb (ὅμοιος), als „homöisches Reichsbekenntnis" bezeichnet, die Kaiserresidenz mit ihren Hofbeamtenfamilien prägte, war kaum verwunderlich, machte aber die Beziehungen der Mailänder Kirche zu anderen italischen Kirchen ebenso problematisch wie die Bischofswahl nach dem Tode des Auxentius im Jahre 374 n. Chr. Die Homöer, die im Grunde nur diejenige subordinatianische Trinitätstheologie vertraten, die vor dem Konzil von Nicaea (325 n. Chr.) die Mehrheitstheologie der ganzen Kirche gewesen war, galten denen, die der nicaenischen Verwerfung des Subordinatianismus (im ὁμοούσιος) folgten, als Arianer, also gegen alle historische Wahrheit als Anhänger des alexandrinischen Presbyters, der zu Beginn des vierten Jahrhunderts die bis dahin wohl radikalste Form von Subordination vertreten und so die folgenden Entwicklungen provoziert hatte. Aus homöischer Perspektive mußte dagegen das nicaenische Bekenntnis zu einem Ditheismus führen. Die heftigen theologischen Auseinandersetzungen, die im Lauf des vierten Jahrhunderts immer auch durch staatliche Zwangsmaßnahmen sanktioniert worden waren, hatten zu einer kirchenpolitisch recht verfahrenen Situation geführt.

Die betreffende Wahl brachte nun aber mit Ambrosius den höchsten Zivilverwaltungsbeamten der Stadt auf einen der wichtigeren Bischofsthrone des Reiches — für diese aus heutiger Perspektive etwas verwunderliche Wahl gibt es im vierten Jahrhundert eine Reihe von Vergleichsbeispielen, die zeigen, daß das Bischofsamt damals zunehmend nicht nur quasistaatliche Aufgaben zugewiesen

bekam, sondern auch quasistaatliche Würde gewann[17]. Die verschiedenen Berichte über die Bischofswahl des Ambrosius im Jahre 374[18] enthalten neben ihren spezifischen literarischen, teils kirchenpolitisch motivierten Ausschmückungen[19] einige gemeinsame Elemente, aus denen man den Ablauf der Ereignisse rekonstruieren kann: Der Statthalter wohnte offenbar in Ausübung seiner Amtspflichten für die Aufrechterhaltung der öffentlichen Ordnung der schwierigen Bischofswahl, bei der Gewaltausbrüche durchaus im Rahmen des Möglichen lagen, bei und wurde nach einer schwierigen Phase als Kompromißkandidat einmütig gewählt. Auch wenn das Motiv durchaus topisch zu nennen ist und von vielen Bischofswahlen berichtet wird, kann man sich gut vorstellen, daß Ambrosius, wie berichtet, tatsächlich bei der Annahme der Wahl zögerte und vom Kaiser Valentinian I. gedrängt wurde, das Amt zu übernehmen. Über die Historizität der Einzelheiten im Umfeld der Wahl, die sein Sekretär Paulinus in der Vita später berichtete, ist schwer zu entscheiden. Zu diesen Einzelheiten gehören bekannte Überlieferungen wie die Kinderstimme, die Ambrosius als Kandidaten ins Spiel bringt, und die Überlieferungen von seiner Flucht

---

[17] GILLIARD, *Senatorial Bishops* 153–175; MARKSCHIES, *Politische Dimension des Bischofsamtes* 438–469; MATTHEWS, *Western Aristocracies*, 183–222.
[18] In chronologischer Reihenfolge: a) 403: RUFIN VON AQUILEIA, *h. e.* 11,11 (GCS 1018f); b) 411/412: PAULINUS VON MAILAND, *vita Ambr.* 6,1f (60 BASTIAENSEN/CANALI/MOHRMANN); c) vor 439: SOCRATES, *h. e.* 4,30,1–8 (GCS 266); d) nach 439: SOZOMENUS, *h. e.* 6,24,1–5 (GCS 268f), sowie e) 449/450: THEODORET VON CYRRHUS, *h. e.* 4,6,5 – 4,7,6 (GCS 217–219).
[19] DUVAL, *Ambroise* 243–283; MARKSCHIES, *Ambrosius von Mailand und die Trinitätstheologie* 67–79; WILLIAMS, *Ambrose of Milan* 104–116. — Im Herbst 1997 erschienen im „Journal of Early Christian Studies" drei kontroverse Beiträge zum Thema: KAUFMAN, *Diehard Homoians* 421–440, und die Repliken von WILLIAMS, *Politically Correct in Milan* 441–446, beziehungsweise MCLYNN, *Diehards* 446–450.

aus Mailand. Jedenfalls nahm der Statthalter die Wahl an, wurde getauft und (wahrscheinlich am 7. Dezember 374[20]) geweiht, er hatte wie viele Zeitgenossen (beispielsweise wie Kaiser Konstantin) die Taufe bislang aufgeschoben, um die damit verbundene Sündenvergebung nicht zu verspielen, sondern erst kurz vor dem Tode erlangen zu können. Die Wahl eines Katechumenen beziehungsweise Neophyten zum Bischof widersprach freilich dem Kirchenrecht[21].

Der neue Bischof agierte im neuen Amt ähnlich zielstrebig wie offenbar zuvor als Verwaltungsbeamter. Seine eigene Formulierung, er habe „zugleich gelehrt und gelernt"[22], deutet nur an, daß Ambrosius in den ersten Jahren seines Episkopates zielstrebig und erfolgreich seine Bildungsdefizite abzubauen versuchte. Dabei half ihm wohl ein Mailänder Presbyter namens Simplician[23], der seinerseits mit dem christlichen Neuplatoniker Marius Victorinus befreundet war und später auch für die Biographie des Augustinus eine wichtige Rolle spielt. Angesichts dieser

---

[20] Vgl. FALLER, *La data della consecrazione vescovile* 110, und FISCHER, *Bischofskonsekration* 527–531.
[21] So bestimmte es zum Beispiel der zweite Kanon von Nicaea 325, *Canones sancti et oecumenici primi concilii Nicaeni* 2 (1/1,24 JOANNOU): Ἐπειδὴ πολλὰ ἤτοι ἀπὸ ἀνάγκης ἢ ἄλλως ἐπειγομένων τῶν ἀνθρώπων ἐγένετο παρὰ τὸν κάνονα τὸν ἐκκλησιαστικόν, ὥστε ἀνθρώπους ἀπὸ ἐθνικοῦ βίου ἄρτι προσελθόντος τῇ πίστει καὶ ἐν ὀλίγῳ χρόνῳ κατηχηθέντας εὐθέως ἐπὶ τὸ πνευματικὸν λουτρὸν ἀνάγειν, καὶ ἅμα τῷ βαπτισθῆναι προάγειν εἰς ἐπισκοπὴν ἢ εἰς πρεσβυτερεῖον, καλῶς ἔχειν ἔδοξεν τοῦ λοιποῦ μηδὲν τοιοῦτο γίνεσθαι; „Man hat zwar bisher Manches entweder aus Not oder aus menschlichem Zwang gegen die kirchliche Regel getan, so daß Menschen, die kaum vom Heidentum zum Glauben gekommen waren und nur kurze Zeit katechetisch unterrichtet worden waren, auch bald zur Taufe gebracht und dabei sofort zu Bischöfen oder Presbytern gemacht worden sind. Aber nun ist beschlossen, daß künftig nichts dergleichen mehr geschehen soll".
[22] Ambrosius, *off.* 1,1,4 (96f TESTARD).
[23] AUGUSTINUS, *conf.* 8,2,3 (154 SKUTELLA/JÜRGENS/SCHAUB); vgl. MARKSCHIES, *Ambrosius von Mailand und die Trinitätstheologie* 80f.

Umgebung verwundert es kaum, wenn eine spezifische Form von neuplatonisch geprägtem Christentum auch in den frühen Arbeiten des Ambrosius ihre Spuren hinterlassen hat. In überraschend entschlossen und schneller Weise wandte sich der neue Bischof von Mailand sofort nach seiner Wahl vom homöischen Kurs seines Vorgängers Auxentius ab und einem neunicaenischen Kurs kappadokischer Prägung zu, also einer antisubordinatianischen Trinitätstheologie unter den Leitbegriffen μία οὐσία und τρεῖς ὑποστάσεις. Ambrosius korrespondierte mit Basilius von Caesarea[24] und äußerte sich in seinen Schriften im neunicaenischen Sinne. Allerdings behielt er den vermutlich homöisch geprägten Klerus seines Vorgängers im Amt[25] und verhinderte mit dieser vorsichtigen Haltung eine Spaltung der Mailänder Kirche und ihrer Geistlichkeit, die den Ortsgemeinden von Antiochien und Rom nicht erspart geblieben war.

Obwohl viele Züge der Kirchenpolitik des neuen Bischofs während seiner ersten vier Amtsjahre im Dunkel bleiben (das gilt auch für die traditionell mit ihm verbundene „große illyrische Synode von Sirmium"[26]), kann man doch noch gut erkennen, daß Ambrosius seine neue Rolle als Bischof der kaiserlichen Residenzstadt mit großer Souveränität ausübte, ja immer stärker innerhalb des westlichen Episkopates eine Art Führungsrolle einnahm. Diese Entwicklung wird natürlich nicht nur mit den gelegentlichen Kontakten zusammenhängen, die sich für einen Mailänder Bischof am Hof ohnehin ergaben, sondern mit dem zivilen Vorleben des neuen Amtsinhabers. Ambrosius konzentrierte sich im Rahmen seiner Kirchen-

---

[24] BASILIUS VON CAESAREA, *ep.* 197 (149–151 COURTONNE), — der Brief ist allerdings nur teilweise authentisch.
[25] So MARKSCHIES, *Ambrosius von Mailand und die Trinitätstheologie* 84–144; anders WILLIAMS, *Ambrose of Milan* 116–127.
[26] MCLYNN, The ‚Apology' 52–76; MARKSCHIES, *Ambrosius von Mailand und die Trinitätstheologie* 109–133.

politik offenbar zunächst auf die trinitätstheologischen Auseinandersetzungen, die in den siebziger Jahren des vierten Jahrhunderts immer noch den Schwerpunkt nicht nur der innerkirchlichen Auseinandersetzungen bildeten, sondern auch der staatlichen Eingriffe in die christliche Kirche. Sicher ist, daß Ambrosius versuchte, nach dem Tode Valentinians I. dessen jungen Sohn Gratian (geboren 359, seit 375 Alleinherrscher im Westen) für eine antihomöische Kirchenpolitik zu gewinnen, die unter die Stichworte „Antiarianismus" und „Nicaenismus" gestellt wurde. In den Kontext dieses Versuches gehören die ersten beiden Bücher des Werkes *De fide*. Allerdings führten die Versuche des Mailänder Bischofs, Einfluß auf die kaiserliche Politik zu gewinnen, keineswegs sofort zum Erfolg: Früher meinte man, die beiden Bücher hätten unmittelbare politische Folgen gehabt; heute ist dagegen unumstritten, daß in einem antidonatistischen Reskript des Kaisers Gratian[27] keine „Rücknahme" des sogenannten „Toleranzediktes" von Sirmium 378[28] vorliegt, die durch den persönlichen oder literarischen Einfluß des Ambrosius auf den Kaiser zu erklären wäre[29]. Deutliche Zeugnisse einer engeren Kooperation zwischen Kaiser

---

[27] *Cod. Theod.* 16,5,5 (1/2,856 MEYER/MOMMSEN).
[28] SOCRATES, *h. e.* 5,2,1 (GCS 275): Γρατιανὸς δὲ ἅμα τῷ νέῳ Οὐαλεντινιανῷ τῆς βασιλείας ἐγκρατὴς γενόμενος, καταγνούς τε τοῦ θείου Οὐάλεντος τῆς περὶ τοὺς Χριστιανοὺς ὠμότητος, τοὺς μὲν ὑπ' ἐκείνου ἐξορισθέντας διὰ ταχέων ἀνεκαλεῖτο· νόμῳ τε ἐθέσπισε, μετὰ ἀδείας ἑκάστην τῶν θρησκειῶν ἀδιορίστως ἐν τοῖς εὐκτηρίοις συνάγεσθαι· μόνους δὲ τῶν ἐκκλησιῶν εἴργειν Εὐνομιανοὺς, Φωτινιανοὺς, καὶ Μανιχαίους; SOZOMENUS, *h. e.* 7,1,3 (GCS 302): καὶ νόμον ἔθετο μετὰ ἀδείας ἑκάστους θρησκεύειν ὡς βούλονται καὶ ἐκκλησιάζειν πλὴν Μανιχαίων καὶ τῶν τὰ Φωτεινοῦ καὶ Εὐνομίου φρονούντων. — Ausführlich zur Frage, ob hier ein kaiserliches Edikt oder Reskript gemeint sei: GOTTLIEB, *Ambrosius von Mailand* 72–80, beziehungsweise ders., *Gratianus* 725.
[29] So aber traditionell: VON CAMPENHAUSEN, *Kirchenpolitiker* 42–45, oder DUDDEN, *Life and Times of St. Ambrose* 1,191.

und Bischof (und entsprechend eindeutige Maßnahmen einer kaiserlichen neunicaenischen Kirchenpolitik im ambrosianischen Geiste) liegen erst für 381 vor: Ambrosius richtete drei weitere Bücher seines Werkes *De fide* an den Kaiser und hielt im September 381 eine Synode in Aquileia ab, um den Einfluß der verbliebenen (vor allem illyrischen) homöischen Bischöfe zu brechen und sie der staatlichen Strafverfolgung auszuliefern[30]. Man muß diesen (offenbar erfolgreichen) Versuch der Kriminalisierung theologischer Gegner durch Ambrosius im Kontext seiner römisch geprägten Religiosität sehen; zwischen rechter Religion und Staatswohlfahrt bestand hier seit ältester Zeit ein enger Zusammenhang. Insofern konnte Ambrosius auch die Versuche der paganen römischen Eliten, neben ihrem angestammten Kult Macht und Einfluß zu behalten, nicht ruhig hinnehmen, allzumal nicht, wenn sie an prominenter Stelle in der alten Hauptstadt erfolgten. Im Winter 382/383 drängte er Kaiser Gratian, mit der Victoria-Statue auch den zugehörigen paganen Altar aus dem Gebäude des römischen Senates zu entfernen und weitere Maßnahmen gegen den paganen Kult in der Stadt einzuleiten[31]. 383 legte Gratian schließlich auch Insignien und Titel des Pontifex maximus ab[32].

Freilich darf man die entsprechenden „Erfolge" der neunicaenischen Kirchenpolitik, die Bischof und Kaiser wenn nicht gemeinsam, so doch in gegenseitiger Abstimmung betrieben, in ihrer Bedeutung nicht überschätzen.

---

[30] Die Synode wurde nach dem Muster eines kaiserlichen Kognitionsprozesses abgehalten: SIEBEN, *Konzilsidee* 482–492. MCLYNN, *Ambrose of Milan* 127, fragte freilich zu Recht, ob Ambrosius zu einer solchen Handlung überhaupt juristisch berechtigt war; seine Interpretation der Verhandlungen als „a piece of pure opportunism" (ders., *Ambrose of Milan* 137) ignoriert allerdings die theologische Dimension und ist daher zu einseitig.
[31] GOTTLIEB, *Gratianus* 728f; KLEIN, *Victoriaaltar* 1–72.
[32] ZOSIMUS, *historia nova* 4,36,3–5 (2/2, 301f PASCHOUD).

Obwohl 382/383 in Rom möglicherweise unter Beteiligung des Ambrosius nochmals ein feierliches lateinisches Synodaldokument neunizänischer Prägung verabschiedet wurde, der sogenannte *„Tomus Damasi"*[33], und nach einem Gesetz des Kaisers Theodosius eine offen nichtnizänische Theologie wie die homöische unter Strafe stand, geriet Ambrosius wenige Jahre später nochmals in heftige Auseinandersetzungen mit Anhängern homöischer Theologie. Diese Auseinandersetzungen wurden ausgelöst, als nach dem Tode Gratians (383) dessen Mutter Justina (gestorben 388), die die Regentschaft für Gratians Bruder Valentinian II. (geboren 371) führte, vor Ostern 385 die Umwidmung der vor den Stadttoren gelegenen *Basilica Portiana*[34] für den homöischen Gottesdienst verlangte. Selbstverständlich konnte Ambrosius weder von seinen politischen und kirchenpolitischen noch von seinen theologischen Prämissen her eine homöische Minderheits- und Sondergemeinde dulden, selbst wenn es sich um eine reine Hofgemeinde gehandelt hätte. Die auf das Begehren der Kaiserinmutter folgenden Konflikte fanden schon in der Spätantike allgemeine Beachtung und sind daher durch eine ganze Reihe von Quellen dokumentiert[35]:

---

[33] „Langtomus" nach der bei MARKSCHIES, *Ambrosius von Mailand und die Trinitätstheologie* 144–164, vorgeschlagenen Analyse des Textes bei EOMJA 1/2,1, 281–296.

[34] Ihre gelegentlich vorgeschlagene Identifikation mit der heutigen Mailänder Kirche San Lorenzo bleibt problematisch (so mit Literaturnachweisen MCLYNN, *Ambrose of Milan* 176–179).

[35] Ambrosius, *epist.* 75[21]–77[22] (CSEL 82/3,74–140), besonders *epist.* 75a[21a] (CSEL 82/3,82–107); vgl. RUFIN VON AQUILEIA, *hist.* 11,15f (GCS 1020–1022); AUGUSTINUS, *conf.* 9,7,15 (191f SKUTELLA/ JÜRGENS/SCHAUB); PAULINUS VON MAILAND, *vita Ambr.* 15,1–5 (72 BASTIAENSEN/CANALI/MOHRMANN); SOCRATES, *h. e.* 5,11,3–7 (GCS 285f); SOZOMENUS, *h. e.* 7,13,9 (GCS 317), und THEODORET VON CYRRHUS, *h. e.* 5,13,1–6 (GCS 303f).

Nach der traditionellen Chronologie Van Haeringens, die Lenox-Conyngham und Nauroy modifizierten[36] und Gottlieb[37] zu verteidigen versucht hat, kam es zunächst im Frühjahr 385 zu Verhandlungen über die Forderung der homöischen Christen im kaiserlichen Konsistorium. Sie scheiterten wegen fehlender juristischer Grundlage und der Proteste der Mailänder Gemeinde vor den Toren des Palastes. Obwohl man an diesem Punkte schon hätte bemerken können, daß Ambrosius das Mailänder Kirchenvolk offenbar zu weiten Teilen hinter seinen nicaenischen und antihomöischen Kurs gebracht hatte, setzten die Kreise um die homöische Kaiserinmutter ihre einmal eingeschlagene Richtung fort. Mit einem Toleranzedikt gegenüber den Homöern[38] vom 23. Januar 386 schufen sie die juristische Basis für die offizielle Wiederzulassung des homöischen Bekenntnisses zumindest im Westreich und forderten dann konsequent vor Ostern 386 eine höherwertige Kirche für den homöischen Gottesdienst, nämlich die *basilica nova, hoc est intermurana*[39]. Diese Politik wurde mit Zwangsmaßnahmen durchgesetzt, indem am Palmsonntag (27. März 386) die *Portiana* (oder *nova*?) für die nunmehr gleichberechtigte homöische Konfession durch Soldaten konfisziert wurde. Freilich mußte diese Konfiskation bereits wenige Tage später am Gründonnerstag

---

[36] VAN HAERINGEN, *De Valentiniano II et Ambrosio* 28–33.152–158. 229–240; LENOX-CONYNGHAM, *Juristic and Religious Aspects* 55–58; ders., *Topography of the Basilica Conflict* 353–363, sowie NAUROY, *Le fouet et le miel* 3–86, und jetzt MCLYNN, *Ambrose of Milan* 185–196, und WILLIAMS, *Ambrose of Milan* 210–215. — M. ZELZER hat jüngst darauf aufmerksam gemacht, daß möglicherweise Ambrosius selbst bei der Bearbeitung der Dokumente für die Publikation in seiner Briefsammlung aktuelle Anspielungen strich und damit neuzeitlichen Forschern die chronologische Einordnung erschwerte: dies., *Chronologie* 82 Anm. 48.
[37] Eine instruktive Übersicht über die verschiedenen Datierungen bei GOTTLIEB, *Mailänder Kirchenstreit* 43.
[38] *Cod. Theod.* 16,1,4 (1/2, 834 MEYER/MOMMSEN).
[39] Ambrosius, *epist.* 76[20],1 (CSEL 82/3, 108).

oder Karfreitag abgebrochen werden, da die Gemeinde durch fortwährende Besetzung der Kirche passiven Widerstand leistete und der Bischof dem Militär die Exkommunikation androhte. Ein kaiserliches Schiedsgericht hatte Ambrosius abgelehnt, da die Kirchen Gott und nicht dem Kaiser gehörten[40]. Damit war aber wieder nur ein Etappensieg erreicht, weil sich der Konflikt mit dem Militär wiederholte[41]. Eine gewisse Zeit später wurde ein weiteres Gesetz erlassen und die erneute Konfiskation samt militärischer Abriegelung der *Portiana* in die Wege geleitet. Erneut wiederholte der Mailänder Bischof seine Taktik des passiven Widerstandes, zu der er nochmals Gemeindemitglieder gewinnen konnte; durch die fortwährende Besetzung der entsprechenden Kirche, einschlägige Predigten des Ambrosius[42] und das Singen von eigens komponierten Gemeindeliedern wurde auch diesmal die Schaffung einer homöischen Kultstätte abgewendet. Die entsprechende dritte Kapitulation des Hofes vor dem streitbaren Bischof wurde bisher gern als endgültige bezeichnet und mit der großen Furcht vor dem Bürgerkrieg in der Stadt begründet[43], jüngst aber lediglich als vorläufige interpretiert und mit dem politischen Druck des Usurpators Magnus Maximus erklärt[44].

In den unmittelbaren zeitlichen Kontext des Streites um die Basiliken gehört ein weiteres Ereignis, das ebenfalls die charismatischen Führungsqualitäten des Mailänder Bischofs dokumentiert und zusätzlich zum Erfolg seiner antihomöischen Kirchenpolitik beiträgt: Die von Wundern begleitete Auffindung (*inventio*) der Gebeine der

---

[40] Ambrosius, *epist.* 76[20], 19 (CSEL 82/3, 118f.).
[41] Anders beispielsweise PALANQUE, *S. Ambroise et l'Empire romain* 512, und DASSMANN, *Ambrosius von Mailand* 366f. Beide gehen von einem einzigen Ereignis aus.
[42] Wie zum Beispiel Ambrosius, *epist.* 75a[21a] (CSEL 82/3, 82–107).
[43] DUDDEN, *Life and Times of St. Ambrose* 1, 275.
[44] WILLIAMS, *Ambrose of Milan* 216f.

unter Kaiser Diokletian hingerichteten Märtyrer Gervasius und Protasius, über die Ambrosius seiner Schwester berichtete[45], beglaubigte den kirchenpolitischen Kurs des Bischofs zusätzlich. Ambrosius ließ die Reliquien der Heiligen unter den Altar einer Basilika translozieren und begründete damit eine bis heute anhaltende Tradition der Märtyrerverehrung im Kontext einer Eucharistiefrömmigkeit, die den Opfergedanken in den Mittelpunkt stellt: „die triumphierenden Schlachtopfer ... an der Stätte, wo Christus als Opfergabe dargebracht wird"[46]. Eine ausschließliche Interpretation dieser Ereignisse als ‚antiarianische Erfindung und Schachzug' ist freilich nicht ausreichend[47].

Die endgültige Durchsetzung des neunicaenischen Bekenntnisses hängt freilich nicht nur mit solchen spektakulären Einzelaktionen, sondern mit dem wachsenden Einfluß des Kaisers Theodosius im Westen seit dem Sieg über Maximus 388 beziehungsweise dem Tod der Justina im selben Jahr zusammen und führte zu schroffen antihäretischen Gesetzen[48]. Zwischen Theodosius und Ambrosius spielten sich auch zwei Szenen ab, die schlaglichtartig Chance und tiefes Problem des großen bischöflichen Selbstbewußtseins gegenüber dem Monarchen und seiner Unnachgiebigkeit in politischen wie theologischen Fragen illustrieren: Im syrischen Callinicum (dem heutigen Raqqa) brannten Christen im Dezember 388 eine Synagoge

---

[45] Ambrosius, *epist.* 77[22] (CSEL 82/3, 126–140); vgl. auch PAULINUS VON MAILAND, *vita Ambr.* 14,1–3 (70–72 BASTIAENSEN/CANALI/MOHRMANN).
[46] Ambrosius, *epist.* 77[22], 13 (CSEL 82/3, 134): *Succedant victimae triumphales in locum ubi Christus est hostia.*
[47] So auch DASSMANN, *Märtyrer* 56; vgl. den begeisterten Bericht AUGUSTINUS, *conf.* 9,7,16 (192f SKUTELLA/JÜRGENS/SCHAUB).
[48] Vgl. zum Beispiel *Cod. Theod.* 16,5,20 (1/2, 862 MEYER/MOMMSEN), vom 19. Mai 389 und jetzt NOETHLICHS, *Judentum und der römische Staat* 24f, sowie ders., *Die gesetzgeberischen Maßnahmen der christlichen Kaiser* 128–165, besonders 148–158.

nieder, und Ambrosius verbat dem Kaiser, den Christen den Wiederaufbau des Gotteshauses zu befehlen[49]. Obwohl Ambrosius die Tat durchaus als Verstoß gegen die Gesetze und als kirchlichen Übereifer einschätzte[50], war er doch zugleich davon überzeugt, daß Kulte, die er für häretisch hielt, nicht geduldet werden dürften. Das brachte ihn zu der erschütternden Aussage, daß er die Verantwortung für jenen Übergriff zu übernehmen bereit sei: *proclamo quod ego synagogam incenderim, ... ne esset locus in quo Christus negaretur*[51]. Theodosius freilich änderte trotz der harschen bischöflichen Invektiven seine grundsätzliche Politik nicht und verbot noch 393 die Zerstörung von Synagogen[52]. Der energische Protest des Bischofs schwächte freilich seine Stellung am Hof; man kann sogar davon sprechen, daß er für einige Jahre „kaltgestellt war"[53]. Zu einem weiteren Konflikt zwischen Ambrosius und Theodosius kam es, als im Frühjahr 390 der illyrische Militärbefehlshaber Buterich in Thessaloniki vom Pöbel erschlagen wurde. Der zum Jähzorn neigende Theodosius[54] gab nach längeren Diskussionen wohl den Befehl, einige Verantwortliche an der Bluttat im Zirkus niedermetzeln zu lassen, doch offenbar geriet die Straf-

---

[49] Das Original Ambrosius, *epist. extra coll.* 1a (CSEL 82/3, 162–177), wurde bearbeitet veröffentlicht: Ambrosius, *epist.* 74[40] (CSEL 82/3, 54–73); vgl. dazu ZELZER, *Aufbau und Absicht des zehnten Briefbuches* 355–358, und dies., *Chronologie* 77f.
[50] Ambrosius, *epist.* 74[40], 6–11 (CSEL 82/3, 58–61).
[51] Ambrosius, *epist.* 74[40], 8 (CSEL 82/3, 59), = *epist. extra coll.* 1a, 8 (CSEL 82/3, 166). MCLYNN hat mit Recht den Konflikt um die Synagoge als „Praetext" bezeichnet; in Wahrheit geht es dem Mailänder Bischof vor allem um das Recht der Bischöfe, in einer *causa religionis* konsultiert zu werden (ders., *Ambrose of Milan* 302).
[52] *Cod. Theod.* 16, 8, 8f (1/2, 889 MEYER/MOMMSEN).
[53] So ZELZER, *Chronologie* 90, mit Berufung auf Ambrosius, *epist. extra coll.* 11[51], 2 (CSEL 82/3, 212).
[54] LIPPOLD, *Theodosius der Große* 43.

aktion außer Kontrolle, was Tausende von Opfern forderte[55]. Ambrosius schrieb mit gewisser Diskretion einen sensiblen, aber deutlichen Brief[56] und tadelte den Kaiser: Das grausame Urteil sei wegen des Todes vieler Unschuldiger Sünde[57]; ohne die Kirchenbuße werde er kein Opfer mehr in Gegenwart des Kaisers darbringen[58]. Erst nach einem entsprechenden Bußakt ließ der Bischof Theodosius[59] wieder zum Altarsakrament zu. In der reichen Literatur zu diesem unerhörten Vorgang ist umstritten, ob es sich um einen kirchenpolitischen Konflikt und Sieg der Kirche über den Staat[60] oder eher um ein seelsorgliches Problem der Kirchenzucht handelt. Jüngst ist gar von einem „public relations triumph for the emperor" gesprochen worden; Ambrosius habe bewußt die Katastrophe von Thessaloniki so gewendet[61]. Einig sind sich aber alle unterschiedlichen Interpretationen darin, daß die Affäre die politische wie kirchliche Bedeutung des Mailänder Metropoliten nochmals erheblich steigerte.

Man darf mit guten Gründen vermuten, daß die große charismatische Wirkung des Ambrosius in seiner Bischofsstadt Mailand auch durch die strenge asketische Haltung dieses Metropoliten ausgelöst wurde; jedenfalls wissen wir, daß viele „heilige Männer" in der Spätantike von weiten Kreisen gerade deswegen verehrt wurden.

---

[55] SOZOMENUS, *h. e.* 7,25,4 (GCS 339); THEODORET VON CYRRHUS, *h. e.* 5,17,2–3 (GCS 307); eine einfühlsame Interpretation der Zusammenhänge auch bei BROWN, *Macht und Rhetorik* 141–146.
[56] Ambrosius, *epist. extra coll.* 11[54] (CSEL 82/3, 212–218).
[57] Ambrosius, *epist.* 11[54], 6–13 (CSEL 82/3, 213–216).
[58] Ambrosius, *epist.* 11[54], 13 (CSEL 82/3, 216): *offerre non audeo sacrificium, si volueris assistere.*
[59] Vermutlich am 25. Dezember 390: THEODORET VON CYRRHUS, *h. e.* 5,18,5 (GCS 309f).
[60] So zum Beispiel SCHIEFFER, *Von Mailand nach Canossa* 333–370, oder DASSMANN, *Ambrosius von Mailand* 368–370.
[61] MCLYNN, *Ambrose of Milan* 323; vgl. aber auch KOLB, *Der Bußakt von Mailand* 41–74.

Der Bischof war persönlich äußerst anspruchslos, frühstückte beispielsweise nie[62] und arbeitete viel. Man merkt seinen Predigten an, daß er dieses asketische Ideal vor allem im Bereich der Ehe- und Sexualethik nicht auf Geistliche, Nonnen und Mönche beschränkt sehen wollte. Außerdem hat man es bei Ambrosius, wie wir bereits mehrfach sahen, nicht nur mit einem ehemaligen Verwaltungsbeamten und Juristen zu tun, der als Bischof mit hoher Effizienz agierte, sondern auch mit einem überzeugten Römer aus vornehmem Hause[63], der sich trotz seines freundlichen und gütigen Umganges stets eine gewisse aristokratische Würde bewahrt hat, wie nicht zuletzt die Berichte Augustinus' zeigen[64] — offenbar verhinderte der große gesellschaftliche Abstand zwischen beiden engere Kontakte. Ein weiterer Grund für die charismatische Wirkung des Mailänder Bischofs waren sicher auch seine Predigten, die er an allen Sonn- und Feiertagen, täglich aber während des Katechumenenunterrichtes[65] zu halten pflegte; nach dem Bericht des Augustinus wurden sie ohne rhetorisches Blendwerk vorgetragen und waren gerade in dieser Schlichtheit, die die theologische Linie der Auslegung umso stärker hervortreten ließ, überzeugend[66]. Weiter zählte zum Aufgabenbereich des Ambrosius die Organisation einer umfangreichen sozialdiako-

---

[62] PAULINUS VON MAILAND, vita Ambr. 38,1 (100 BASTIAENSEN/CANALI/MOHRMANN). — Freilich macht M. ZELZER zu Recht darauf aufmerksam, daß wir aufgrund von konventionellen, literarischen und theologisch motivierten thematischen Beschränkungen in den Werken des Mailänder Bischofs „leider über den Menschen Ambrosius und sein politisches Wirken schlecht unterrichtet" sind, vgl. dies., *Das Erbe der klassischen Tradition* 33.
[63] Ambrosius, *in psalm.* 36,19 (CSEL 64,85): *hereditas maiorum fides vera est.*
[64] AUGUSTINUS, *conf.* 5,13,23f (95–97 SKUTELLA/JÜRGENS/SCHAUB); dazu DASSMANN, *Ambrosius* 271f.
[65] Ambrosius, *myst.* 1,1 (FC 3,206).
[66] AUGUSTINUS, *conf.* 5,13,25 (97f SKUTELLA/JÜRGENS/SCHAUB).

nischen Tätigkeit[67], eine Tatsache, die nochmals die quasistaatliche Dimension des Bischofsamtes im vierten Jahrhundert illustriert. Schließlich hat der Mailänder Bischof auch als Metropolit einer größeren Kirchenprovinz organisatorisch gewirkt. 397 starb er und wurde am Osterfest am Grab der Märtyrer Gervasius und Protasius in der *Basilica martyrum* beigesetzt, die die Zeitgenossen bereits *Ambrosiana* nannten[68]. Als eines seiner letzten Worte überliefert sein Sekretär und Biograph Paulinus: *nec timeo mori, quia bonum Dominum habemus*[69]. Sein Aussehen gibt ein bald nach dem Tode entstandenes Mosaikbild in der Kapelle San Vittore in Ciel d'Oro in unmittelbarer Nähe des Bischofsgrabes wieder, allerdings ist bei Restaurierungsarbeiten deutlich geworden, daß die Darstellung in der Neuzeit stark überarbeitet wurde und der vermutlich stark beschädigte Kopf in Anlehnung an Portraits des Mailänder Bischofs Karl Borromäus (1538–1584) überarbeitet wurde[70].

2. Zu den Werken des Ambrosius

Irgendwelche Werke aus der Zeit vor der Übernahme des Bischofsamtes sind von Ambrosius nicht erhalten; die ihm früher gern als Jugendwerk zugeschriebene lateinische Bearbeitung des „jüdischen Krieges" von Josephus Flavius[71] stammt sicher nicht von ihm. Etwa die Hälfte der Schriften des Ambrosius sind exegetischer Natur und gehen auf bearbeitete und erweiterte Predigten des Mailänder Bischofs zu biblischen Texten zurück. Vermutlich hat Ambrosius

---

[67] MAZZARINO, *Storia Sociale* 21–30.
[68] PAULINUS VON MAILAND, *vita Ambr.* 14,2 (70 BASTIAENSEN/CANALI/MOHRMANN).
[69] PAULINUS VON MAILAND, *vita Ambr.* 45,2 (112 BASTIAENSEN/CANALI/MOHRMANN).
[70] ALESSANDRI, *Indagini*; KOSINKA, *Intervento*.
[71] HEGESIPP, *Historia* 5 (CSEL 66, 293–417).

die Stenogramme überarbeitet und erweitert; in den veröffentlichten Fassungen wird deutlich, daß Ambrosius vor allem den beiden Alexandrinern Philo (darin ein *Philo christianus*[72]) und Origenes, aber auch seinem Zeitgenossen Basilius entscheidende Anregungen verdankt; früher verbreitete Vorurteile über seine angeblich geistlosen Abschreibevorgänge entstammen letztlich der Polemik des literarischen Konkurrenten Hieronymus[73] und berücksichtigen die theologischen Interessen der ‚relecture' und das Ausmaß der Veränderungen am rezipierten Material nicht[74]. Gewöhnlich unterteilt man den literarischen Nachlaß des Mailänder Bischofs in fünf Gruppen, die zugleich nochmals die Tätigkeitsfelder seines Berufes illustrieren[75]: exegetische, systematisch-theologische, ethisch-asketische und katechetisch-kirchenmusikalische Arbeiten sowie Briefe. Diese Ordnung ist auch hier zugrundegelegt; die Datierungen der verschiedenen Schriften des Ambrosius sind freilich teilweise recht unsicher; hier werden vor allem die verdienstvollen Zusammenstellungen von H. J. Frede[76] und M. Zelzer[77] vorausgesetzt.

---

[72] So SCHENKL, *Ambrosius* 1, XXV; dazu LUCCHESI, *L'usage de Philon*; SAVON, *Lecteurs de Philon* 731–744, besonders 739–741, sowie RUNIA, *Philo in Early Christian Literature* 291–311.
[73] Dazu vgl. unten 61 mit Anm. 243.
[74] Vgl. dazu jetzt besonders GRAUMANN, *Christus interpres* 1–28. 417–438.
[75] Eine einsichtige Unterteilung der schriftstellerischen Arbeit des Ambrosius in drei Phasen findet sich bei ZELZER, *Chronologie* 88: 374–388 erste Amtsjahre; 388–390 die Auseinandersetzung mit THEODOSIUS und schließlich 395–397. Dagegen ist die Unterscheidung einer eher durch die Rezeption PHILOS geprägten und einer eher durch die Rezeption des ORIGENES gekennzeichneten Periode schwierig (so noch DASSMANN, *Frömmigkeit* 135–141; kritisch MARKSCHIES, *Ambrosius und Origenes* 539–564).
[76] FREDE, *Kirchenschriftsteller* 98–110.
[77] ZELZER, *Chronologie* 73–92.

Von Anfang an haben die Publikationen des Ambrosius zwei Schwerpunkte, einen homiletisch-exegetischen und einen asketischen: Der Bischof beginnt seine literarische Tätigkeit als Prediger und Exeget mit allegorischen Auslegungen von alttestamentlichen Texten, um so seinem Mailänder Gottesdienstpublikum einerseits und den Lesern andererseits den Anstoß wegzuräumen, den sie bei einem wörtlichen Verständnis dieser Texte empfinden mußten — Augustinus ist der wohl prominenteste Zeuge dafür, daß diese Absicht erfolgreich gewesen ist. Zu den frühesten Schriften zählt *De paradiso,* in der beispielsweise die vier Paradiesflüsse allegorisch auf die Kardinaltugenden ausgelegt werden[78]; sie entstand vielleicht noch 378[79]. Das Paradies ist ein Abbild der menschlichen Seele. Fortgesetzt wird die damit begonnene Genesisauslegung in *De Cain et Abel.* Ähnlich früh muß nach Dunphy *De Tobia* angesetzt werden, nämlich um 375/376[80]. Ambrosius benutzt für diese Homilien, in denen er gegen den Wucher predigt, Stücke aus einer Psalmenpredigt des Basilius von Caesarea[81], aber formuliert auch sehr selbständig in ausgesucht kunstvoller Rhetorik. Nach dem katastrophalen Ausgang der Schlacht von Adrianopel (9. August 378) verfaßte der Mailänder Bischof eine weitere Auslegung zum ersten Buch der Bibel und allegorisierte die Arche als Bild des menschlichen Leibes in seiner Schrift *De Noe.* Erst nach längerer Unterbrechung, die vermutlich der turbulenten Kirchenpolitik geschuldet war, wurde die Reihe der alttestamentlichen Auslegungen fortgesetzt: Ambrosius

---

[78] Wie bei PHILO VON ALEXANDRIEN: BIETZ, *Paradiesesvorstellungen* 108; vgl. jetzt auch BECKER, *Kardinaltugenden.*
[79] Andere Datierungen bei MARKSCHIES, *Ambrosius von Mailand und die Trinitätstheologie* 97.
[80] DUNPHY, *Date of St. Ambrose's De Tobia* 27–36; kritisch dazu jetzt OBERHELMAN, *Jerome's earliest attack on Ambrose* 388–392, und ZELZER, *Chronologie* 89.
[81] BASILIUS VON CAESAREA, *hom. in Ps.* 14,2 (PG 29,253–256).

verfaßte (vielleicht 382/383) zwei Bücher *De Abraham*. Nach Ansicht des Editors Schenkl gehören diese zwei Bücher, die Ambrosius selbst zusammenstellte, freilich nicht wirklich zusammen, weil das erste aus Homilien für Katechumenen besteht[82], das zweite aus solchen für Getaufte[83]. Daher erklären sich auch inhaltliche Unterschiede: Das erste Buch ist ein *moralis tractatus et simplex*[84] über Abrahams Leben (bis Gen 25); das zweite bezieht sich ‚auf den tieferen Sinn'[85] und legt nur bis Gen 17 allegorisch aus[86]. Auf Anfang 386 werden die zwei Bücher *De Iacob et vita beata libri duo* datiert. Sie sind einem klassischen Thema lateinischer Philosophie, dem Zusammenhang von *beata vita* und Bekämpfung der Leidenschaften (Buch 1), in christlicher Beleuchtung, am Beispiel der Patriarchen Jakob und Eleasar sowie der makkabäischen Märtyrer gewidmet (Buch 2)[87]. Nach traditioneller Ansicht in der Osterzeit 386, doch wahrscheinlich deutlich später[88], entsteht *De Isaac et anima,* vielleicht ursprünglich besonders an die Neophyten gerichtet[89]. Hierin wird zunächst die Heirat zwischen Isaak und Rebekka auf die Vereinigung Christi mit der Seele des Glaubenden gedeutet. Dann entfaltet Ambrosius den *processus animae* anhand des Hohen Liedes in vier Stufen: nach der Vereinigung die Gefährdungen, dann die Läuterung und das

---

[82] Ambrosius, *Abr.* 1,4,23 (CSEL 31/1,518): *venisti ad ecclesiam, audisti legem*; 1,9,89 (CSEL 32/1,560): *fortasse audientes haec, filiae*.
[83] SCHENKL, *Ambrosius* 1,XXVI; vgl. Ambrosius, *De benedictiones patriarchum* 1,1 (CSEL 32/2,125).
[84] Ambrosius, *Abr.* 1,1,1 (CSEL 31/1,501).
[85] Ambrosius, *Abr.* 2,1,1 (CSEL 31/1,564): *ad altiora sensum*.
[86] SCHENKL, *Ambrosius* 2,XXVII, hält es daher für unvollendet.
[87] Der Text enthält übrigens eine lateinische Übersetzung und Bearbeitung von 4 Makk LXX (*Iac.* 1,1,1 – 1,2,7 [CSEL 32/2,3–8]; 1,5,17f [CSEL 32/2,15f]; 2,10,43 – 2,12,58 [CSEL 32/2,59–70]).
[88] So jedenfalls ZELZER, *Chronologie* 92 (mit Verweis auf PIZZOLATO).
[89] Vgl. Ambrosius, *Isaac* 4,35 (CSEL 32/1,663); SANDERS, „*Fons vitae Christus*" 14f.

endgültige Anhängen der Seele am *verbum*[90]. Ob Ambrosius dabei mystische Erlebnisse[91], eschatologische Verheißungen oder die gnadenhafte Ausstattung der Seele beschreibt, ist umstritten[92]. Vielleicht handelt es sich ursprünglich auch um Hoheliedpredigten, die erst nachträglich in den Zyklus der Patriarchenauslegungen eingestellt worden sind[93]; vermutlich stellt der im griechischen Original weitgehend verlorene Hoheliedkommentar des Origenes eine wesentliche Quelle dar. Direkt im zeitlichen und sachlichen Anschluß schrieb der Mailänder Bischof *De bono mortis* über den Wert des leiblichen Todes. Der Text enthält mit dem Poros-Mythos[94] wohl ein weiteres Zeugnis für die Plotin-Kenntnis des Ambrosius[95]. In den *Exameron libri sex* von 386/387[96] ist auch das gleichnamige Werk des Basilius über den Schöpfungsbericht rezipiert[97], sorgfältige Erklärungen wechseln mit Beispielerzählungen und der ethischen Anwendung. Neben Origenes und Hippolyt werden Philo, aber auch Cicero und Vergil als Quellen verwendet[98]. Im Herbst 388 oder 389/390[99] schrieb Ambrosius *De Ioseph*, wo er den Patriarchen als Muster der Keuschheit und Vorbild der

---

[90] DASSMANN, *Frömmigkeit* 174–180.
[91] MORESCHINI, *Ambrosius von Mailand* 117.
[92] PICCOLO, *Spiritualità ambrosiana* 67–73.
[93] PICCOLO, *Spiritualità ambrosiana* 34; zum Text SAGOT, Le „ Cantique des Cantiques" 3–57.
[94] Ambrosius, *De bono mortis* 5,19 (CSEL 32/1,720f).
[95] So jedenfalls COURCELLE, *Plotin et Saint Ambroise* 29–56; HADOT, *Platon et Plotin* 209. Ob tatsächlich eine direkte literarische Abhängigkeit vorliegt oder doch Vermittlungsglieder zu postulieren sind, wäre noch einmal zu untersuchen.
[96] Zur Datierung vgl. jetzt ZELZER, *Chronologie* 91.
[97] HIERONYMUS, *epist.* 84,7,6 (CSEL 55,130); vgl. KLEIN, *Meletemata Ambrosiana* 45–81, und jetzt HENKE, *Hexaemeron*.
[98] PEPIN, *Echos de théories gnostiques* 259–273.
[99] Vgl. die Belege bei ZELZER, *Chronologie* 91 Anm. 99: Herbst 388 (IHM/RAUSCHEN/PALANQUE) oder 389/390 (SCHENKL/BARDENHEWER).

Erlösung durch Christus[100] vorstellte. Wohl zu Beginn der Fastenzeit 389 (vielleicht auch 387 beziehungsweise 391[101]) verfaßte Ambrosius *De Helia et ieiunio*, Predigten über das Fasten mit reichen biblischen Beispielen, vor allem dem des Elija. Wieder dienten unter anderem Predigten des Basilius als Vorlage[102]. *De Nabuthae* wird ebenfalls auf 389 datiert und wendet sich (wie die basilianische Vorlage[103]) gegen die Habsucht am Beispiel Nabots. Mit der Vorlage vertritt Ambrosius eine kritische Sicht des Reichtums[104]. Die vier Predigten *De interpellatione Iob et David* werden jetzt ebenfalls gern auf 387/389 datiert und behandeln biblische Klagen über die Hinfälligkeit des menschlichen Lebens (mit Anspielungen auf das Lebensende Gratians [25. August 383] und das politische Schicksal Valentinians II.)[105]. Die *Expositio de Psalmo CXVIII* besteht aus 22 *sermones* über je einen Buchstaben des Psalms und dürfte um 389/390 entstanden sein; als Quelle wird neben einer Arbeit des Origenes zu den Psalmen[106] auch eine verlorene Schrift Philos über die Etymologie und Symbolik der hebräischen Buchstaben angenommen[107].

---

[100] Ambrosius, *Ioseph* 9, 46 – 14, 83 (CSEL 32/2, 104–121).
[101] Übersichten bei ZELZER, *Chronologie* 91 Anm. 99.
[102] Vgl. BASILIUS VON CAESAREA, *hom.* 1 (PG 31, 163–184), mit Ambrosius, *Hel.* 1, 1 – 11, 40; 18, 68 (CSEL 32/2, 411–435.451 f); *hom.* 10 (PG 31, 353–372), mit *Hel.* 12, 41 – 17, 64; 18, 67 (CSEL 32/2, 436–451), und *hom.* 11 (PG 31, 371–386), mit *Hel.* 15, 56 – 16, 58 (CSEL 32/2, 445 f).
[103] BASILIUS VON CAESAREA, *hom. in Ps.* 5 f (PG 31, 237–278).
[104] PORTOLANO, *La dimensione spirituale*; VASEY, *The social ideas*.
[105] Zur Kritik an der Ausgabe von SCHENKL, *Ambrosius* 2, 73–122, vgl. jetzt aber SAVON, *L'ordre et l'unité* 338–355.
[106] Vgl. CPG 1, 1426, 2 (5).
[107] MÜLLER, *Deutung der hebräischen Buchstaben,* mit Ergänzungen durch BACHER, *Kleine Mitteilungen* 239–242.

Augustinus bewahrt Fragmente einer Schrift *Expositio Esaiae prophetae*[108] des Ambrosius, die vor 389 entstanden sein muß[109].

Einen direkten Bezug zu den kirchenpolitischen Auseinandersetzungen hat eine weitere allegorische Auslegung eines alttestamentlichen Stoffes, die Schrift *De apologia prophetae David ad Theodosium Augustum*. Die Sünden Davids werden mit der Unterstützung der Homöer durch Valentinian II. und seine Mutter Justina beziehungsweise mit der Tötung Gratians durch Magnus Maximus verglichen. Die Endredaktion des Textes wurde von Ambrosius wohl 390 vorgenommen, die Abfassung ist zwischen 383[110] und der Edition des Lukas-Kommentars zu datieren[111]; auch die früh bezeugte Widmung an Theodosius mag vom Autor stammen. Die lange für pseudepigraph gehaltene *Apologia David altera* gilt jetzt als eine ältere, noch nicht für die Veröffentlichung überarbeitete Fassung (vielleicht also die stenographische Nachschrift einer Predigt)[112]. Etwas später entstand *De patriarchis*, eigentlich eine Auslegung des Jakobs-Segens (Gen 49) auf der Basis des entsprechenden Werkes von Hippolyt. Zu den spätesten exegetischen Schriften des Ambrosius gehört *De fuga saeculi* (Herbst 394). Sie thematisiert die Weltflucht als Auslegung der sechs Freistädte (Num 35,11–15) und folgt darin wieder Philo[113]. In den Jahren

---

[108] Vgl. den Überblick in der Edition Ambrosius, *Fragmenta in Esaiam* (CCL 14,405–408).
[109] Vgl. dafür Ambrosius, *in Luc.* 2,56 (CCL 14,55); die Schrift war schon für CASSIODOR verloren: CASSIODOR, *inst.* 1,7,1 (28 MYNORS).
[110] In diesem Jahr wurde GRATIAN ermordet, vgl. Ambrosius, *apol. Dav.* 6,27 (CSEL 32/2,316).
[111] Vgl. Ambrosius, *in Luc.* 3,38 (CCL 14,96).
[112] CONNOLLY, *Some Disputed Works* 7–20.121–130; die seitherige Diskussion referiert und ergänzt CONNOLLYS These um einige neue Argumente ROQUES, *L'authenticité de l'Apologia Dauid altera* 53–92. 423–458.
[113] SAVON, *L'exégèse de Philon le Juif*.

387–397 wurde die *Explanatio XII psalmorum*[114] verfaßt, das heißt, eine Erklärung der Psalmen 1.35–40.45.47/48 und 61; auch hier in ‚kontinuierlicher Abhängigkeit' zu Origenes[115] und Basilius[116]. Im Unterschied zu Origenes hebt Ambrosius mehr „den Lobcharakter" der Psalmen hervor und das konkrete Gemeindeleben zum Beispiel im Stundengebet[117]. Der Mailänder Bischof versteht die Psalmodie als Abbild *futurae beatitudinis delectatio*[118] und bemüht sich um eine durchgehende „Christologisierung" der Auslegung. Die Erklärungen zu den beiden rahmenden Psalmen 1 und 61 dürften die frühesten sein; die zu Psalm 36 setzt den theodosianischen Sieg über Eugenius (6. September 394) voraus[119], während Ambrosius die unvollendete Erklärung zu Psalm 43 auf dem Totenbett diktierte[120].

Im Gegensatz zu Origenes (und natürlich auch zu Philo) hat Ambrosius nur eine einzige Schrift zum Neuen Testament vorgelegt, deren Abfassung auf 390 datiert wird, die zehn Bücher seiner *Expositio Evangelii secundum Lucam*. Da neben Origenes[121] auch — vor allem für das dritte Buch — Eusebius mit seinen Untersuchungen zum Verhältnis zwischen den Evangelien[122] als Grundlage

---

[114] Ambrosius, *in psalm.* 61, 33, 2 (CSEL 64, 397).
[115] So schon HIERONYMUS, *epist.* 112, 20, 3 (CSEL 55, 390), und AUF DER MAUR, *Psalmenverständnis* 241–309.
[116] Vgl. für Ambrosius, *in psalm.* 1 (CSEL 64, 3–48); AUF DER MAUR, *Psalmenverständnis* 301.
[117] AUF DER MAUR, *Psalmenverständnis* 307.
[118] Ambrosius, *in psalm.* 1, 1, 1 (CSEL 64, 3).
[119] Ambrosius, *in psalm.* 36, 5, 1–3 (CSEL 64, 73).
[120] PAULINUS VON MAILAND, *vita Ambr.* 42, 1 (108 BASTIAENSEN/CANALI/MOHRMANN).
[121] ORIGENES, *hom. in Lc.* (FC 4/1–2); zum Verhältnis zwischen beiden Auslegungen jetzt GRAUMANN, *Christus interpres* 47–96, und zur Datierung ZELZER, *Chronologie* 90.
[122] EUSEBIUS VON CAESAREA, *qu. Marin.* (PG 22, 937–958), und *qu. Steph.* (PG 22, 879–936), vgl. dazu Textfragmente, Übersetzung und Kommentar bei MERKEL, *Die Pluralität der Evangelien* 66–89, und ders., *Die Widersprüche zwischen den Evangelien* 130–146.

der Predigten und ihrer späteren Überarbeitung zu einem Buch diente, spielt die Harmonie zwischen den kanonischen Evangelien im Lukas-Kommentar des Ambrosius eine große Rolle. Auslegung versteht der Mailänder Bischof als Verkündigung, Verstehen als Nachfolge im Denken. Er versucht in seinen Arbeiten zu beiden Testamenten, biblische Texte stark zu paraphrasieren beziehungsweise häufig zu zitieren und so „die Eigendynamik der Selbstinterpretation Christi nachzuvollziehen"[123].

Auch die ethischen und asketischen Fragen gewidmeten Schriften des Ambrosius entstanden vor allem aus umgearbeiteten Predigten: Für seine Kleriker schrieb der Bischof 388 oder 389 drei Bücher *De officiis*. Obwohl der Text an dem gleichnamigen Werk Ciceros orientiert ist, handelt es sich allerdings wieder um weit mehr als eine oberflächliche Bearbeitung. Allein schon durch die vielen biblischen Exempel unterscheidet sich die christliche ‚relecture' des Ambrosius von ihrem paganen Vorbild, diese gliedern zugleich das etwas unübersichtliche Werk[124]. Das erste Buch ist (wie bei Cicero) dem *honestum*, das zweite dem *utile*, das dritte der Kombination beider gewidmet. Ambrosius legte mit diesem Werk die erste selbständige christliche Ethik vor und begründete so eine einflußreiche Literaturgattung. Die ciceronianische Modellfigur, der *sapiens*, wird nach christlichem Sprachgebrauch durch den *iustus* ersetzt; die *lex*, an der sich Gerechtigkeit messen läßt, „hat die Gottes- und Nächstenliebe der biblischen Tradition zum Inhalt"[125]. Fünf Schriften sind dem Stand

---

[123] GRAUMANN, *Christus interpres* 417.
[124] So STEIDLE, *Beobachtungen* 280–298, gegen TESTARD, *La composition dans ‚De officiis ministrorum'* 155–197; vgl. auch ZELZER, *Cicero-Imitatio* 168–191.
[125] Ambrosius, *off.* 1, 253 (218f TESTARD); vgl. auch DIHLE, *Gerechtigkeit* 350; HILTBRUNNER, *Die Schrift ‚De officiis ministrorum'* 174–189, und ZELZER, *Absicht und Arbeitsweise des Ambrosius* 481–493.

der Jungfrauen gewidmet[126]; Ambrosius hat selbst — wie jüngst gezeigt wurde[127] — in seinen letzten Lebensjahren ein Corpus von vier Schriften zusammengestellt. Allerdings bildet die Abfassung entsprechender Schriften von Anfang an einen Schwerpunkt seiner literarischen Arbeit: *De virginibus ad Marcellinam sororem libri tres* entstand vermutlich schon 377 (oder: 378) auf Wunsch der Schwester[128] und enthält neben Predigten des Ambrosius[129] auch die nachgestaltete Liberius-Ansprache des Jahres 353[130]. Während das erste Buch eher allgemein den Stand als solchen preist, werden im folgenden vor allem *exempla* (darunter die Heiligen Thekla und Maria) vorgeführt und im dritten Ermahnungen an die Schwester gerichtet. Der kleine Text *De viduis* wird ebenfalls auf 377 datiert[131]. Ambrosius ermahnt Witwen, in ihrem Stand zu verbleiben und nicht wieder zu heiraten. Eine Verteidigung bestimmter ehekritischer Sätze aus *De virginibus*[132] in Predigtform erschien wohl nicht unter dem heute eingeführten Titel *De virginitate,* sondern als viertes Buch zu *De virginibus;* Ambrosius dürfte den Text später als bisher angenommen (388/390) geschrieben haben, die §§ 14–23 mögen interpoliert sein[133]. Die Schrift *De perpetua virginitate S. Mariae* (traditioneller Titel: *De institutione virginis*) ist zu

---

[126] BROWN, *Die Keuschheit der Engel* 349–372.
[127] ZELZER, *Gli scritti Ambrosiani sulla verginità* 801–821, teilt in diesem Aufsatz und in ihrem Bericht zur *Chronologie* 92 auch erstmals die originalen Titel der Schriften mit, die auf ihren Kollationen für eine neue Ausgabe dieser Texte für das Wiener Kirchenvätercorpus beruhen.
[128] Ambrosius, *virg.* 1,3,10 (110f GORI).
[129] Ambrosius, *virg.* 1,2,5 (104–107 GORI).
[130] Siehe Einleitung, oben 12.
[131] ZELZER, *Chronologie* 89.
[132] Ambrosius, *virg.* 1,5,25f (128f GORI).
[133] Ambrosius, *virginit.* (PL Suppl. 1, 576); vgl. GORI, *Ambrosius von Mailand* 1,69–78, besonders 69; ein kritisches Referat der seitherigen Diskussion und ein vorsichtiges Votum für die traditionelle Frühdatierung auf 377/378 bei ZELZER, *Chronologie* 90.

ähnlicher Zeit entstanden und dürfte 392/393 abgefaßt worden sein. Sie besteht aus einer Rede an eine Frau namens Ambrosia, die Ostern 392 den Schleier nehmen wollte[134]. Der Rede ist eine Widmung an ihren Großvater Eusebius[135] vorausgeschickt. Freilich besteht das eigentliche Thema der Schrift in der immerwährenden Jungfräulichkeit Mariens beziehungsweise der Widerlegung der Angriffe des Metropoliten Bonosus von Serdica auf diese Lehre. Die Schrift *Adhortatio virginitatis* (traditioneller Titel *Exhortatio virginitatis*) beruht auf der Einweihungspredigt für die Laurentius-Basilika in Florenz, die von einer Witwe namens Julia erbaut worden war und in zeitlicher Nähe des Osterfestes 394 gehalten wurde. Der Mailänder Bischof spricht in der Maske der Stifterin und ermahnt deren Kinder, in den ehelosen Stand zu treten.

Ambrosius hat drei systematisch-theologische Schriften im engeren Sinne verfaßt: Nachdem er sich in fünf Büchern *De fide ad Gratianum* in der trinitätstheologischen Debatte um das Nicaenum energisch zu Wort gemeldet hatte, legte er auch zwei Beiträge zu den folgenden Diskussionen über die Gottheit des heiligen Geistes und die Natur des inkarnierten Christus vor. Kurz nach der Vervollständigung von *De fide,* jedenfalls vor Ende des Frühjahrs 381, ergänzte Ambrosius seine Darlegungen an den Kaiser noch durch *De Spiritu sancto ad Gratianum Augustum.* Der Text beruht vor allem auf der entsprechenden Abhandlung von Didymus (interessanterweise nicht auf den etwas anspruchsvolleren Werken des Athanasius oder Basilius). Erneut widerlegt der Autor vor allem anhand von Bibelstellen die These, der Geist sei ein Geschöpf, und bemüht sich, die Gleichheit der drei Personen nachzuweisen. Nur wenig später ergänzte Ambrosius diese Arbeiten noch durch den Traktat *De incarnationis*

---

[134] Ambrosius, *inst. virg.* 3–17 (2,110–125 GORI).
[135] Ambrosius, *inst. virg.* 1,1 (2,110f GORI, vgl. auch 111 Anm 1).

dominicae sacramento. Der erste Teil[136] besteht aus einer (bearbeiteten?) Predigt in der *Basilica Portiana,* deren Vorgeschichte noch recht genau rekonstruierbar ist[137]. Der Prediger nimmt darin besonders den Apollinarismus ins Visier und argumentiert für die Annahme einer menschlichen Seele Christi. Ein zweiter Teil des Werkes[138] bespricht eine Frage Gratians: *quomodo possunt ingenitus et genitus esse unius naturae et substantiae*[139] und nimmt die antihomöische Polemik der beiden vorausgehenden dogmatischen Schriften wieder auf. Die immer noch gern für Ambrosius in Anspruch genommene ἔκθεσις πίστεως bei Theodoret[140] stammt dagegen definitiv nicht vom Mailänder Bischof[141].

Eine letzte Gruppe der Schriften des Metropoliten von Mailand gehört ganz unmittelbar in den Kontext seiner bischöflichen Pflichten, die katechetischen und kirchenmusikalischen Arbeiten. Die beiden in dieser Reihe bereits vorliegenden Werke *De sacramentis libri sex* und *De mysteriis* sind hinsichtlich Inhalt und Sprache so miteinander verwandt, daß man *De mysteriis* für die korrigierte Fassung der stenographischen Mitschrift von *De sacramentis* gehalten hat[142]. Allerdings wird auch die Selbständigkeit vertreten und sowohl auf die jährlich wiederkehrende Gelegenheit zu solchen Ansprachen an Neugetaufte wie das

---

[136] Ambrosius, *incarn.* 1,1 – 7,78 (CSEL 79,225–264).
[137] PAULINUS VON MAILAND, *vita Ambr.* 18,1–4 (76–78 BASTIAENSEN/CANALI/MOHRMANN): Zwei homöische Kammerherren GRATIANS hatten die Beantwortung der Frage verlangt und versäumten ihre Behandlung durch Ambrosius wegen eines tödlichen Unfalls.
[138] Ambrosius, *incarn.* 7,78 – 10,116 (CSEL 79,264–281).
[139] Ambrosius, *incarn.* 8,79 (CSEL 79,264).
[140] THEODORET VON CYRRHUS, *eran.* 2,29 (161–163 ETTLINGER); dort unter dem Lemma: τοῦ ἁγίου᾽ Ἀμβροσίου ἐπισκόπου Μεδιολάνου.
[141] Belege und weitere Argumente bei MARKSCHIES, *Ambrosius von Mailand und die Trinitätstheologie* 90 (besonders Anm. 90).
[142] MOHRMANN, *Observations sur le „De Sacramentis" et le „De Mysteriis"* 103–123.

Gedächtnis des Ambrosius verwiesen[143]. *De paenitentia libri duo*, entstanden nach 386, aber vor 390[144], wendet sich gegen die Novatianer und betont die Vollmacht der Kirche, Sünden zu vergeben. Daß Tertullian und Cyprian Ambrosius als Quellen dienten, ist wenig verwunderlich. Bei Augustin[145] blieben Fragmente der Schrift *De sacramento regenerationis sive de philosophia* erhalten, in der gegen den Platonismus polemisiert wird[146]. Über die Echtheit der nicht datierbaren Predigt *Explanatio Symboli ad initiandos* ist lange gestritten worden, sie kann aber nach neueren Untersuchungen als ziemlich gesichert gelten[147]. Besondere Aufmerksamkeit haben unter den Schriften dieses Typs die *Hymni* erfahren; die bezwingende Wirkung seiner Hymnen war Ambrosius selbst bekannt[148] und ist von ihm im Mailänder Basilikenstreit bewußt eingesetzt worden[149]. Die Hymnen übermitteln theologische, ethische und spirituelle Information und Anleitung in gefälliger und zugleich kunstvoller Form[150]. Unbezweifelbar echt sind aufgrund früher Bezeugungen[151] die Hymnen 1 (*Aeterne rerum conditor;* ein Morgenlied), 3 (*Iam surgit hora tertia;* zum Gedächtnis der Kreuzigungsstunde), 4 (*Deus creator omnium;* ein Abendlied) samt 5 (*Intende qui regis Israel;* ein antiarianisches Weihnachtslied). Für sehr wahrscheinlich echt werden jetzt die Hymnen 2 (*Splendor paternae gloriae;* ebenso ein Morgenlied), 8 (*Agnes beatae*

---

[143] SCHMITZ, *Ambrosius von Mailand* 14.
[144] Vgl. Ambrosius, *in psalm.* 37 1, 1 (CSEL 64, 136): *De paenitentia duos iam dudum scripsi libellos et iterum scribendum arbitror.*
[145] CPL 161; bei FREDE, *Kirchenschriftsteller* 109.
[146] MADEC, *Saint Ambroise et la Philosophie* 249–256.
[147] CONNOLLY, *Some Disputed Works* 7–20.121–130; BOTTE, *Ambrosius von Mailand* 7–25, und FALLER, *Ambrosius 7,* besonders 20*–30* mit der Bibliographie 20* Anm. 6.
[148] Ambrosius, *epist.* 75a[21a], 34 (CSEL 82/3, 105).
[149] Siehe Einleitung, oben 21 f.
[150] FONTAINE, *Ambrosius von Mailand* 22.
[151] FONTAINE, *Ambrosius von Mailand* 97 f.

virginis), 10 (*Victor Nabor Felix pii*) und 11 (*Grates tibi;* ein Danklied für die Auffindung der Reliquien der heiligen Gervasius und Protasius) gehalten[152]. Erwogen wird eine Echtheit bei 6 (*Amore Christi nobilis;* auf Johannes den Täufer), 12 (*Apostolorum passio;* auf Petrus und Paulus) und 14 (*Aeterna Christi munera;* auf die Märtyrer). Nicht authentisch sind die Nummern 7, 9, 13 und 16–19[153]. Außer Hymnen hat Ambrosius höchstwahrscheinlich noch einige Versinschriften verfaßt: das Epitaph für seinen Bruder Satyrus[154] sowie *tituli* für das Baptisterium der Theklakirche und der Apostelkirche[155]. Eher unwahrscheinlich bleibt, daß 21 *tituli* zu einem Bilderzyklus in der Mailänder *Basilica Ambrosiana* von ihm stammen[156]. Drei Trauerreden zeigen schließlich, daß der Mailänder Bischof ein sensibler Seelsorger war[157]: *De excessu fratris Satyri libri duo* enthält die beiden Reden auf den Bruder Satyrus, der gleichfalls als höherer Beamter arbeitete. Der Tradition nach[158] verstarb der geliebte Bruder am 17. September 378; das erste Buch enthält die überarbeitete Trauerrede, das zweite die *consolatio*[159], die eine Woche später gehalten wurde. Als Valentinian II. am 15. Februar 392 ermordet wurde, hielt Ambrosius die Trauerrede *De obitu Valentiniani consolatio* für die Familie. Ein Thema des Textes ist der Wunsch des Verstorbenen nach der Taufe durch Ambrosius, der den ausgebliebenen Vollzug ersetzt[160]. Zurückhaltender wirkt

---

[152] FONTAINE, *Ambrosius von Mailand* 98f.
[153] FONTAINE, *Ambrosius von Mailand* 99–101; anders für *hymnus* 13 (*Apostolorum supparem*) jetzt NAUROY, *Le martyre Laurent* 44–79.
[154] *Inscr. christ.* Diehl 2165 (424 DIEHL).
[155] *Inscr. christ.* Diehl 1841, 1800 und 1801 (362 und 352 DIEHL); vgl. jetzt SARTORI, *Frammenti epigrafici Ambrosiani* 739–749.
[156] Ambrosius, *Tituli* (PL Suppl. 1, 587–589).
[157] Vgl. dazu jetzt die Untersuchung von BIERMANN, *Die Leichenreden*.
[158] Belege bei BARDENHEWER, *Geschichte der altkirchlichen Literatur* 3, 538.
[159] Ambrosius, *exc. Sat.* 2, 3 (CSEL 73, 252).
[160] Ambrosius, *obit. Valent.* 51–53 (CSEL 73, 354).

De obitu Theodosii oratio, 40 Tage nach dem Tode des Monarchen am 24. März 395 in Gegenwart des neuen westlichen Augustus, Honorius, und des Militärs gehalten. Neben dem gattungsbedingten Zugriff auf die Geschichte kommt es zu interessanten kirchenpolitischen Akzentsetzungen.

Von großer Bedeutung ist schließlich das (wie bei prominenten Vorgängern, zum Beispiel Plinius dem Jüngeren[161]) in zehn Briefe eingeteilte Briefcorpus (samt einiger nicht zur Publikation vorgesehener Briefe *extra collationem*), um dessen Wiederherstellung sich O. Faller und M. Zelzer verdient gemacht haben. Gutachten, Denkschriften und theologischen Fragen gewidmete Schreiben überwiegen. Im zehnten Buch sind (wie bei Plinius) besonders Texte gesammelt, die die öffentliche Wirksamkeit des Mailänder Bischofs dokumentieren. Die Briefe, die Zeugnisse der Auseinandersetzungen zwischen Ambrosius und Theodosius waren, wurden vom Bischof nicht veröffentlicht, weil er (wie in der Trauerrede) nach dessen Tode sein gutes Verhältnis zu ihm belegen wollte.

3. Zur Theologie des Ambrosius

Ambrosius ist als schöpferischer und für den lateinischen Westen charakteristischer Theologe lange unterschätzt worden. Er galt wesentlich als ein rezipierender, eher seelsorgerlich denn theologisch ausgerichteter Kirchenpolitiker. Dieses Bild ist seit 1950 an mehreren Punkten einer Revision unterzogen worden beziehungsweise in Revision begriffen: Die Rezeptionsprozesse des Mailänder Bischofs verraten Bildung, Sensibilität und Sou-

---

[161] So die einsichtigen Beobachtungen der Editorin ZELZER; vgl. dies., *Die Briefbücher* 7–23. SAVON, *Saint Ambroise a-t-il imité le recueil de lettres de Pline le Jeune?* 3–17, hat ohne zureichende Gründe diese Bezüge als Arbeit eines frühmittelalterlichen Sammlers zu interpretieren versucht.

veränität[162]; die Einstellung des Ambrosius zur Philosophie und seine philosophischen Kenntnisse sind bisher fehlgedeutet beziehungsweise unterschätzt worden[163]. Trotz guter philosophischer Kenntnisse wird zunehmend die Ausrichtung an der heiligen Schrift der Maßstab seines theologischen Denkens[164]. Eine sorgfältige Beschreibung seiner intensiven Frömmigkeit hat eine zentrale Bedeutung für das Verständnis dieser Entwicklung des Ambrosius[165]. Bemerkenswert ist die Energie, mit der der Mailänder Bischof alle Bereiche des spätantiken Bischofsamtes ausfüllt und ernst nimmt[166]. Ambrosius vertieft in erstaunlich kurzer Zeit im Kontakt mit östlichen Theologen seine trinitätstheologischen Kenntnisse und entwickelt eine Form neunicaenischer Theologie auf der Basis traditioneller lateinischer Terminologie. Unter anderem dadurch bleibt sie für die Mailänder Gemeinde brauchbar. Die reichen biblischen Zitate in der Argumentation sind nicht aufgesetzt, sondern entsprechen dem bibeltheologischen Denken des Metropoliten. Ebenso wird auch der zunächst an der *virtus* orientierte Glaubensbegriff mit theologischer Substanz angereichert[167] und der ebenfalls philosophisch geprägte Sündenbegriff durch

---

[162] MARKSCHIES, *Ambrosius von Mailand und die Trinitätstheologie* 211–216; SAVON, *Lecteurs de Philon* 732–735 (gegen LUCCHESI, *L'usage de Philon*), sowie jetzt ZELZER, *Chronologie* 76 (gegen HAGENDAHL, *Latin Fathers and the Classics* 350f).
[163] Vgl. schon KLEIN, *Meletemata Ambrosiana* 40–44.61–70, und dann COURCELLE, *Ambroise de Milan et Calcidius* 45–53; LENOX-CONYNGHAM, *Ambrose and Philosophy* 112–128, sowie MADEC, *Saint Ambroise et la Philosophie*.
[164] MADEC, *Saint Ambroise et la Philosophie* 339–347.
[165] DASSMANN, *Frömmigkeit* 91–94.200–214; ders., *Pastorale Anliegen* 181–206.
[166] Siehe Einleitung, oben 16–25.
[167] Vgl. zum Beispiel *fid.* 3,17,138, unten 456–459, und 4,1,3, unten 462f.

Aufnahme der Gebots- und Freiheitsthematik geweitet[168]. Nachdem längere Zeit nur die Quellenabhängigkeit der Schriftauslegung des Ambrosius behauptet und sorgfältigst dokumentiert wurde, werden jetzt ihre organisierenden Prinzipien in den Blick genommen: Dazu zählt vor allem das Christusgeschehen, das in der Schriftauslegung weiterwirkt und in das der Ausleger einstimmt[169]. Von Bedeutung ist auch seine Hoheliedauslegung, schon deswegen, weil sie keimhaft die folgenreiche mariologische Deutung anlegt[170]. Ziel der Theologie ist die Anbetung, die auch literarisch in seinen Texten durch die gebetsartigen Einschübe greifbar wird[171].

Ambrosius ist wohl der Theologe, der (neben Damasus) die größte Bedeutung für die Durchsetzung des neunicaenisch interpretierten Bekenntnisses von Nicaea (325) im Abendland hat[172], seine Hymnen werden bis heute gesungen und seine allegorischen Auslegungen des Alten Testamentes bis in die Neuzeit hinein eifrig studiert. Nicht zuletzt deswegen zählt er spätestens seit dem Ende des siebten Jahrhunderts zu den vier abendländischen Kirchenlehrern[173].

---

[168] Vgl. Ambrosius, *parad.* 6,30 (CSEL 32/1,287); 7,35 (CSEL 32/1,292), und FAUST, *Christo Servire Libertas Est* 130–137.
[169] Ambrosius, *in Luc.* prol. 6 (CCL 14,5); PIZZOLATO, *La dottrina esegetica* 263–303; GRAUMANN, *Christus interpres* 417–426.
[170] Vgl. besonders Ambrosius, *inst. virg.* 14,87.89 (170–175 GORI).
[171] DASSMANN, *Frömmigkeit* 86–91.
[172] So selbst sein Konkurrent HIERONYMUS, *chron. a. Abr.* 2390 (GCS 247): *Post Auxentii seram mortem Mediolanii Ambrosio episcopo constituto omnis ad fidem rectam Italia convertitur.*
[173] Vgl. dafür im Mailänder Synodalbrief des DAMIAN VON PAVIA, *Epistola ad Constantinum imperatorem* (PL 87,1261–1265, besonders 1265): HILARIUS VON POITIERS, AUGUSTINUS, AMBROSIUS und HIERONYMUS.

II. Das Werk De fide

Bei der trinitätstheologischen Schrift *De fide*[174] handelt es sich ohne Zweifel um diejenige unter den theologischen Schriften des Ambrosius, die in der Spätantike am meisten verbreitet war und geschätzt wurde. Früh schon müssen mindestens zwei griechische Übersetzungen angefertigt worden sein[175]. Der syrische Bischof Theodoret zitiert jedenfalls aus zwei unterschiedlichen Übertragungen 447/448 in seinem ‚*Eranistes*'[176]. Eine Anzahl von Belegen findet sich dazu in der Florilegienliteratur, die im Zusammenhang der beiden ökumenischen Konzilien des fünften Jahrhunderts entstanden ist[177]. Die Bedeutung der Schrift wird auch dadurch belegt, daß es sich bei Ambrosius um den lateinischen Autor handelt, den Theodoret am häufigsten exzerpiert[178]; in der ersten Konzilssitzung von Ephesus am 22. Juni 431 wird er gar (neben Cyprian) als einziger lateinischer Autor verlesen[179].

---

[174] So der Titel in den ältesten Handschriften aus Paris (Paris. Lat. 8907; 5. Jahrhundert) und Ravenna (5./6. Jahrhundert); dazu FALLER, *Ambrosius* 8, 4*.3 (App.), und *fid.* 1, 1,1, unten 136 Anm. 1.

[175] CPL 150; PASINI, *Le Fonti Greche* 58–83, besonders 60f Anm. 17–19, zur syrischen Übersetzung, 84 zur Frage, ob nur Zitate für Florilegien oder das ganze Werk übersetzt wurde.

[176] Vgl. dazu Einleitung, unten 120–122.

[177] Eine vollständige Liste für *De fide* bietet jetzt PASINI, *Le Fonti Greche* 95–99, die Belege sind zum Teil besprochen bei IRMSCHER, *Ambrosius in Byzanz* 306–308, und MARKSCHIES, *Ambrosius von Mailand und die Trinitätstheologie* 165f Anm. 454.

[178] Belege bei MARKSCHIES, *Ambrosius von Mailand und die Trinitätstheologie* 166 Anm. 455.

[179] Vgl. dazu C *Eph.*, *Gesta Ephesena* 54 (1/1, 2, 42 SCHWARTZ), und PASINI, *Le Fonti Greche* 59f.

1. Zu den Entstehungsumständen des Werkes *De fide*

Wir wissen aus dem Prolog der Schrift *De fide*, daß es sich bei diesem Text um ein Auftragswerk handelte: Der weströmische Augustus Flavius Gratianus[180] erbat von Ambrosius persönlich und mündlich in drängender politischer Situation einen *fidei libellus ... profecturus ad proelium*[181]. Dafür, daß diese Angaben nicht rein topisch genommen werden dürfen, spricht, daß Ambrosius eine entsprechende Beschreibung der Situation des Kaisers im zweiten Buch der Schrift noch einmal wiederholt[182] und deren Entstehungsgeschichte zu Beginn des dritten Buches abermals rekapituliert[183].

Warum der Kaiser an den Bischof seiner Nebenresidenz Mailand eine solche Bitte richtete (und beispielsweise nicht an einen Kleriker aus seiner Umgebung oder an den römischen Bischof), kann man nur noch vermuten; die früher gern vertretene Ansicht, er habe in Ambrosius einen prominenten Theologen der nicaenischen Orthodoxie als Ratgeber und Seelsorger gesucht, ist nur eine mögliche Hypothese[184]. Möglicherweise war Ambrosius auch von homöischen Bischöfen bei Hof angegriffen worden und mußte sich verteidigen[185], möglichweise sollte

---

[180] Er war der älteste Sohn VALENTINIANS I., wurde am 18. April 359 geboren und amtierte als Augustus vom 24. August 367 – 25. August 383; vgl. dazu GOTTLIEB, *Gratianus* 718–732; DEMANDT, *Die Spätantike* 115f.129.
[181] *Fid.* 1 prol. 3, unten 140f: *Petis a me fidei libellum, sancte imperator, profecturus ad proelium;* vgl. *fid.* 1 prol. 2, unten 138f: *fidem libello exprimi censuisti.*
[182] *Fid.* 2,16,136, unten 346f: Er wolle den Kaiser nun nicht länger abhalten *bello intentum et victricia de barbaris tropaea meditantem.*
[183] *Fid.* 3,1,1, unten 354f: *instruendi tui gratia aliqua de fide mihi scribenda mandaveras et verecundantem coram etiam ipse fueras adhortatus* (zur Interpretation vgl. unten 354f Anm. 220).
[184] Eine Übersicht über einschlägige Erwägungen bei WILLIAMS, *Ambrose of Milan* 141f.
[185] So NAUTIN, *Les premières relations* 239–241.

er dem Kaiser aber eben gerade Argumente gegen diese Richtung liefern[186]. Jedenfalls zeigen sowohl die explizite und dringende Bitte des Monarchen als auch die ausführliche und mit theologischem Niveau abgefaßte Antwort des Ambrosius, daß es sich bei Gratian nicht um einen Herrscher handelte, dem jegliche Kenntnisse oder gar jedes Sensorium auf theologischem Gebiet fehlten[187]. Er hatte zwar eine „dogmatisch begründete Kirchenpolitik ... am Hof des Vaters nicht kennengelernt"[188]; war aber wohl durch seinen Lehrer, den römischen Dichter und Politiker Ausonius, wenigstens über Grundzüge der nicaenischen Trinitätstheologie und der nach wie vor heftigen Auseinandersetzung über sie in seinem Herrschaftsgebiet informiert[189]. Es wird daher keine reine *captatio benevolentiae* gewesen sein, wenn der Mailänder Bischof im Prolog der Schrift *De fide* als Zweck seiner Argumentationen bestimmt: „Du hast bestimmt, den Glauben in einem Büchlein darzustellen, nicht um zu lernen, sondern um zu prüfen"[190]. Freilich hat Ambrosius keineswegs allein den Kaiser als Adressaten seiner Schrift im Blick — auch wenn sie nicht direkt als Apologie des nicaenischen Glaubens angelegt ist, wird immer wieder implizit und teilweise auch explizit gegen Einwände von nicht-nicaenischen Theologen oder einem gedachten Diskussionspartner dieser Richtung argumentiert: „Wenn ich mich täusche, sollen sie (*sc.*

---

[186] PALANQUE, *S. Ambroise et l'Empire romain* 50.498, und DUDDEN, *The Life and Times of St. Ambrose* 1, 189.
[187] Für das Niveau des intendierten kaiserlichen Lesers könnte auch sprechen, daß Ambrosius gelegentlich ohne Scheu griechische Worte zitiert, die nicht zum trinitätstheologischen Fachvokabular gehören, so zum Beispiel in *fid.* 3, 14, 113, unten 438f, ἀκατέγαστον.
[188] GOTTLIEB, *Ambrosius von Mailand* 722.
[189] Für das nicaenische Christentum seines Trierer Lehrers AUSONIUS vgl. die ausführlichen Nachweise bei MARKSCHIES, *Ambrosius von Mailand und die Trinitätstheologie* 167 Anm. 460.
[190] *Fid.* 1 prol. 1, unten 138f: *Fidem libello exprimi censuisti, non ut disceres, sed probares.*

die Arianer) dagegen argumentieren"[191] oder „Sag mir, Häretiker ... sage ich, gab es irgendwann eine Zeit, in der der allmächtige Gott nicht Vater war und doch Gott war?"[192]. Solche Passagen zeigen, daß Ambrosius neben dem kaiserlichen Erstadressaten immer wieder auch homöische Christen und Theologen als Zweitadressaten und implizierte Leser der Schrift in den Blick genommen hat; ein solcher Bezug ist natürlich schon angesichts der Existenz einer Homöergemeinde in Mailand kaum verwunderlich.

Auf Bitten des Kaisers schrieb Ambrosius zunächst zwei Bücher *De fide;* ihr genaues Entstehungsdatum ist umstritten: Die Forschungsmehrheit votiert für einen Zeitraum zwischen Jahresende 377 und Herbst 378, eine Minderheit für eine Entstehung erst im Jahre 380[193]. Jeder Versuch einer präziseren Datierung geht gewöhnlich von den bereits zitierten Bemerkungen über den Kriegszug des Kaisers im Prolog des ersten Buches von *De fide* aus und von weiteren Anspielungen auf die militärische Lage am Ende des zweiten Buches. Der Herausgeber der Schrift im Wiener Kirchenvätercorpus, O. Faller, hat neben diesen Informationen zusätzlich die ebenfalls im Prolog von Ambrosius verwendete Anrede Gratians als *totius orbis Augustus*[194] ausgewertet; wenn der Herrscher des westlichen Teilreiches hier nicht nur als „Augustus eines Volkes,

---

[191] *Fid.* 1,2,14, unten 150f: *Si fallor, redarguant.*

[192] *Fid.* 1,9,58, unten 184–187: *Dic mihi, heretice ... dic mihi, inquam, fuitne aliquando tempus, quo omnipotens deus pater non erat et deus erat.* Vgl. die Anmerkung zur Stelle: Eine solche dialogische Struktur der Argumentation hat Ambrosius aus anderen Verteidigungsschriften der nicaenischen Orthodoxie übernommen.

[193] Eine Aufstellung mit Belegen bei MARKSCHIES, *Ambrosius von Mailand und die Trinitätstheologie* 167 Anm. 462, seither noch WILLIAMS, *Ambrose of Milan* 141–148, und MCLYNN, *Ambrose of Milan* 97–101.

[194] *Fid.* 1 prol. 1, unten 138f (nach dem Zitat von Mt 12,42 *regina Austri venit audire sapientiam Solomonis*): *Sed non ego Solomon, cuius mirere sapientiam; neque tu unius gentis, sed totius orbis Augustus fidem libello exprimi censuisti, non ut disceres, sed probares.*

sondern des ganzen Erdkreises" bezeichnet würde, müsse sich dies auf die kurze Zeit der Alleinherrschaft Gratians zwischen dem Tod seines Onkels Valens (9. August 378) und der Erhebung des Theodosius zum Augustus (19. Januar 379) beziehen[195]. Um eine Datierung in diese Zeit wahrscheinlich zu machen, werden auch gern die Hinweise auf die militärische Lage herangezogen, die sich aus dem für moderne Ohren tief befremdlichen geschichtstheologischen Schluß des zweiten Buches gewinnen lassen: Ambrosius beschreibt Einfälle der „Barbaren" auf der ganzen „Grenzlinie von den Gebieten Thrakiens an, entlang dem am Donauufer liegenden Dakien und Mysien und der ganzen Provinz Valeria Pannonia"[196]. G. Gottlieb hat dagegen in seiner Heidelberger Habilitationsschrift 1973 behauptet, daß die zwei ersten Bücher des Werkes nicht im Sommer 378, sondern erst 380 abgefaßt worden sind[197] — dieser Umdatierung haben zwar einige Forscher zugestimmt, ihr ist aber auch energisch widersprochen worden[198]. Kaum widerlegbar ist aufgrund der Belege vor allem Gottliebs Einwand gegen Faller, daß die Anrede *totius orbis Augustus* Gratian zu allen Zeiten, nicht nur während des knappen halben Jahres nach dem Tod des Valens in der Katastrophe von Adrianopel 378, zukam, weil jedes Mitglied des Kaiserkollegiums die ganze, un-

---

[195] FALLER, *Ambrosius* 9,6*.
[196] *Fid.* 2,16,140, unten 350f: *de Thraciae partibus per ripensem Daciam et Mysiam omnemque Valeriam Pannoniorum totum illum limitem;* vgl. die Kommentierung zur Stelle, unten 350f Anm. 215.
[197] GOTTLIEB, *Ambrosius von Mailand* 26–50, vgl. aus der Zusammenfassung der Argumentation (ebd. 50): „Ambrosius und Gratian haben sich vermutlich zum ersten Mal im Sommer 379 getroffen. Die zweite Begegnung zwischen ihnen, die Ambrosius in ‚de fide' erwähnt, war dann im Frühjahr 380. Unmittelbar nach dieser Aussprache hat Ambrosius die beiden ersten Bücher ‚de fide' verfaßt und auf den Kriegsschauplatz geschickt".
[198] Eine Nachzeichnung der Diskussion und Belege bei MARKSCHIES, *Ambrosius von Mailand und die Trinitätstheologie* 169–176.

geteilte Kaiserwürde repräsentierte und entsprechende Ehrentitel beanspruchen konnte[199]. Da es Gottlieb auf der anderen Seite aber auch nicht gelungen ist, gegen Faller eindeutige Argumente für eine Spätdatierung der beiden ersten Bücher von *De fide* beizubringen, hat seine Untersuchung zu einer paradoxen Situation geführt: Die bisherige Sicherheit, daß die beiden ersten Bücher des Werkes 378 verfaßt wurden, ist stark erschüttert, aber eine neue überzeugende Datierung ist nicht gewonnen[200]. Es bleibt also gegenwärtig unklar, ob Ambrosius seine Arbeit für Gratian im Umfeld der militärischen und politischen Katastrophe von Adrianopel begann oder zwei Jahre später in einer Phase vorsichtiger Konsolidierung eines Reiches, das sich freilich weiterhin in einer schweren Krise befand.

Zu einem späteren Zeitpunkt ergänzte Ambrosius seine zwei Bücher *De fide* durch drei weitere und wesentlich umfangreichere Bände, in denen er nun — wie bereits die Kapitelüberschriften zeigen — besonders biblische Belege für die neunicaenische Trinitätstheologie nachreichte und also auf den (unter anderem auch von Palladius vorgetragenen) Einwand der homöischen Seite reagierte, die nicaenische Theologie könne sich nicht auf die Bibel berufen. Die Entstehung dieser folgenden drei Bücher *De fide* 3–5 wird übereinstimmend auf Ende 380 datiert[201], weil sich hier die Vorgeschichte der Abfassung besser als für die ersten beiden Bände rekonstruieren läßt. Kaiser

---

[199] Belege bei GOTTLIEB, *Ambrosius von Mailand* 32–34; weitere Belege und Literatur bei MARKSCHIES, *Ambrosius von Mailand und die Trinitätstheologie* 171 Anm. 487.
[200] Ich korrigiere damit meine Ansicht, daß GOTTLIEBS Spätdatierung „die wahrscheinlichere Hypothese" darstelle (MARKSCHIES, *Ambrosius von Mailand und die Trinitätstheologie* 175), obwohl ich an meiner Analyse seiner Argumentation festhalten möchte.
[201] Vgl. die Nachweise bei MARKSCHIES, *Ambrosius von Mailand und die Trinitätstheologie* 173 Anm. 495.

Gratian hatte im Spätsommer oder Herbst 380 mit einem eigenhändigen Brief von Ambrosius die nochmalige Übersendung der zwei Bücher *De fide* (freilich erweitert um eine orthodoxe Untersuchung über die Gottheit des Heiligen Geistes) erbeten[202]. Am Brief Gratians fällt auf, daß er in theologischer Hinsicht äußerst allgemein gehalten ist und praktisch nichts von dem enthält, was Ambrosius in den ersten beiden Büchern von *De fide* auf vielen Seiten immer wieder betont hat. Aufgrund dieses Briefwechsels erweiterte Ambrosius zunächst seine trinitätstheologische Schrift und begann dann mit der Abfassung der ebenfalls erbetenen drei Bücher *De spiritu sancto*. Die historischen Informationen und Anspielungen, die sich im Prolog dieses Werkes über die dritte Person der Trinität finden, erlauben aber eine präzise Eingrenzung der Abfassungszeit des Werkes auf die Wochen zwischen dem 22. Februar 381 und dem späten Frühjahr 381[203].

Die Bestimmung des zeitlichen Verhältnisses zwischen *De fide* 3–5 und *De spiritu sancto* 1–3 hängt von einem Satz aus dem Prolog des fünften Buches von *De fide* ab, dessen Gestalt sich in der Maurinerausgabe (beziehungsweise bei Migne) und in der kritischen Wiener Ausgabe unterschei-

---

[202] Im Brief *Cupido valde* bei Ambrosius, *Epistula Gratiani Imperatoris* 3 (CSEL 79, 3 f): *Rogo te, ut mihi des ipsum tractatum, quem dederas: augendo illic de sancto spiritu fidelem disputationem scripturis adque argumentis deum esse convince*. Die Eigenhändigkeit des Briefes bezeugt Ambrosius in seiner Antwort *epist. extra coll.* 12[1], 3 (CSEL 82/3, 220): *Scripsisti tua totam epistulam manu*. Zur Interpretation der Korrespondenz vgl. MARKSCHIES, *Ambrosius von Mailand und die Trinitätstheologie* 173; zu ihrer Datierung GOTTLIEB, *Ambrosius von Mailand* 40, beziehungsweise NOETHLICHS, *Rez. Gottlieb* 155.
[203] So die Interpretation der Informationen aus Ambrosius, *spir.* 1 prol. 17f (CSEL 79, 23f), durch FALLER, *Ambrosius* 9, 15*–17*; vgl. aber die Einwände von MARKSCHIES, *Ambrosius von Mailand und die Trinitätstheologie* 174f Anm. 503: Der von mir angenommene *terminus ante quem* liegt geringfügig später als bei FALLER, *Ambrosius* 9,16*: 28. März 381.

det: Die barocke Edition las mit dem *Saresburiensis bibliothecae cathedralis 140* (*saec. XII*) *in fid. V prol. 7: Quinto igitur libro de patris ac fili et spiritus sancti inseparabili divinitate digerimus, sequestrata interim pleniore disputatione de spiritu sancto;* Faller bietet mit allen übrigen Handschriften: *Quinque igitur libros de patris et fili ac spiritus sancti inseparabili divinitate digerimus, sequestrata interim pleniore disputatione de spiritu*[204]. Im ersten Falle ist aus dem Wortlaut vollkommen deutlich, daß im fünften Buch von *De fide* die ‚untrennbare Gottheit von Vater und Sohn und Heiligem Geist' behandelt werden soll, während eine vollständigere Untersuchung über den Geist einstweilen beseite gelegt ist — bis zur (schon geplanten) Abfassung von *De spiritu sancto*. Die besser bezeugte Lesart muß man ebenfalls so verstehen[205]; die Zeitform des Partizips *sequestratus* dient eigentlich „zur Bezeichnung einer im Verhältnis zum übergeordneten Verbum" (*sc. digerimus*) „vollendeten Handlung"[206]: „Wir bieten also fünf Bücher über die untrennbare Gottheit des Vaters und des Sohnes und des heiligen Geistes auf, während wir einstweilen von einer ausführlicheren Untersuchung über den heiligen Geist abgesehen haben (aber baldigst daran gehen werden)".

Die Erweiterung der Schrift *De fide* um drei Bücher ist daher auf die Zeit zwischen Spätsommer/Herbst 380 und Frühjahr 381 zu datieren. Da die ursprüngliche Fassung des Werkes auch separat handschriftlich überliefert worden ist (nämlich in fünfunddreißig von siebenundachtzig Handschriften, die H. Schenkl für die Wiener Ausgabe gesammelt hat)[207], muß man von zwei Auflagen

---

[204] *Fid.* 5 prol. 7, unten 590f.
[205] So zum Beispiel MORESCHINI, *Ambrosius* 15, 337 Anm. 3.
[206] KÜHNER/STEGMANN, *Grammatik der lateinischen Sprache* 757.
[207] So die Informationen von FALLER, *Ambrosius* 9, 13*.

des Werkes sprechen[208]. Beide Auflagen zirkulierten offensichtlich in der Spätantike. Es ist freilich auffällig, daß in der griechischen Florilegienüberlieferung nur drei Passagen aus dem dritten Buch vertreten sind, aber dreißig aus den ersten beiden Büchern[209]. Man könnte also erwägen, ob die erste zweibändige Auflage des Werkes im Osten verbreiteter war als die zweite fünfbändige Auflage. Ob es dagegen je eine separate Edition gab, die nur die als Bücher 3–5 gezählten drei Bücher enthielt, bleibt unklar[210].

2. Zu den literarischen Reaktionen auf die Schrift De Fide

Die Schrift *De fide* wurde offensichtlich nicht nur von Gratian gelesen, an den sie gerichtet war (wenn der vielbeschäftigte Monarch überhaupt Zeit fand, den Text *in extenso* zu lesen), sondern auch von den homöischen Theologen und Kirchenführern beachtet, gegen die sie implizit wie explizit argumentierte: Der homöische Bischof Palladius von Rathiaria, der in diesen Jahren offenbar als eine Art Sprecher der Gruppe westlicher homöischer Bischöfe agierte[211], zitierte in einer Schrift zwei längere Passagen aus den ersten beiden Büchern von *De fide* und kommen-

---

[208] Darunter einige sehr alte Hss. beziehungsweise solche, die eine alte Texttradition repräsentieren: *Parisinus BN. Lat. 8907* (5. Jahrhundert = P), fol. 336ʳ–353ᵛ; *Vaticanus lat. 266* (9. Jahrhundert = U), fol. 2ᵛ–26ᵛ und zwei Handschriften, die wie der *Vaticanus* auf einen gemeinsamen Archetyp Φ zurückgehen und die FALLER, *Ambrosius* 9,19*, daher zu einer Handschriftenklasse zusammenfaßt: *Claudianus 1* (9. Jahrhundert = A), p. 1–119; *Trecensis 813* (9. Jahrhundert = T), fol. 221ʳ–242ʳ sowie im *Coloniensis bibliothecae capituli cathedralis 33* (9. Jahrhundert = K), fol. 28ᵛ–65ᵛ. — Der dritte Vertreter der Klasse, der *Gothanus membr. I 60* (13./14. Jahrhundert = O), bietet in einer Kontamination der Überlieferungsstränge beider Editionen fol. 1ʳ–62ᵛ alle fünf Bücher.
[209] Die Zahlen sind der Aufstellung von PASINI, *Le Fonti Greche* 95–99 entnommen.
[210] Vgl. dazu Einleitung, unten 72f.
[211] Vgl. dafür zuletzt MCLYNN, *The „Apology'* 52–76; kritisch dagegen WILLIAMS, *Ambrose of Milan* 148–153.

tierte sie²¹². Da das Werk bis auf diese Reste verlorengegangen ist, bleibt unklar, ob der ganze Text des illyrischen Bischofs der Widerlegung der Schrift *De fide* gewidmet war²¹³ oder ob sich Palladius im Rahmen seines Protestes gegen das Konzil von Aquileia auch mit einer Programmschrift des Mailänder Amtskollegen auseinandersetzte²¹⁴. Daß Palladius auf die Polemik des Ambrosius reagieren mußte, versteht sich von selbst: Der norditalienische Metropolit hatte ihn in *De fide* ohne viel Federlesens in eine Reihe mit den „Neuarianern" Eunomius und Aëtius gestellt²¹⁵, also zu Theologen gezählt, deren Lehre kirchlich anathematisiert und reichsrechtlich unter Strafe gestellt war. Im ersten Abschnitt bestreitet der illyrische Bischof, daß homöische Theologie das Bekenntnis zum *dissimilis* (ἀνόμοιος) impliziere, wie Ambrosius ihr polemisch unterstellt hatte, und belegt die biblische Grundlage der trinitätstheologischen Zentralvokabel *similis* / ὅμοιος mit Joh 5,19 (... *filius similiter facit*). Im zweiten Abschnitt wirft Palladius Ambrosius nochmals den fehlen-

---

²¹² Der Text PALLADIUS VON RATHIARIA, *c. Ambr.*, der lediglich in den Scholien des *Paris. BN. Lat. 8907* überliefert ist und von GRYSON ediert wurde, besteht aus vier Teilen: § 53 (*fid.* 1,5,41f) = fol. 336ʳ,1–6 (CCL 87,172f); § 54 (Kommentar des PALLADIUS) = fol. 336ʳ,7–44 (CCL 87,172f); § 55 (*fid.* 1,6,43–47) = fol. 336ʳ,45 – 336ᵛ,42 (CCL 87,173f); § 56 (Kommentar des PALLADIUS) = fol. 336ᵛ,42 – 337ʳ,49 (CCL 87,174f).
²¹³ So GRYSON, *Ambrosius von Mailand* 80f, und in einem eigenen Aufsatz, der der Auseinandersetzung mit abweichenden Positionen gewidmet ist (*Paléographie et critique littéraire* 334–340). GRYSON datiert die Schrift des PALLADIUS mit KAUFFMANN, *Aus der Schule des Wulfila* XXXV, auf das Jahr 379; vorausgesetzt ist natürlich eine Ansetzung der Abfassung von *De fide* auf 378; vgl. auch MARKSCHIES, *Ambrosius von Mailand und die Trinitätstheologie* 172f.
²¹⁴ So DUVAL, *La présentation arienne* 320–325, und MCLYNN, *The ‚Apology'* 54–59.
²¹⁵ *Fid.* 1,6,44f, unten 168–173; vgl. den Kommentar zu den erwähnten Personen.

den Schriftbezug seiner eigenen Trinitätstheologie vor[216] und mangelnde Kenntnis der *proprietates personarum,* das heißt der besonderen Eigenschaften der Personen der Trinität[217]. Man darf die Bedeutung und den Einfluß dieser homöischen publizistischen Gegenoffensive gegen das Werk des Mailänder Bischofs nicht unterschätzen; etwa hundert Jahre nach der mutmaßlichen Veröffentlichung dieser Schrift des Palladius gegen Ambrosius schrieb der nordafrikanische Bischof Vigilius von Thapsus noch eine Widerlegung des Textes[218]. Möglicherweise hat auch Ambrosius selbst schon im zweiten Teil seines Werkes *De fide* auf Einwände des Palladius reagiert[219].

3. Zu Ziel und Inhalt des Werkes De Fide

Bereits im Prolog des ersten Buches von *De fide* hat Ambrosius sehr deutlich formuliert, worum es ihm in seiner Arbeit für den Kaiser ging: Er wollte lieber seiner Pflicht genügen, zum Glauben zu ermahnen, als über den Glauben zu disputieren (*Mallem quidem cohortandi ad*

---

[216] PALLADIUS VON RATHIARIA, *c. Ambr.* 56 (fol. 336ᵛ, 43 [CCL 87, 174]): *... nulla in divinis eloquiis tanta blasfemiae tuae litteraria extet auctoritas.*
[217] PALLADIUS VON RATHIARIA, *c. Ambr.* 56 (fol. 336ᵛ, 50 [CCL 87, 174]).
[218] VIGILIUS VON THAPSUS, *c. Arian.* 2, 50 (PL 62, 230): *de his omnibus quaestionum capitulis, latius et plenius beatus noster disputavit Ambrosius. Contra quem Palladius Arianae perfidiae episcopus, dum iam, credo, ille sanctus humanis rebus fuisset exemptus, in refutatione dictorum eius quaedam credidit conscribenda.*
[219] Vgl. *fid.* 3, 1, 2, unten 354 f mit Anm. 221, und 3, 1, 3, unten 356 f. — Ich würde daher (im Unterschied zu meiner früheren Ansicht: MARKSCHIES, *Ambrosius von Mailand und die Trinitätstheologie* 173 mit Anm. 495) durchaus eine Entstehung der PALLADIUS-Texte vor 381/382 für möglich halten.

fidem subire officium quam de fide disceptandi)²²⁰. Diese mahnende und belehrende Grundhaltung des Autors prägt auch die Passagen, in denen Ambrosius mit seinen Gegnern disputiert (die nicaenische Orthodoxie steht an keiner Stelle zur Disposition), sie ist das Motiv gelegentlicher Ausfälle gegen die Kunst der Dialektik, die man fast schon topisch nennen muß²²¹. Denn selbstverständlich intendierte der Mailänder Bischof keine vernunftlose Behandlung der trinitätstheologischen Fragen und auch keine vernunftlose Zustimmung zur neunicaenischen Lösung — das zeigen vor allem längere wie kürzere Passagen des Werkes, die nach logischen Schlußregeln konstruiert sind²²²: Den Prolog des zweiten Buches schließen beispielsweise neun christologische *reductiones ad absurdum*²²³, und etwa in der Mitte des fünften Buches finden sich gar sechs klassisch aufgebaute Schlüsse mit jeweils zwei *propositiones* und einer *conclusio*²²⁴. Durch die Polemik gegen die Dialektik macht Ambrosius vielmehr deutlich, daß das Alte und Neue Testament für trinitätstheologische Argumentationen die höchste Autorität darstellt: „Aber ich will gar nicht, daß Du dem Beweisgang glaubst,

---

[220] *Fid.* 1 prol. 4, unten 142 f. — PIZZOLATO, *Ambrogio e la Retorica* 256 f, erwägt aufgrund der Prologe in *fid.* 1 und 3, den ersten Teil des Werkes *De fide* stärker mit dem *genus deliberativum* zu verbinden, den zweiten Teil dagegen stärker mit dem *genus demonstrativum*.
[221] Vgl. beispielsweise *fid.* 1,5,42, unten 166–169, und 1,13,85, unten 208 f.
[222] Vgl. beispielsweise *fid.* 1,10,63, unten 188–191; 2 prol. 14, unten 258–261; 2,9,74, unten 300–303; 3,3,18, unten 366–369, und 5,15,183, unten 728 f. An einer Stelle formuliert Ambrosius sogar ganz in Anlehnung an die Terminologie der Dialektik, daß „die Fülle der geistlichen Erkenntnis" es möglich mache, „daß man gern ausholt und abschweift, um die Arianer durch Beweise zu fangen" (*fid.* 3,10,68, unten 406 f: *Dat tamen intellectus spiritalis ubertas, ut excurrere et evagari ad concludendos libeat Arrianos...*); siehe dazu auch HERRMANN, *Ambrosius von Mailand als Trinitätstheologe* 199 f.
[223] *Fid.* 2 prol. 14, unten 258–261.
[224] *Fid.* 5,11,137–142, unten 692–695.

heiliger Kaiser, und unserer Erörterung. Wir wollen die Schriften befragen, wir wollen die Apostel befragen, wir wollen die Propheten befragen, wir wollen Christus befragen"[225]. Wegen dieser theologischen Grundprämissen des Bischofs besteht etwa ein Viertel des Werks *De fide* aus Bibelzitaten, wobei die Häufigkeit in den letzten drei Büchern zunimmt[226]. Die hermeneutische Regel des Mailänder Bischofs scheint daher zunächst denkbar einfach: Argumente sind zweideutig und können auch von ‚Häretikern' vorgebracht werden, Schriftzeugnisse sind eindeutig[227] und können daher als Autorität im theologischen Streit dienen. In den letzten beiden Büchern differenziert der Autor etwas sorgfältiger; das mag an der homöischen Reaktion auf die ersten Bücher liegen: Man kann natürlich auch mit biblischen Texten richtig[228] und falsch[229] argumentieren; es kommt auf die rechte Auslegung an[230]. Außerdem sollte bedacht werden, daß das von Ambrosius gewählte Verfahren, für die Wahrheit der (neu-)nicaenischen Trinitätstheologie vor allem Schriftbelege zu sammeln und auf ihrer Basis nach logischen Regeln zu argumentieren, sich auch angesichts des ersten

---

[225] *Fid.* 1,6,43, unten 168f: *Sed nolo argumento credas, sancte imperator, et nostrae disputationi. Scripturas interrogemus, interrogemus apostolos, interrogemus prophetas, interrogemus Christum.*
[226] Vgl. die Einleitung, unten 72–88, zu den Bibelzitaten des Ambrosius.
[227] *Fid.* 3,3,24, unten 372f: *At ne hoc argumentum putes, accipe etiam testimonium* ...; vgl. auch *fid.* 1,6,43, unten 168f; 1,8,55, unten 182f; 1,11,68, unten 192–195; 1,13,84, unten 206–209; 3,4,32, unten 376–379; 4,3,33, unten 482f; 4,4,39, unten 486–489; 4,5,60, unten 504f; 5,8,104, unten 666f, und 5,13,165, unten 710f.
[228] *Fid.* 4,12,158, unten 576f; 5,3,42, unten 620f.
[229] *Fid.* 5,5,55, unten 630f.
[230] Vgl. dazu beispielsweise die hermeneutischen Bemerkungen *fid.* 3,5,37, unten 380–383, und allgemein zur „biblischen Theologie" des Bischofs HERRMANN, *Ambrosius von Mailand als Trinitätstheologe* 67–70; ders., *Trinitätstheologe* 199; DASSMANN, *Frömmigkeit* 91–94; HAHN, *Das wahre Gesetz* 453–519, sowie PIZZOLATO, *La dottrina esegetica* 263–313.

Adressaten, eines theologischen Laien, und angesichts der Forderung seiner homöischen Gegner nach biblischen Belegen nahelegte.

In diesen Zusammenhängen muß man nun auch die rhetorischen und theologischen Strategien interpretieren, die Ambrosius in seinem Werk *De fide* für den Umgang mit seinen theologischen Gegnern wählt: Scheinbar geht er nie spezifisch auf die Homöer und ihre Lehre ein (obwohl es sich doch um die impliziten Adressaten seines Werkes handelt), vielmehr bezeichnet er sie ganz explizit und mit allen Zeichen des Unverständnisses für irgendwelche Differenzierungen als ‚Arianer' und unterstellt ihnen auf praktisch jeder Seite ‚häretische' Details (beziehungsweise nennt *pars pro toto* den Namen des Häresiarchen Arius[231]). Diese Vorwürfe entnahm der Mailänder Bischof weitgehend dem durch Athanasius von Alexandrien begründeten Arsenal nicaenischer Polemik gegen subordinatianische Trinitätstheologie[232], nicht der eigenständigen Lektüre von größeren Mengen homöischer Texte. Eine spezifizierte und separierte Widerlegung der nach unserer heutigen Optik so unterschiedlichen Richtungen des ‚klassischen' Arianismus, des Eunomianismus und der homöischen Theologie war nach Ansicht des Mailänder Bischofs überflüssig, weil es sich bei letzteren beiden lediglich um Sprosse eines Stammes handelt, die theologisch kaum unterschieden sind und aus scheinbar unerfindlichen Gründen keine *communio* halten[233]. „Arianer" ist für Ambrosius, wer „die Fragen des Arius" nach der Gleich-

---

[231] Eine vollständige Stellensammlung mit den entsprechenden Vorwürfen bei MARKSCHIES, *Ambrosius von Mailand und die Trinitätstheologie* 179 Anm. 524.
[232] Vgl. MARKSCHIES, *Ambrosius von Mailand und die Trinitätstheologie* 178f Anm. 523: Stellensammlung mit den entsprechenden Vorwürfen.
[233] Vgl. die entsprechende Argumentation in *fid.* 1,6,44–46, unten 168–175.

heit von Vater und Sohn vorbringt, selbst wenn er leugnet, Arianer zu sein[234]. Auch wenn man diese hermeneutische Regel aus der Perspektive heutiger Dogmen- und Theologiegeschichtsschreibung[235] schwerlich als historisch zutreffend bezeichnen kann, lassen sich doch drei Ursachen für die spezifische Sichtweise des Ambrosius formulieren: Zum einen war die Nivellierung der Unterschiede zwischen den nichtnicaenischen Theologien für Ambrosius durch kirchenpolitische Motive begründet, zum anderen wohl auch durch seine unterschiedlich präzisen Informationen über die betreffenden Gruppen bedingt und schließlich auch durch systematisch-theologische Überlegungen über die relative Nähe und gemeinsame innere Problematik von sehr unterschiedlichen Formen subordinatianischer Theologie ausgelöst[236]. Die häresiologische These, aller Arianismus (und also auch alle homöische Theologie) sei auch Eunomianismus, lag für einen ausgebildeten Juristen schon aus strafrechtlichen Gründen nahe. Diese Lehre war nämlich bereits eindeutig als gesetzwidrig eingestuft[237]. Den theologischen Laien unter der Kanzel des Ambrosius und dem theologisch wenig vorgebildeten Kaiser wäre zudem kaum mit einer spezifischeren Widerlegung homöischer Theologumena gedient gewesen. Der Gemeinde mußte durch die Predigten klar werden, daß es sich bei den Mailänder Homöern um anathematisierte Häretiker handelte; dem Kaiser

---

[234] *Fid.* 4,9,96, unten 532f: *Et Arrianos se negare consuerunt, qui proponunt Arri quaestiones;* „Und diejenigen, die die Fragen des Arius vortragen, haben die Gewohnheit zu leugnen, daß sie Arianer sind"; vgl. auch unten 533 Anm. 414.
[235] Deren Stand referiert zuverlässig: BRENNECKE, *Homéens* 932–960.
[236] Dazu ausführlich MARKSCHIES, *Ambrosius von Mailand und die Trinitätstheologie* 192–197.
[237] Im sogenannten ‚Toleranzedikt' von 378; siehe Einleitung, oben 18 mit Anm. 28; zur Vorgeschichte dieser Identifikation, die auf ATHANASIUS zurückgeht: MARKSCHIES, *Ambrosius von Mailand und die Trinitätstheologie* 180 Anm. 529, für Parallelen ebd. 182f.

mußte deutlich gemacht werden, daß die Homöer mit jenen Ketzern identisch waren, deren Lehre bereits unter Strafe gestellt worden war. — Man darf aus diesen Beobachtungen nun freilich nicht schließen, daß der Mailänder Bischof über seine Gegner schlecht unterrichtet war. Ambrosius war vielmehr über Arius, dessen Leben und Lehre vergleichsweise gut informiert: Ausführlich referiert er die unappetitliche Legende über das Lebensende des Arius[238], gibt dessen Bezeichnung Christi als κτίσμα τοῦ θεοῦ τέλειον, ἀλλ' οὐχ ὡς ἓν τῶν κτισμάτων vollständig wieder[239]. Auch für Figuren aus dem Umfeld des alexandrinischen Presbyters verfügt Ambrosius über eine Reihe von Kenntnissen; so teilt er einen Satz aus einem Brief des Eusebius von Nicomedien mit, der sonst nirgendwo erhalten ist; dazu gibt er eine viel diskutierte Schilderung der Vorgänge auf der nicaenischen Synode von 325[240] und behandelt die von nicaenischen Abendländern als traumatisch empfundenen Vorgänge nach dem Reichskonzil von Rimini 359 mit taktvollen Andeutungen[241]. Bei einer detaillierteren Untersuchung der ambrosianischen Kenntnisse über die Theologie seiner expliziten und impliziten Gegner bestätigt sich ein Eindruck, den man auch beim Studium des Komplexes „Saint Ambroise et la philosophie" gewinnt: Der Mailänder Metropolit hat wegen seines katechetischen und häresiologischen Interesses nur den geringsten Teil seiner diesbezüglichen Kenntnisse

---

[238] *Fid.* 1, 19, 124, unten 238f: *Effusa sunt enim et Arri viscera — pudet dicere, ubi;* „Es sind nämlich die Eingeweide auch des ARIUS herausgequollen (man schämt sich, zu sagen, wo)".
[239] *Urkunde* 6 (OPITZ); vgl. *fid.* 3, 16, 132, unten 452f.
[240] *Fid.* 3, 15, 125, unten 446f; vgl. die ausführliche Diskussion bei MARKSCHIES, *Ambrosius von Mailand und die Trinitätstheologie* 184–188 mit Anm. 547–567, und MARKSCHIES, *Theologische Diskussionen zur Zeit Konstantins* 153f mit Anm. 188; jetzt in: ders., *Alta Trinità Beata* (99–195) 153 Anm. 188.
[241] Vgl. dafür die Kommentierung zu *fid.* 1, 18, 122, unten 236f, mit Kommentar in Anm. 115 und 116.

auch direkt in seinen Predigten und in polemischen Schriften wie eben in *De fide* niedergelegt[242].

4. Zur Trinitätstheologie des Werkes De fide

Kann man überhaupt von einer eigenständigen und konsistenten Trinitätstheologie bei Ambrosius von Mailand sprechen? Einige prominente Autoren und Wissenschaftler aus Spätantike und Gegenwart legen mit ihren Urteilen den Eindruck nahe, daß der Bischof von Mailand weite Teile seines Werkes *De fide* wie auch andere Texte nicht nur mit Zitaten aus biblischen Büchern, sondern vor allem auch mit Paraphrasen aus Texten zeitgenössischer Autoren füllte und daher in diesen Schriften weder eine eigenständige noch eine konsistente Trinitätstheologie entwickelte. Der hochgelehrte Exeget Hieronymus vergleicht die Arbeiten seines literarischen Konkurrenten mit dem Gekrächz des Raben, „der, selber pechschwarz, sich mit der Farbenpracht aller anderen Vögel schmückt"[243]; er zeichnet, kurz gesagt, für Ambrosius das Bild eines geistlosen Abschreibers, der sich als Lateiner mit den fremden Federn griechischer Theologen schmückt und dazu beim Übersetzen der Texte noch recht dilettantisch vorgeht: „Nichts von der Kunst der Dialektik, nichts Energisches, keine übersichtliche Darstellung ... sondern ganz und gar verwelkt, dahinplätschernd, geschwätzig

---

[242] MADEC, *Saint Ambroise et la philosophie* 1–20.99–175, besonders 110–137.174f, und MARKSCHIES, *Ambrosius von Mailand und die Trinitätstheologie* 183–192; anders HERRMANN, *Ambrosius von Mailand als Trinitätstheologe* 80: „Ambrosius weiss von seinen Gegnern verhältnismässig wenig".
[243] HIERONYMUS, *Praefatio in omelias Origenis super Lucam* (FC 4/1, 56–59): *praesertim cum a sinistro oscinem corvum audiam crocitantem, et mirum in modum de cunctarum avium ridere coloribus, cum totus ipse tenebrosus sit.*

und geziert"[244]. Diesen literarischen Mängelkatalog der Spätantike haben dann vor allem protestantische Gelehrte unseres Jahrhunderts durch weitere Fehlanzeigen ergänzt: H. von Campenhausen hat in seiner Dissertation Ambrosius als „kirchenpolitischen Charakter" beschrieben, dem ‚jeder streng systematische Wille in der theologischen Arbeit' gefehlt habe, der „überhaupt keine eindeutige Vorstellung vom Wesen des Christentums" gehabt habe[245]. Und von daher hat sich — obwohl Campenhausen selbst in späteren Jahren sein jugendliches Urteil vorsichtig milderte und geringfügig modifizierte[246] — über Ambrosius nicht allein in der theologischen Literatur und Lehre das Bild eines engagierten Kirchenpolitikers, aber wenig originellen und daher schlechten Theologen festgesetzt, der die sechshundert Seiten seiner drei dogmatischen Schriften im wesentlichen mit halbverstandenen Theologumena griechischer Provenienz füllte. Mustert man Darstellungen der Dogmen- und Theologiegeschichte des vierten Jahrhunderts, so spielt der Mailänder Bischof darin entsprechend auch keine tragende Rolle. F. Loofs, nach dessen „Leitfaden zum Studium der Dogmengeschichte" Generationen von deutschen Studenten auf das Examen gelernt haben, widmet seiner Christologie gerade eine Viertelseite, von der Trinitätstheologie spricht er gar nicht; dieser Eindruck über die Randstellung

---

[244] HIERONYMUS, *Prologus in libro Didymi de spiritu sancto* (SCh 386, 138–140): *Nihil ibi dialecticum, nihil virile atque districtum, quod lectorem vel ingratis in assensum trahat, sed totum flaccidum, molle, nitidum atque formosum* .... — Vgl. aber Einleitung, oben 28 Anm. 73, das zitierte anerkennende Urteil des HIERONYMUS über die Bedeutung, die Ambrosius für die Durchsetzung der nicaenischen ‚Orthodoxie' im Westen hatte.
[245] VON CAMPENHAUSEN, *Kirchenpolitiker* 258.272.
[246] VON CAMPENHAUSEN, *Lateinische Kirchenväter* 79, schreibt in seinem eindrücklichen Portrait des Mailänder Bischofs von der „Sachlichkeit und Geradheit" der theologischen Arbeit des Ambrosius, die etwas „Ernstes und Vertrauenerweckendes, das überzeugt", an sich habe.

des Ambrosius in der christlichen Dogmen- und Theologiegeschichtsforschung bestätigt sich auch in neueren Arbeiten[247].

Dieses verbreitete Bild des Mailänder Bischofs beruht freilich auf zwei Vorurteilen: Das erste Vorurteil, das die historische Sicht auf Verhältnisse nicht nur der Spätantike verstellt, besteht darin, eine Alternative zwischen Kirchenpolitik und Theologie zu eröffnen und damit implizit die Politik gegenüber einer ‚reinen Theologie' abzuwerten. Warum soll ein energischer Kirchenpolitiker denn kein guter Theologe sein *et vice versa*? Solche Annahmen erinnern an den Streit, der von E. Schwartz und anderen über die Beurteilung des Athanasius begonnen wurde und sich doch jetzt längst beruhigt zu haben scheint[248]. Die in solchen Urteilen implizierte Alternative zwischen Theologie und Kirchenpolitik beruht wohl auf einer theologisch verbrämten Variante allgemein verbreiteter Verachtung der Politik in der Moderne und ihres ‚garstigen machiavellistischen' Charakters[249]. Freilich bleibt dann kaum mehr Platz für Gestalten der Kirchengeschichte, die sich gerade aufgrund ihrer sorgfältig getroffenen theologischen Entscheidungen zugleich auch um deren öffentliche Anerkennung und Gestaltwerdung bemühten. Als ein zweites Vorurteil erweist sich die Ansicht, daß nur wirklich originelle Theologie als gute Theologie bezeichnet werden darf und im Gegenzug dazu eine vor allem

---

[247] LOOFS, *Dogmengeschichte* 286. — Ähnlich — als Beispiele für verbreitete Lehrbücher unserer Tage — RITTER, *Dogma und Lehre im Leben der Alten Kirche* 99–283, besonders. 216 Anm. 276, und HANSON, *The Search for the Christian Doctrine of God* 667–737.— Ausführlicher zur Forschungsgeschichte MARKSCHIES, *Ambrogio teologo trinitario* 741–744; jetzt erweitert: ders., *Ambrosius als Trinitätstheologe* 265–268 mit Anm. 17a

[248] Das ist nicht zuletzt das Verdienst der erstmals 1950 publizierten Antrittsvorlesung von SCHNEEMELCHER, *Athanasius als Theologe und Kirchenpolitiker* 279–296.

[249] MEHLHAUSEN, *Kirchenpolitik* 275–302.

durch Übersetzungsleistungen der verschiedensten Art geprägte Lebensarbeit abgewertet wird. Die geistesgeschichtliche und zugleich theologiegeschichtliche Bedeutung des Ambrosius liegt aber in Wahrheit darin, daß er zugleich Kirchenpolitiker und Theologe genannt werden muß und es gerade seine Bemühungen um Übersetzung und Übertragung, also eine dezidierte Nicht-Originalität, sind, die ihn als historische Figur interessant machen. Es wäre ja auch zutiefst merkwürdig, wenn die Qualität einer Theologie durch den Grad ihrer Spekulativität oder Originalität (im schlichten Sinne von Innovation) bestimmt werden würde.

Das traditionelle Bild verzeichnet freilich die Bedeutung der theologischen Lebensarbeit des Ambrosius beträchtlich: Weder war der Mailänder Bischof ein uneigenständiger Denker noch bewegte er sich orientierungslos im komplizierten Geflecht trinitätstheologischer Positionen zu Beginn der achtziger Jahre des vierten Jahrhunderts. Es läßt sich im Gegenteil zeigen, daß der Mailänder Bischof einen höchst eigenständigen Versuch unternommen hat, die griechische neunicaenische Trinitätstheologie auf die Verhältnisse einer Mailänder Stadtgemeinde und eines kaiserlichen Laienlesers zu applizieren. Ein Gefühl für die Raffinesse, mit der Ambrosius übersetzt und vermittelt, bekommt man zum einen, wenn man das Problem der Zweisprachigkeit des spätantiken römischen Weltreiches und seine Folgen für die Theologie in den Blick nimmt: In der griechischen Sprache konnte man zwischen der monotheistischen Einheit der Trinität und der Besonderheit ihrer drei Personen Vater, Sohn und Heiliger Geist mittels der Unterscheidung der Begriffe οὐσία (im Deutschen unzulänglich: Sein / Wesen) und ὑπόστασις (dito: besondere Subsistenz) differenzieren— und mit dieser vermittelnden, heute sogenannten „neunicaenischen" Lösung einer göttlichen Ousie in drei Hypostasen beziehungsweise einer φύσις (sc. Natur) in

drei Personen fand ein längerer Streit zur Zeit des Ambrosius seinen Abschluß durch Synthese ursprünglich gegensätzlicher Modelle. Die „neunicaenische" Lösung entstand 362 (also noch vor ihrer theologischen Explikation in Gestalt der kappadokischen Trinitätstheologie), als Athanasius im sogenannten *Tomus ad Antiochenos*[250] die Vereinbarkeit des ὁμοούσιος von Nicaea und der klassischen (ursprünglich subordinatianischen) Drei-Hypostasen-Theologie des Origenes konzedierte[251]. Im lateinischen Milieu der westlichen Reichshälfte konnte es schon aus sprachlichen Gründen keine schlichte Kopie, kein reines Abschreiben dieser im griechischen Osten entstandenen Lösung geben: Das lateinische Wort *substantia* übersetzt nun eben beide griechische Begriffe, οὐσία und ὑπόστασις[252]. Vor diesem Hintergrund gesehen erscheint der Versuch des Ambrosius, eine solche synthetisierende „neunicaenische" Trinitätstheologie unter den Bedingungen der lateinischen Sprache und mit dem vertrauten Vokabular zu entwickeln, gerade nicht mehr als schlichtes Abpinseln unverstandener griechischer Texte, sondern als gelehrter und zugleich schöpferischer Prozeß, traditionelle Theologie vor neuem Hintergrund zur Geltung zu bringen. Der Mailänder Bischof hat sich in dieser vertrackten Situation beholfen, indem er zunächst die klassische lateinische Formel von der einen Substanz und den

---

[250] Man ist leider gezwungen, jenen Text nach unveröffentlichten Revisionsbögen der Berliner ATHANASIUS-Ausgabe von OPITZ (321–329) zu zitieren, weil dieser für die Theologiegeschichte des vierten Jahrhunderts schlechthin zentrale Synodalbrief seit den vierziger Jahren dieses Jahrhunderts in den Fahnen liegt. Diese Ausgabe sollte die von MIGNE (PG 26, 796–809) ablösen.

[251] Vgl. zu dieser theologischen Weichenstellung jetzt MARKSCHIES, *Kappadozische Trinitätstheologie* 52–54, mit entsprechenden Literaturhinweisen, jetzt erweitert in ders., *Alta Trinità Beata* (196–237) 198–210.

[252] Ausführliche Nachweise bei MARKSCHIES, *Ambrosius von Mailand und die Trinitätstheologie* 9–38 („Terminologischer Teil").

drei Personen, die auf Tertullian zurückging[253], aufgriff. Er orientierte sich dann aber an der kappadokischen Lösung, die neunicaenische Theologie (also die Verbindung der μία οὐσία und der τρεῖς ὑποστάσεις) mit Hilfe der verbreiteten Formel von der „unvermischten Einheit" (sc. der Personen: ἀσύγχυτος ἕνωσις) zu explizieren[254]. Natürlich konnte er sich schon auf eine lateinische Tradition berufen[255], es kann aber trotzdem kein Zweifel daran bestehen, daß Ambrosius mit dieser Formel den systematischen Ertrag der kappadokischen Interpretation des „Neunicaenismus" schöpferisch in die westliche Trinitätstheologie integriert hat. „Neunicaenismus" stellt eine bestimmte Form der Interpretation des nicaenischen Bekenntnisses von 325 dar; entsprechend verwendet Ambrosius das Bekenntnis des ersten Reichskonzils als theologische Grundlage seiner Argumentation in der Schrift *De fide*. Das zeigt sich unter anderem darin, wie häufig er den expliziten Wortlaut dieses Textes zitiert[256]. Den Anathematismus, der diesem Credo angefügt ist, benutzt der Mailänder Bischof an hervorgehobener Stelle am Schluß des ersten Buches von *De fide* als Matrix einer satz-

---

[253] Freilich ist die Formel *una substantia — tres personae* in Wahrheit eine Abstraktion aus TERTULLIAN, *adv. Prax.*, wie zum Beispiel GRILLMEIER, *Jesus der Christus* 1, 251–257, gezeigt hat.
[254] Ambrosius, *in Luc.* 7, 120 (CCL 14, 254): *salva distinctione personarum et unitate substantiae;* sowie *fid.* 5, 3, 45 f, unten 622–625, zu Joh 8, 16: *Singularitas ad personam pertinet, unitas ad naturam.* Weitere Belege bei MARKSCHIES, *Ambrosius von Mailand und die Trinitätstheologie* 206 f mit Anm. 677–683, und für die Kappadokier ders., *Kappadozische Trinitätstheologie* 54–84; jetzt auch in: *Alta Trinità Beata* 210–227.
[255] Vgl. die Nachweise für TERTULLIAN und HILARIUS VON POITIERS bei MARKSCHIES, *Ambrosius von Mailand und die Trinitätstheologie* 207 f mit Anm. 684.
[256] Vgl. dazu die Nachweise für nahezu alle Zeilen des Credos im Register, unten 866, und die ausführliche Diskussion bei MARKSCHIES, *Ambrosius von Mailand und die Trinitätstheologie* 187 Anm. 564.

weisen Widerlegung arianischer Gedanken[257]. Im Vergleich zu anderen lateinischen Autoren seines Jahrhunderts handelt es sich ohne Zweifel um die mit Abstand umfangreichste Verwendung des Nicaenums; auch hier wird man katechetische Motive in Rechnung stellen: Der Bischof wollte diesen zentralen Bekenntnistext seiner Gemeinde und seinem Herrscher bekannt machen. Allerdings legt er die systematische Schlüsselvokabel des nicaenischen Bekenntnisses, das ὁμοούσιος, mit Hilfe eines wörtlichen (bisher übersehenen) Basilius-Zitates eindeutig neunicaenisch aus[258].

Der Mailänder Bischof muß mit seiner schöpferischen Rezeption östlicher Theologie also im Zusammenhang der Geschichte des lateinischen Neunicaenismus gesehen werden, die natürlich schon vor ihm begann. Der lateinische „Neunicaenismus" hatte in enger Anlehnung an griechische Prozesse und griechische Quellen mit einer Distanzierung von der Normalinterpretation des Nicaenums, wie sie seit dem Konzil von Serdika 342 das Abendland geprägt hatte, begonnen. Hilarius von Poitiers muß seit 357/358 mindestens als Vorläufer des lateinischen „Neunicaenismus" gelten; Marius Victorinus als ein unabhängiger Kopf, der mit entsprechenden Vorbehalten dem Phänomen auch zuzurechnen ist[259].

Ein zweites Beispiel für die schöpferische Eleganz, mit der Ambrosius übersetzt und vermittelt, zeigt sich, wenn

---

[257] Vgl. die Zitate: *Erat, quando non erat* (*fid.* 1, 19, 123, unten 238f); *antequam nasceretur, non erat* (1, 19, 125, unten 240f); *ex nihilo* (1, 19, 126, unten 240f); *ex alia substantia* (1, 19, 128, unten 240–243); *mutabilem et convertibilem filium dei* (1, 19, 131, unten 242f).
[258] *Homoousion enim aliud alii, non ipsum est sibi* (*fid.* 3, 15, 126, unten 446f) übersetzt meines Erachtens οὐ γὰρ αὐτό τί ἐστιν ἑαυτῷ ὁμοούσιον, ἀλλ' ἕτερον ἑτέρῳ (BASILIUS VON CAESAREA, *ep.* 52, 3 [1, 135f COURTONNE]); vgl. dazu MARKSCHIES, *Ambrosius von Mailand und die Trinitätstheologie* 198–200, und ders., *Was bedeutet οὐσία?* 75–80.
[259] Vgl. dazu MARKSCHIES, *Was ist lateinischer „Neunizänismus"?* 78f.

man die literarische Gattung der erwähnten sechshundert Seiten dogmatischer Schriften in den Blick nimmt — es handelt sich in aller Regel um Mailänder Gemeindepredigten, die Ambrosius unter dem Druck der Situation rasch zu Traktaten zusammenfaßte und dann römischen Kaisern widmete. Angesichts dieses Publikums von weitgehenden Laien wird man ihm kaum vorwerfen dürfen, theologisch schlicht formuliert zu haben, und sollte man künftig davon absehen, im Vergleich mit theologischer Fachschriftstellerei angebliche Defizite des Bischofs zu notieren. Neben der originellen fachwissenschaftlichen Produktion besteht zu allen Zeiten die Notwendigkeit, Ergebnisse solcher Arbeit einem breiteren Publikum zu vermitteln — und wer wollte bestreiten, daß im Verhältnis von Theologie und Kirche diese Vermittlungsarbeit, die Ambrosius virtuos beherrschte, von besonderer Bedeutung ist?

Aus den hier vorgetragenen Beobachtungen zur theologischen Methode des Ambrosius ergibt sich auch, daß das gelegentlich bemängelte und scheinbar etwas dünne theologische Profil der voraugustinischen lateinischen Trinitätstheologie des vierten Jahrhunderts in Wahrheit zunächst nur eine Reaktion auf die Art war, in der die lateinischen Homöer argumentierten. Es erklärt sich erst einmal daher, daß den westlichen Theologen die scharfe intellektuelle Herausforderung durch die neuarianische Theologie des Eunomius fehlte. Man kann diese Tatsache bis in die Titel ihrer Schriften hinein verfolgen. Sie verfaßten entsprechend auch keine trinitätstheologischen Traktate gegen Eunomius, sondern allgemeine antihäretische Werke beziehungsweise, wie man nicht nur an Ambrosius sehen kann, aus Gemeindepredigten umgearbeitete antiarianische Instruktionen. Da ihre Gegner, die lateinischen homöischen Theologen, vor allem auf der Basis biblischer Zitatenketten argumentierten, spiegelte sich diese Struktur dann natürlich auch bei den Verteidigern wider.

III. Die Quellen des Werkes De fide

Ambrosius war ein vielbeschäftigter Bischof, der zudem gern und häufig predigte[260]. Vermutlich sind hier die Gründe dafür zu suchen, daß er den Text von *De fide* nicht vollständig neu schrieb, sondern wie auch bei seinen anderen systematisch-theologischen Schriften *De spiritu sancto* und *De incarnationis Dominicae sacramento* und einigen exegetischen Werken auf Stenogramme eigener Predigten zurückgriff[261]. Da diese Überarbeitungen im Falle der Bücher, die für Kaiser Gratian bestimmt waren, so hastig durchgeführt wurden, daß sich Spuren der Predigtsituation in den fünf Büchern in reichlicher Zahl finden, können ganze Textzusammenhänge aus dem heutigen Kontext herausgelöst werden und Predigten zugewiesen werden — Spuren der Überarbeitung findet man eigentlich nur in Gestalt der Kaiseranreden, zu Beginn und am Ende der fünf Bücher und in gelegentlichen Querverweisen innerhalb des Werkes[262]. Spuren der ursprünglichen Entstehungssituation finden sich dagegen in reichlicher Zahl, vor allem in den letzten drei Büchern von *De fide*[263], weswegen man bezweifelt hat, daß auch die ersten beiden

---

[260] Dazu vgl. beispielsweise Dudden, *Life and Times of St. Ambrose* 1, 449.454–474, und Schmitz, *Gottesdienst im altchristlichen Mailand* 352–359.323–341, zur Perikopenordnung in Mailand.
[261] Vgl. den Exkurs „Predigt und theologische Argumentation bei Ambrosius": Markschies, *Ambrosius von Mailand und die Trinitätstheologie* 89–97 (mit Literaturhinweisen), und die Aufzählung bei Dudden, *Life and Times of St. Ambrose* 1, 455 Anm. 2.
[262] Eine Aufstellung bei Markschies, *Ambrosius von Mailand und die Trinitätstheologie* 91 f Anm. 42–44.
[263] Vgl. *fid.* 3, 17, 142, unten 458–461 mit Anm. 335: *ferias hodierni sermonis habeamus;* 4, 10, 119, unten 548–551: *considerate, quid lectum sit hodie,* sowie 5, 2, 38, unten 616 f mit Anm. 495: *docet nos ipsius series lectionis.* In *fid.* 5 prol. 11, unten 594 f, ist sogar die Anrede an die Hörer stehengeblieben: *Neque ego, fratres, voti avarus ideo haec opto, ut ‚super multa constituar'* (Mt 25,21).

auf Predigten zurückgehen²⁶⁴. Allerdings prägen eine ganze Reihe allgemeiner Charakteristika mündlicher Rede (wie das betonte „Ich" des Predigers, gelegentliche knappe rhetorische Fragen und häufige Gedankensprünge) den veröffentlichten Text aller fünf Bücher des Werkes²⁶⁵. Auf die ursprüngliche mündliche Entstehungssituation des Textes deuten auch freie Anspielungen auf biblische Passagen, die als wörtliche Zitate eingeführt sind²⁶⁶; vermutlich zitierte der Prediger aus dem Gedächtnis und überarbeitete die Stenogramme auch an diesem Punkt nur oberflächlich. Freilich muß man sich klarmachen, daß Ambrosius auch in der mündlichen Rede sehr sorgfältig formulierte²⁶⁷.

In der heutigen Gestalt der Schrift *De fide* sind mindestens elf Hinweise auf gottesdienstliche Perikopen stehengeblieben, die es erlauben, Quellenstücke zu isolieren²⁶⁸.

---

²⁶⁴ So FALLER, *Ambrosius* 9,8*; ebenso HERRMANN, *Ambrosius von Mailand als Trinitätstheologe* 51: „Das beweist die straffe Disposition" — aber kann eine Predigt nicht auch ‚straff disponiert' sein? Für *fid*. 1 und 2 nennt er selbst eine Stelle, die zeigt, daß der Mailänder Bischof auch hier auf Predigten zurückgriff. *Fid*. 1,14,86, unten 208f: *in quo nobis praesentis oraculum lectionis adspirat; audivimus enim legi dicente domino ...;* „Darin bestärkt uns das Gotteswort der gerade gehörten Lesung; wir haben gehört, daß die Stelle vorgelesen wurde, an der der Herr sagt: ...".
²⁶⁵ Eine ganze Reihe von Belegen für solche kurzen, inhaltlich weniger bedeutsamen beziehungsweise rhetorischen Fragen, die höchstens zwei bis drei Wörter besitzen, für das häufig wiederkehrende betonte *ego* des Predigers sowie für Gedankenstriche, die Anakoluthe oder Gedankensprünge anzeigen, findet sich bei MARKSCHIES, *Ambrosius von Mailand und die Trinitätstheologie* 91 Anm. 38.
²⁶⁶ Vgl. zum Beispiel *fid*. 1,9,61, unten 186–189.
²⁶⁷ Er verwendete zum Beispiel das elegantere *hoc est* sehr viel häufiger (50 Belege; davon zehn in *fid*. 1 und 2) als das vulgärere *id est* (*fid*. 1 und 2 sechs Belege; 4 und 5 sechs Belege); das distinguierte *quod* häufiger (*fid*. 1 und 2: 122 Belege; *fid*. 3 und 5: 277) als das durch die Bibel verbreitetere *quoniam* (*fid*. 1 und 2: 17 Belege; *fid*. 3 und 5: 45 — vgl. allerdings das sehr populäre *quia* in *fid*. 1 und 2: 129 bzw. 415 Belege in *fid*. 3 und 5).
²⁶⁸ Für die Begründung dieser unvollständigen Liste vgl. MARKSCHIES, *Ambrosius von Mailand und die Trinitätstheologie* 94–96, und SCHMITZ, *Gottesdienst im altchristlichen Mailand* 324–326.

Passage aus *De fide*	Bezug auf Lesung aus
1, 14, 86	Mk 16, 15
1, 14, 88	Joh 1, 3
1, 14, 88	Ps 103, 24
2 praef.	Ex 35, 27f
2 praef.	Ex 36, 9f
2, 4, 34	Am 5, 27
2, 4, 35	Offb 1, 7f
2, 8, 58	1 Kor 2, 8
2, 8, 73	Hebr 6, 13f
2, 9, 80	Bar 3, 36–38
3, 5, 39	1 Kor 1, 30
3, 6, 44	Joh 3, 21
3, 13, 105	Mt 19, 28
4, 10, 119	1 Thess 5, 10
5, 2, 38	Joh 17, 1–3
5, 16, 202	1 Kor 2, 10
5, 16, 208	Lk 20, 20–24

Aus dieser Aufstellung ergibt sich einerseits, daß Ambrosius in den Predigten auf alle drei gottesdienstlichen Lesungen (Propheten-, Apostel- und Evangeliumslesung) Bezug nahm und nicht im strengen Sinne Evangelienhomilien gehalten hat. Man kann erkennen, daß im ersten Buch Auslegungen von mindestens zwei Gottesdiensten verwendet sein müssen, da auf zwei Evangelienlesungen Bezug genommen wird; im dritten Buch sogar drei, da drei

Apostellektionen vorauszusetzen sind. Außerdem muß man bei einer Analyse der Theologie des Ambrosius, wie der Bischof sie in *De fide* entfaltet, einerseits die allgemeinen rhetorischen und argumentationstheoretischen Vorgaben einer Predigt im Blick halten, die anders ausfallen als in einem theologischen Traktat, und andererseits den ursprünglichen Bezug auf die Hörer in der konkreten Mailänder Gemeinde berücksichtigen, die offenbar in weiten Teilen alles andere als theologische Fachleute oder auch nur Halbgebildete waren. Ambrosius sagt selbst an einer Stelle, daß seine Gemeindeglieder, die ja zudem viele Jahre in der Kathedrale homöische Predigten gehört hatten, eigentlich nicht einmal als Schüler einer Katechese taugen[269].

Sowohl in seinen Predigten als auch in den Passagen, die er eigens für den Kaiser schrieb, griff Ambrosius aber auch auf andere trinitätstheologische Texte des vierten Jahrhunderts, hauptsächlich von griechischen Theologen wie Athanasius und Didymus von Alexandrien und auch von lateinischen Autoren wie Hilarius von Poitiers, zurück. Die Tatsache, daß sich für längere Passagen von *De fide* noch heute Vorbilder nachweisen lassen, hat, wie bereits angedeutet[270], zu einem verbreiteten pessimistischen Urteil über die theologischen Kompetenzen des Ambrosius geführt[271]. Daher soll in diesem Abschnitt noch durch exemplarische Vergleiche mit einigen griechischen und lateinischen Theologen, deren Texte der Mailänder Bischof

---

[269] Nämlich in einer Predigt im Mailänder Kirchenstreit 386 (siehe Einleitung, oben 22 Anm. 42): *Facti sunt igitur omnes magistri, qui vix poterant esse discipuli* (75 a[21 a], 34 [CSEL 82/3, 105]).
[270] Siehe Einleitung, oben 28.
[271] Ambrosius sei, so beispielsweise HERRMANN, *Ambrosius von Mailand als Trinitätstheologe* 144, „kein eigenständiger Denker". Anregungen und Lösungen habe er hauptsächlich von HILARIUS VON POITIERS, ATHANASIUS VON ALEXANDRIEN, BASILIUS VON CAESAREA und DIDYMUS übernommen, „ohne aber in deren Tiefe einzudringen".

rezipiert, am Detail gezeigt werden, daß Ambrosius keineswegs sklavisch trinitätstheologische Passagen anderer Autoren abschreibt, sondern im Sinne seiner methodischen und theologischen Optionen in der Schrift *De fide* modifiziert und also schöpferisch rezipiert — wobei hier natürlich keine detaillierte Untersuchung zu entsprechenden Quellen des Ambrosius vorgelegt werden kann[272] und äußerst exemplarisch gearbeitet werden muß.

1. Ambrosius und Athanasius

Im Register zu Fallers Ausgabe ist Athanasius von Alexandrien mit fast 21 Stellen und über 200 Belegen der meistzitierte Autor[273]. Auch wenn in unserer Ausgabe die Zahl der Belege deswegen etwas reduziert ist, weil nur eindeutige Parallelstellen aufgenommen wurden (und selbst hier in den meisten Fällen ja nicht sicher ist, ob sie auf direkte Textkenntnis oder indirekte mündliche Überlieferung von athanasischer antiarianischer Argumentation zurück-

---

[272] FALLER, *Ambrosius* 9,12*, ist in den Quellennachweisen der kritischen Edition im Wiener Kirchenvätercorpus, wie er selbst angibt, von einer Breslauer Dissertation des Jahres 1923 abhängig: RAMATSCHI, *Die Quellen des Ambrosiuswerkes*, die nach seinen Angaben nur in einem handgeschriebenen Exemplar in der dortigen Universitätsbibliothek existierte und von ihm vor 1945 eingesehen wurde. Wenn der zeitweilige Breslauer Dozent ALTANER, dieses Werk als „verbrannt" bezeichnet (ALTANER/STUIBER, *Patrologie* 383), verdient diese Angabe Zutrauen; eigene Nachforschungen nach diesem Werk in Breslau blieben entsprechend auch ohne Ergebnis. Eine Neubearbeitung des Themas würde sich freilich schon deswegen lohnen, weil FALLER (und somit wohl RAMATSCHI) nicht gründlich genug zwischen allgemeinen Anklängen und direkten Parallelen getrennt hat (vgl. freilich seine einschlägige Bemerkung in der *praefatio* zu *Ambrosius* 7,4*); außerdem erlauben die seither verbesserten Indices und Suchmöglichkeiten eine erhebliche Vermehrung des Materials. Ich habe dies zum Beispiel in einem Aufsatz für ein von Ambrosius verwendetes Wortspiel getan; siehe MARKSCHIES, *Was bedeutet οὐσία?* 75–82.
[273] FALLER, *Ambrosius* 9,324–326.

gehen), bleibt der 363 verstorbene Bischof von Alexandrien neben der Bibel die Hauptquelle, die der Bischof von Mailand für die Abfassung seiner Schrift *De fide* verwendete. An erster Stelle unter den von Ambrosius zitierten Texten sind die heute „Arianerreden" genannten drei λόγοι eines Κατὰ Ἀρειανῶν βιβλίον anzuführen (die ersten beiden Reden von circa 340/341 und die dritte von 345/346 sind nahezu gleichmäßig belegt)[274], dann aber auch die verschiedenen historischen Schriften, in denen Athanasius Urkunden aus dem trinitätstheologischen Streit des vierten Jahrhunderts zitiert, schließlich seine späten Briefe an Serapion (357/358), auch der über den Tod des Arius. Schwierig ist die Frage zu beantworten, ob Athanasius jene Texte kannte, die heute für apolinaristisch gehalten werden und die Faller noch für athanasianisch ansah, beispielsweise die Schrift *De incarnatione et contra Arianos*[275]. Und ebenso schwierig ist im Einzelfall zu entscheiden, ob ein bestimmter Gedanke oder ein Cluster von Bibelstellen Ambrosius nicht direkt, sondern sozusagen auf einem Umweg durch Hilarius von Poitiers vermittelt wurde.

An vielen Stellen des Werkes *De fide* kann — sei es aufgrund einer direkten literarischen Abhängigkeit und der Konventionalität, die diese Gedanken in der nicaenischen Gruppe im letzten Drittel des vierten Jahrhunderts hatten — eine große Nähe zwischen den Argumentationen von Ambrosius und Athanasius festgestellt werden[276]. Das gilt

---

[274] Die Bezeichnung der Bücher des ATHANASIUS folgt den Ergebnissen der Bochumer ATHANASIUS-Forschungsstelle, die in der Einleitung der entsprechenden Lieferung der ATHANASIUS-Werke dargelegt sind (METZLER/SAVVIDIS, *Athanasius Werke* 1/1, 2, 71 f.).
[275] GRILLMEIER, *Jesus der Christus* 1, 480–494.
[276] Vgl. auch die Abschnitte „Atanasio e Ambrogio" und „Atanasio" im Vorwort der Übersetzung von MORESCHINI, *Ambrosius* 15, 16–21.

beispielsweise für die terminologische Entscheidung, alle subordinatianische Theologie unterschiedslos als „Arianismus" zu bezeichnen und alle ihre Vertreter als „Arianer". Selbst für die grundsätzliche Methode des Ambrosius in *De fide*, arianische Sätze jeweils mit einer größeren Menge an Bibelstellen zu widerlegen, könnte man auf Athanasius verweisen. Hier wären nicht nur die erwähnten „Arianerreden" zu nennen; wenn man etwa den Brief des alexandrinischen Bischofs Alexander an alle Bischöfe[277] vergleicht, den ich mit Christopher Stead als ein erstes „Manifest" des Athanasius verstehen möchte[278], fällt diese formale Analogie auf: Jeweils ein arianischer Satz, katechismusartig zitiert, wird mit einer Bibelstelle widerlegt. Dieses *procedere* der Arianer-Bekämpfung hat Athanasius inauguriert; Ambrosius folgt ihm wie viele antiarianische Autoren im vierten Jahrhundert, folgt ihm wie viele auch in der Verwendung bestimmter Bibelstellen für bestimmte theologische Topoi. Dennoch wird der Name Athanasius im ganzen Werk des Mailänder Bischofs gerade zwei Mal explizit erwähnt[279];

---

[277] Der Text beginnt mit den Worten Ἑνὸς σώματος ... (*Urkunde* 4b [6–11 OPITZ]) — auf die Kontroverse, die um die neue Datierung von WILLIAMS, *Arius. Heresy and Tradition* 58, entstanden ist (Januar / Februar 325; dagegen OPITZ, *Die Zeitfolge* 147f: circa 319), können und müssen wir hier jedoch nicht eingehen.
[278] STEAD, *Athanasius' Earliest Written Work* 76–91.
[279] In zwei Briefen, die nach dem Konzil von Aquileia abgefaßt wurden: Ambrosius, *epist. extra coll.* 8[14],7 (CSEL 82/3, 200), und 9[13],4 (CSEL 82/3, 203). In beiden Fällen bezieht sich Ambrosius auf die Normen (*forma; terminus* [CSEL 82/3, 200]; *ius et mos* [CSEL 82/3, 203]), die ATHANASIUS (*quasi columen fidei fuit* [CSEL 82/3, 200]) für die Gültigkeit eines Konzils gesetzt habe. Obwohl die Herausgeberin hier nichts anmerkt, sind vielleicht die Ansichten gemeint, die man aus seiner *Apologia Secunda* und anderen *Athanasiana* gewinnen kann. Ebenso wahrscheinlich scheint mir aber, daß die Normen der Vorväter (... *maiorum* [CSEL 82/3, 203]; ... *patrum nostrum* [CSEL 82/3, 200]) gemeint sind, die sich aus den Kanones des Konzils von Serdika ergeben (EOMJA 1/2, 3, 452–486. 490–531; vgl. BRENNECKE, *Geschichte der Homöer* 42–46), auf dem ATHANASIUS ja anwesend war (ausgewiesen durch die Teilnehmerlisten bei HILARIUS VON POITIERS, *coll. antiar.* B II 4 [CSEL 65, 136]).

in dieser Spannung zwischen deutlichem literarischen Anklang und zurückhaltendem Bezug auf Person und Werk stehen alle Belege[280] — freilich entsprach diese Praxis des Mailänder Bischofs einer Konvention der Zeit[281]. Auch in anderen Schriften finden sich an zentralen Stellen bislang übersehene Bezüge auf Athanasius[282].

Trotzdem folgt Ambrosius den von Athanasius begründeten literarischen Konventionen der *Adversus-Arianos*-Literatur mit großer Freiheit: So enthalten beispielsweise seine Ausführungen zu Mt 26,39 / Mk 14,36[283] — einer Stelle, die von Arianern und Homöern offenbar gern ge-

---

[280] Dieser Eindruck bestätigt sich, wenn man nach Namen anderer griechischer und lateinischer Theologen fragt; nicht erwähnt werden BASILIUS VON CAESAREA, GREGOR VON NYSSA und HILARIUS VON POITIERS (vgl. aber die reichen Quellenbelege bei FALLER, *Ambrosius* 9, 326–329); GREGOR VON NAZIANZ tritt zweimal auf, allerdings nicht in trinitätstheologischen oder christologischen Zusammenhängen: Ambrosius, *spir.* 1 prol. 18 (CSEL 79, 23), beziehungsweise *epist. extra coll.* 9[13], 4 (CSEL 82/3, 202; dazu vgl. ZELZER, *Ambrosius von Mailand* XCVI; VON CAMPENHAUSEN, *Kirchenpolitiker* 141 f, sowie DUDDEN, *Life and Times of St. Ambrose* 1, 209–211.216).

[281] Vgl. zu der von Ambrosius praktizierten Art der Quellenbenutzung ZELZER, *Chronologie* 75 f Anm. 14.

[282] ZELZER hat darauf hingewiesen, daß die Formulierung aus der nachgestalteten EPIPHANIUS-Predigt des römischen Bischofs LIBERIUS (vgl. Einleitung, oben 12 mit Anm. 13) *secundum hominem homo natus ex virgine, sed ante omnia generatus ex patre ..., unigenitus in terris, unigenitus in caelo, deus ex deo* (Ambrosius, *virg.* 3, 1, 2 [1, 209 GORI]), für die sich auch reiche Parallelen im Nicaenum und in östlichen Bekenntnissen beibringen lassen (MARKSCHIES, *Ambrosius von Mailand und die Trinitätstheologie* 107 f mit Anm. 133f), einfach auf entsprechende ATHANASIUS-Passagen zurückgeht (ZELZER, *Gli scritti ambrosiani sulla verginità* 818), die Ambrosius allerdings durchaus frei verwendet: ⲛⲧⲟϥ ⲇⲉ ⲧⲉⲛⲟⲩ ⲡⲉⲧⲛⲛⲩⲙⲫⲓⲟⲥ ⲟⲩⲛⲟⲩⲧⲉ ⲡⲉ ⲁⲩⲱ ⲡϣⲏⲣⲉ ⲛⲟⲩⲱⲧ ⲛⲧⲉⲡⲛⲟⲩⲧⲉ ⲡⲉ ... ⲁϥϣⲱⲡⲉ ⲉⲃⲟⲗ ϩⲛⲧⲡⲁⲣⲑⲉⲛⲟⲥ ⲙⲁⲣⲓⲁ. ⲉⲁϥϫⲓ ⲛⲟⲩⲥⲁⲣⲝ ⲉⲃⲟⲗ ϩ2ⲏⲧⲥ ⲁϥϣⲱⲡⲉ ⲛⲣⲱⲙⲉ; „Votre fiancé est un Dieu, le Fils unique de Dieu ... Il fut de la vierge Marie en prenant chair d'elle et il devint homme" (ATHANASIUS VON ALEXANDRIEN, *virg.* 126–128 [1, 91 f / 2, 72 f LEFORT]).

[283] '*Pater, si possibile, transfer a me calicem hunc*' (vgl. *fid.* 1, 5, 41 – 1, 7, 50, unten 166–179).

gen die Vorstellung von einer Allmacht Christi angeführt wurde[284] — lange Ausführungen über den freien Willen Christi im Vergleich zum heiligen Geist, die man kaum aus den knappen Argumentationen von Athanasius[285] zu dieser Bibelstelle erklären kann. Bei einer Überprüfung aller Stellen fällt dann auch auf, wie wenig präzise Ambrosius Athanasius rezipiert: In der Schrift *De fide* wird das zweifache Auftreten des Wortes *dominus* in Gen 19,24 (*Pluvit dominus a domino*) als Beispiel der Einheit des Werkes von Vater und Sohn genommen[286], die zugleich die Einheit ihrer Göttlichkeit demonstriere[287]. Wenn Ambrosius diese Bibelstelle tatsächlich dem siebzehnten Anathematismus der Synode zu Sirmium (351) entnommen hätte[288], den er bei Athanasius hätte zitiert finden können, dann verwundert, daß er sich überhaupt nicht auf diese kirchliche Entscheidung bezieht, obwohl sie sich sehr stark mit seinen Gedanken berührt: Εἴ τις τὸ ‚ἔβρεξε κύριος πῦρ παρὰ κυρίου‘ μὴ ἐπὶ τοῦ πατρὸς καὶ τοῦ υἱοῦ ἐκλαμβάνοι, ἀλλ' αὐτὸν παρ' ἑαυτοῦ λέγοι βεβρεχέναι, ἀνάθεμα ἔστω· ἔβρεξε γὰρ κύριος ὁ υἱὸς παρὰ κυρίου τοῦ πατρός.[289]

Der ganze Hintergrund des Anathematismus, der sich ursprünglich gegen die radikale Auslegung der Ein-

---

[284] Freilich nicht in der homöischen Literatur, die in den *Scripta Arriana Latina* (CCL 87/1) von GRYSON gesammelt worden sind; AUGUSTINUS argumentiert in *Maxim.* 20 (PL 42,736), mit dieser Stelle gerade gegen die Homöer.
[285] ATHANASIUS VON ALEXANDRIEN, *Ar.* 3,54–57 (PG 26,435–444); vgl. auch GREGOR VON NAZIANZ, *or.* 30,12 (SCh 250,250).
[286] *Fid.* 1,3,23.25, unten 154–159.
[287] *Et hic advertimus quod unitatem divinitatis per aequalitatem operum designaverit* (*fid.* 1,3,25, unten 156–159).
[288] So mutmaßt FALLER, *Ambrosius* 1,12, im Apparat zur Stelle. Diese Anathematismen nahmen „in wesentlich gestraffter Form die Erklärungen der formula makrostichos gegen Photin und Markell" auf (BRENNECKE, *Hilarius von Poitiers* 100; zur Synode selbst 91–107).
[289] ATHANASIUS VON ALEXANDRIEN, *syn.* 27,3 (26–28 OPITZ).

Hypostasen-Lehre des Marcell durch Photin wendet, ist bei Ambrosius ausgeblendet und in den Dienst seiner neuen Argumentation gestellt. Deswegen erscheint wahrscheinlicher, daß Ambrosius solche biblischen Belege im Zusammenhang einer Testimoniensammlung, wie sie sich mehrfach bei Hilarius findet, kennengelernt hat[290], der die Stelle ganz ähnlich deutet: ,*Dominus sulphur et ignem pluit a Domino*'. *Ut Dominus a Domino, ita non discrevit naturae nomine quos significatione distinxerat*[291]. So kann man auch an den im Apparat nachgewiesenen und teilweise zitierten Texten des Athanasius zeigen, daß Ambrosius nicht mechanisch größere Passagen anderer Autoren paraphrasierte, sondern selbständig auf der Basis einer westlichen Koine von antiarianischen Argumentationen seine Predigten beziehungsweise den Traktat gestaltete.

2. *Ambrosius und Hilarius*

Der nach Athanasius im Register bei Faller meistzitierte Autor ist Hilarius von Poitiers mit seinem später *De trinitate* genannten Werk[292], das in mehreren Schritten während der Jahre 356 bis 359 vor der Verbannung nach Phrygien und im Exil entstanden sein dürfte. Hilarius wird in Mailand in den siebziger Jahren schon deswegen kein unbekannter Name gewesen sein, weil er 364 vollkommen ergebnislos und wohl auch ohne juristische Grundlage versucht hatte, den homöischen Vorgänger des Ambrosius

---

[290] HILARIUS VON POITIERS, *trin.* 4, 25 (CCL 62, 128); 5, 16 (CSEL 62, 165 — hier übrigens in der verkürzten Anspielung, wie sie sich auch bei Ambrosius findet!); 5, 17 (CSEL 62, 167). — Wir wissen zum Beispiel, daß AUGUSTINUS seine Kenntnisse aus einem Florilegium, nicht aus dem Werk des HILARIUS selbst schöpfte (DOIGNON, „ *Testimonia* " d'Hilaire 7–19).
[291] HILARIUS VON POITIERS, *trin.* 4, 27 (CCL 62, 133), — PHOEBADIUS VON AGEN zitiert die Stelle nicht.
[292] SMULDERS, *Remarks on the Manuscript* 131.

durch eine mit hohen Beamten besetzte Untersuchungskommission aus dem Amt zu jagen[293]. Immer wieder folgt Ambrosius Hilarius, beispielsweise in der Ordnung der Bibelstellen, die er den „Arianern" entgegenhält, oder in der Zurückweisung „arianischer" Bibelargumentationen und -interpretationen. Faller war allerdings der Ansicht, daß Ambrosius an den Stellen, an denen er sowohl Athanasius wie Hilarius annotiert hatte, eher von Athanasius abhängig sei[294].

3. Ambrosius und Origenes beziehungsweise Ambrosius und Didymus

Angesichts der Tatsache, daß Ambrosius von Mailand seit seinen frühen Bischofsjahren für seine eigenen Bibelauslegungen offenbar durchgängig Kommentare und Homilien des Origenes konsultierte[295], ist es wenig verwunderlich, daß nicht nur zwei längere Passagen aus Prologen der Schrift *De fide* offensichtlich auf Auslegungen des Origenes zurückgehen, sondern ebenso eine Reihe von weiteren Passagen[296].

Wahrscheinlich hat auch ein wichtiger griechischer Vertreter der origenistischen Tradition im vierten Jahrhundert Ambrosius als Quelle gedient: Didymus der Blinde, der zur Abfassungszeit von *De fide* noch lebte und als Universalgelehrter außerordentlich verehrt wurde (er starb wohl 398), wird wie Athanasius und Hilarius von Ambro-

---

[293] Zu den Details vgl. MARKSCHIES, *Ambrosius von Mailand und die Trinitätstheologie* 58–60 mit Anm. 86–90; seither noch die damit weitgehend übereinstimmenden Darstellungen von MCLYNN, *Ambrose of Milan* 25–27, und WILLIAMS, *Ambrose of Milan* 78–80.
[294] FALLER, *Ambrosius* 9,12*.
[295] MARKSCHIES, *Ambrosius und Origenes* 539–564 (mit weiteren Literaturhinweisen).
[296] *Fid.* 2 prol. 10–12, unten 254–259, sowie 5 prol. 12, unten 594f, vgl. desweiteren die Einleitung, oben 28 mit Anm. 75, und im Register, unten 855.

sius in seinem ganzen Werk nicht erwähnt, und doch notierte Faller eine ganze Reihe von Stellen, an denen er eine Benutzung von Werken des berühmten Exegeten durch Ambrosius vermutet; allerdings ist die Menge dieser Notate mit sechzehn Einträgen deutlich geringer, als es die Verweise auf Athanasius und auch Hilarius sind[297]. Außerdem stammt die überwiegende Menge der Belege aus dem Werk *De trinitate*, dessen Zuschreibung an Didymus heftig umstritten ist[298]. Mustert man diese Verweise gründlich, so zeigen sich auch hier wieder auffällige Berührungen, etwa, wenn Ambrosius in *De fide* 4,11,150 und 151 genau die Bibelstellen bespricht, die sich auch bei Ps.-Didymus finden[299].

Aber auch hier kann der selektive beziehungsweise schöpferische Umgang des Mailänder Bischofs mit seinen Quellen dokumentiert werden, zum Beispiel an zwei scheinbar parallelen Argumentationen aus *De fide* beziehungsweise *De trinitate* zu 1 Tim 6,16[300]. Während der östliche Autor von der *monarchia* der Trias, von den „zwei oder drei" Hypostasen spricht[301], fehlen alle diese Argumentationsgänge bei Ambrosius. Er weist nur auf die verschiedenen Grade einer verliehenen Unsterblichkeit zum Beispiel bei den

---

[297] Vgl. die Nachweise von FALLER, *Ambrosius* 9,327, im Register und seine Bemerkungen zum Problem des Πρῶτος Λόγος (ebd. 13*).
[298] Zur komplizierten Diskussion über die Identifikation des Autors kann hier nicht Stellung bezogen werden. Vgl. CPG 2,2570; bekanntlich enthält die römische Handschrift *Bibl. Angelica Ms. Graec. 116* keinerlei Verfasserangabe; für DIDYMUS sprach sich beispielsweise HERON, *Trinitarian Writings of Didymus the Blind* 226–230, aus; vorsichtig votierte dagegen in seiner Edition HÖNSCHEID, *Ps.-Didymus* 5–7.
[299] Vgl. die Anmerkungen zur Stelle in der Übersetzung, *fid.* 4,11,150f, unten 570f.
[300] *Fid.* 3,3,19, unten 368f.
[301] Ps.-DIDYMUS, *trin.* 3,16 (PG 39,865): Ἡ δὲ ‚μόνος' καὶ ἑνός ἐστι λέξις, ὁσάκις ἂν εἴρηται ἐπὶ τῆς Τριάδος τῇ Γραφῇ, διὰ τὸ ἐν μονάδι θεότητος ὑπάρχειν αὐτήν, καὶ ‚μοναρχίαν' ἔχειν εἴρηται. Διὸ ἡ ταυτότης ‚μόνος' ἢ ἐκείνης, ἢ ἅμα τῶν δύο, ἢ τῶν τριῶν ἀχράντων ὑποστάσεων μνημονεύει, ἢ χωρίς.

Engeln hin. Aber sowohl Ambrosius wie auch Ps.-Didymus[302] setzen sich im unmittelbaren Kontext der jeweiligen Passage mit der ‚arianischen' Auslegung von Mk 10,18 (Τί με λέγεις ἀγαθόν; οὐδείς ἀγαθὸς εἰ μὴ εἷς ὁ θεός) auseinander. Und dabei fällt auf, daß beide die Güte Christi (als Zeugnis seiner Homousie[303]) mit seinen Werken beweisen[304].

4. Ambrosius und die kappadokischen Theologen

Obwohl immer schon bekannt war, daß der Mailänder Bischof ziemlich schnell nach seiner Wahl in Kontakt zu Basilius von Caesarea trat, den er offenbar als führenden Kopf der Neunicaener im Osten wahrnahm[305], ist bislang nicht bemerkt worden, daß auch seine trinitätstheologische Monographie *De fide* und nicht nur exegetische Schriften wie *De Tobia* von 375/376 oder die sechs Bände *Exameron* von 386/387 offenbar auf sorgfältiger Lektüre von Texten auch des Basilius beruhen. Das zeigen das bisher übersehene wörtliche Zitat aus einem Basilius-Brief[306] in *De fide* 3,15,126, aber auch die übrigen Parallelen aus den Briefen und den authentischen drei Büchern der Schrift gegen Eunomius aus den Jahren 363/364. Vollkommen unsicher bleibt, ob Ambrosius Schriften des Gregor von Nyssa kannte oder ob die Parallelen, die Faller zu erkennen glaubte, auf Konvergenzen beruhen und nicht durch litera-

---

[302] Ps.-Didymus, *trin.* 3,15 (PG 39,864); Heron, *Trinitarian Writings of Didymus the Blind* 133, diskutiert noch Ps.-Basilius, *Eun.* 4,99f (PG 29,700).
[303] Ps.-Didymus, *trin.* 3,15 (PG 39,864): Εἰ γὰρ οἶδάς με, φησὶν, ἀγαθὸν, ὁμολόγησόν με Θεὸν ἴσον καὶ ὅμοιον, ὡς κατὰ τὴν ἀγαθότητα, οὕτως καὶ κατὰ τὴν οὐσίαν ὑπάρχοντα τοῦ Πατρός.
[304] *Fid.* 2,2,20, unten 262–265, beziehungsweise Ps.-Didymus, trin. 3,15 (PG 39,364).
[305] Markschies, *Ambrosius von Mailand und die Trinitätstheologie* 85–89, und Williams, *Ambrose of Milan* 119–121.
[306] Basilius von Caesarea, *ep.* 52,3 (1,135f Courtonne).

rische Abhängigkeit zu erklären sind. Das dokumentieren vor allem die Parallelen zwischen *De fide* und der Schrift *Contra Eunomium* deutlich; Gregor schrieb diese drei Bücher gegen den Neuarianer in etwa zeitgleich mit Ambrosius (380–383), dieser konnte jene also gar nicht kennen. Gregor weist wie Ambrosius darin eine μίξις beziehungsweise einen σύνδρομος in Gott zurück[307], der entstehe, wenn in der Trinität zwei voneinander vereinzelte und unterschiedene Naturen auftreten (wie Eunomius das bekanntlich sagte[308]). Er setzt dagegen die Erklärung, daß die ἁπλότης, die Einfachheit und Einzigartigkeit der Form und gestaltlosen ὑπερκειμένη οὐσία[309], keine Vielform (πολυειδῆ) und Zusammensetzung zulasse. Natürlich argumentiert auch Ambrosius gegen die *confusio*, polemisiert gegen eine ‚Zusammenschüttung' zweier ontologisch unterschiedlich strukturierter οὐσίαι, ohne allerdings das ausgefeilte systematische Argumentationsgefüge, wie es Gregor bietet, zu entfalten. Vermutlich kannte er keine Texte von ihm. Gleiches gilt wohl vom antihäretischen Werk des Bischofs Epiphanius von Salamis auf Zypern[310].

Auffällig ist schließlich, welche trinitätstheologischen Schriften Ambrosius nicht oder kaum verwendet: Dazu zählen beispielsweise das gegen die zweite sirmische Formel gerichtete Werk des Phoebadius von Agen (Südfrankreich) *Liber contra Arianos*[311], das man gewöhnlich auf den Jahreswechsel 357/358 datiert, aber auch die

---

[307] GREGOR VON NYSSA, *Eun.* 1,232 (1,95 JAEGER).
[308] ABRAMOWSKI, *Eunomius* 943–946.
[309] GREGOR VON NYSSA, *Eun.* 1,232 (1,94 JAEGER).
[310] Etwas vorsichtiger FALLER, *Ambrosius* 9,13*.
[311] PHOEBADIUS VON AGEN, *contra Arrian.* (FC 38); vgl. dazu HANSON, *The Search for the Christian Doctrine of God* 516–519, und WILLIAMS, *Ambrose of Milan* 31–33.

gelegentlich dem Eusebius von Vercelli zugeschriebenen pseudo-athanasianischen Bücher *De trinitate*[312]. Mindestens Phoebadius lebte zum Zeitpunkt der Abfassung der Bücher *De fide* noch. Schließlich muß man sich klarmachen, daß der Mailänder Bischof gern mit den Adjektiven *plerique* oder *alii* signalisiert, daß er im folgenden Positionen anderer Autoren referiert oder gar paraphrasiert[313], ohne deren Namen nun explizit zu nennen.

IV. Die Bibelzitate im ambrosianischen Text

Bereits bei einer oberflächlichen Durchsicht des Werkes *De fide* zeigt sich, daß der Text zu einem nicht geringen Teil aus Zitaten biblischer Verse und aus Anspielungen auf solche besteht; die (freilich nachträglich eingesetzten[314]) Überschriften des Textes dokumentieren sogar deutlich, daß das dritte Buch weitgehend und die letzten zwei Bücher nahezu ausschließlich der Interpretation einzelner Bibelverse gewidmet sind, die zwischen Homöern und Nicaenern umstritten waren. Freilich muß man sich

---

[312] Vgl. aber die kritischen Bemerkungen von Dattrino, *Il De Trinitate pseudoatanasiano* 118–122, gegen den Editor Bulhart der CCL-Ausgabe (während dieser mit einer Abfassung durch Eusebius von Vercelli in den Jahren 345–347 rechnet, argumentiert Dattrino für die Entstehung in einem antipriscillianistischen Milieu in den letzten zwei Dezennien des 4. Jahrhunderts); dagegen Williams, *Ambrose of Milan* 239–242. Williams votiert wieder vorsichtig für eine eusebianische Verfasserschaft, datiert aber später als Bulhart. Besonders die Argumente von Williams, die auch anderwärts für Eusebius bezeugte ‚neunicaenische' Orientierung dieser Texte nachweisen (vgl. Markschies, *Was ist lateinischer „Neunicaenismus"?* 73–95), sind vollkommen überzeugend.
[313] Klein, *Meletemata Ambrosiana* 51–56.78–81; zustimmend referiert bei Faller, *Ambrosius* 9,13*.
[314] Vgl. dazu *fid.* 3,13,103, unten 430 mit Anm. 298.

klarmachen, daß einerseits in der Antike andere Grundregeln für die Wörtlichkeit (auch biblischer) Zitate galten[315] und andererseits die Bibelzitate im Laufe der handschriftlichen Überlieferung gern verändert worden sind[316]: „Die Zitationsweise des hl. Ambrosius ist leider in vielen Fällen nicht derart, wie der Textkritiker sie sich wünschen möchte"[317]. Aus dieser Beobachtung ergeben sich zwei Probleme, die in diesem Rahmen mindestens angeschnitten werden müssen: (1) Welche Funktion haben die biblischen Zitate und Anspielungen für die Argumentation des Ambrosius in *De fide*? Und: (2) Welchen Bibeltext legt Ambrosius seinen Zitaten zugrunde? Orientiert er sich auch bei seinen Bibeltexten an griechischen Vorlagen?

1. Zur Funktion der Bibelzitate

Jedem Leser des Werkes fallen die großen Mengen von biblischen Zitaten auf, die nicht nur bei Ambrosius, sondern bei einer ganzen Anzahl von zeitgenössischen Autoren das Gerüst der Argumentation und zugleich auch die (oder sagen wir zunächst vorsichtiger: einen Teil der) Basis der Gedankengänge bilden. Und ebenso schnell wird deutlich, daß es nur eine recht kleine Zahl von Stellen ist, die jeweils als Kernstellen der Argumentation zugrun-

---

[315] Darauf hat immer wieder ZELZER aufmerksam gemacht, vgl. zum Beispiel *Chronologie* 75f Anm. 14; vgl. aber auch schon MUNCEY, *The New Testament of Saint Ambrose* XI–XIV; FREDE, *Probleme des ambrosianischen Bibeltextes* 367, und ders., *Die Zitate des Neuen Testaments bei den lateinischen Kirchenvätern* 457f, sowie ALAND, *Die Rezeption des neutestamentlichen Textes* 3f.17f und 21–24.
[316] FREDE, *Probleme des ambrosianischen Bibeltextes* 369. Die umsichtigen Ausführungen von METZLER, *Welchen Bibeltext benutzte Athanasius im Exil?* 18–27, sollten zur Pflichtlektüre für alle werden, die sich mit Bibelzitaten bei Kirchenvätern beschäftigen.
[317] SCHÄFER, *Geschichte der lateinischen Übersetzung des Hebräerbriefs* 30.

deliegen; andere können sich selbstverständlich anlagern[318]. Direkte Zitate machen im Durchschnitt ein Viertel des Textes aus; pagane Autoren fehlen fast vollkommen. Im vierten und fünften Buch sind größere Abschnitte der Exegese einzelner Bibelstellen gewidmet, wie bereits die Überschriften zeigen (*de eo quod scriptum est,* es folgt das jeweilige Bibelzitat[319]). Mit mehr als zehn Einträgen sind notiert: Ps 109,3: Ps 110,3 LXX; Spr 8,22; Jes 9,6; Joh 5,19; 10,30; 14,6.10; 17,3 sowie Röm 1,20; 1 Kor 1,24; 8,6; 15,28; Phil 2,7; Kol 1,16; 2,9 sowie Hebr 1,3 und 2,8f. Man gewinnt bei solchen statistischen Untersuchungen den Eindruck, daß Paulinen (und Deuteropaulinen) häufiger zitiert sind als in anderer vergleichbarer trinitätstheologischer Literatur des vierten Jahrhunderts. Diese Beobachtung illustriert die auch von anderen beschriebene Bedeutung der Stadt Mailand für die „Wiederentdeckung paulinischer Theologie im vierten Jahrhundert"[320]. Dabei hält der Autor, wenn er solche Bibelstellen als *testimonia* seiner Argumentation zitiert, ihren *ordo* ein, indem er zunächst Belege aus dem Alten, dann aus dem Neuen Testament bietet[321].

Welche Bedeutung hat aber diese Fülle biblischer Zitate für die Argumentation des Ambrosius? Diese Frage zielt ins Zentrum seiner Theologie, denn für den Mailänder

---

[318] HANSON, *The Search for the Christian Doctrine of God* 832–838, hat zwölf solcher Kernstellen ausführlicher diskutiert (weitere Literatur zu den einzelnen Stellen bei MARKSCHIES, *Altkirchliche Christologie und Neues Testament* 878f, mit Anm. 9–14): Spr 8,22; Am 4,12f; Jes 53,8; Ps 44,7f: Ps 45,7f LXX; Ps 109,1.3: Ps 110,1.3 LXX; Joh 1,1; 10,30; 14,9f; 14,28; 17,3; 20,17 und 1 Kor 15,28.
[319] Vgl. beispielsweise *fid.* 5,1,27 – 5,2,32, unten 506–611, zu 1 Kor 11,3 oder 5,2,33–37, unten 612–617, zu Joh 17,22f.
[320] VON CAMPENHAUSEN, *Lateinische Kirchenväter* 10.151f, beziehungsweise LOHSE, *Beobachtungen zum Paulus-Kommentar des Marius Victorinus* 351–366.
[321] Vgl. dazu *fid.* 1,8,55, unten 182f: *ordinem ergo teneamus. Scriptum est in veteri testamento ....*

Bischof heißt ja auslegen und theologisch argumentieren, in die Selbstauslegung Jesu Christi einzustimmen. Man kann sich das an einer scheinbar äußerlichen Beobachtung zur Zitationspraxis des Ambrosius klarmachen. Häufig sind Gott Vater oder Christus Subjekt der Zitatformeln für biblische Texte: Christus oder der Herr „sprechen" ein Schriftzitat. Dies ist nicht nur eine historische Reminiszenz, sondern ein deutlicher Hinweis darauf, daß für Ambrosius der lebendige Christus, der zur Rechten des Vaters sitzt, durch das gottesdienstliche Geschehen redet und sich in aller Schriftauslegung selbst zur Geltung bringt: Der Bischof macht auch durch dieses Stilmittel deutlich, „daß Christus in der Redeweise des bischöflichen Auslegers und Predigers tatsächlich selbst ‚zu Wort kommt'"[322]. Eine längere Passage schließt er mit einer Bemerkung ab, die seine hermeneutische Grundorientierung vorzüglich zusammenfaßt: „Schließlich erläutern sich die göttlichen Worte selbst"[323]. Man hat diese Schrifthermeneutik gelegentlich mit dem wesentlich später aufgekommenen Begriff „biblische Theologie" zu bezeichnen versucht (auch „Schrifttheologie" wäre möglich); angesichts heutiger Diskussionen und Definitionen können solche begrifflichen Anachronismen allenfalls eine hilfreiche Problemanzeige darstellen[324]. Neben der grundsätzlichen Orientierung der Theologie des Ambrosius dürfte aber auch die aktuelle Konfliktsituation für die Fülle von biblischen Belegstellen verantwortlich sein: Der Mailänder

---

[322] So richtig die Tendenz der Dissertation von GRAUMANN, *Christus interpres* 417; vgl. *fid.* 4,10,122, unten 550f: *Exponamus, ut possumus, immo ipse potius exponat;* „Wir wollen es erklären, so gut wir können, ja Christus möge es vielmehr eher selbst erklären".
[323] *Fid.* 3,13,106, unten 432–435: *Denique ipsa se explanant verba divina.*
[324] Vgl. zum Beispiel für Ambrosius HERRMANN, *Trinitätstheologe* 199; DASSMANN, *Frömmigkeit* 91–94, oder PIZZOLATO, *La dottrina esegetica* 263–313.

Bischof wollte dadurch die Ohren des *princeps* gleichsam „reinigen und immunisieren"[325], natürlich gegenüber den Äußerungen homöischer Hoftheologen, die bekanntlich gern biblisch argumentierten[326].

2. Zum Bibeltext

Nach H.J. Frede handelt es sich bei den lateinischen Bibeltexten, die der Mailänder Bischof verwendet, „immer um solche, die im letzten Drittel des 4. Jahrhunderts in Norditalien bzw. Mailand verbreitet waren"[327]. Besonders gut läßt sich dieser allgemeine Befund für die paulinischen Briefe nachweisen, da hier in Gestalt einer Handschrift aus Monza (Biblioteca Capitolare i-2/9) ein Paulustext erhalten ist, „von dem wir nicht nur mit gutem Gewissen, sondern auch mit wissenschaftlicher Überzeugung sagen können, dass es sich trotz einiger Änderungen im wesentlichen um den Text handelt, den Ambrosius zitiert"[328]. Es handelt sich näher um einen altlateinischen Text, der verschiedene Übereinstimmungen mit der Vulgata aufweist[329]. Allerdings fügt Ambrosius gern verbindende Partikel in den Bibeltext ein oder Personalpronomina[330]; desweiteren

---

[325] *Fid.* 1,20,134, unten 246f: *Itaque, domine, ... sanctifica aures principis Gratiani omniumque praeterea, quorum in manibus hic libellus venerit;* vgl. dazu NAUTIN, *Les premières relations* 241f.

[326] Vgl. Einleitung, oben 20f Anm. 35.

[327] FREDE, *Probleme des ambrosianischen Bibeltextes* 381. FREDE präzisiert dieses allgemeine Urteil auch für diejenigen biblischen Bücher, die zum Zeitpunkt der Abfassung seines Beitrages (1974) schon in der Beuroner *Vetus Latina* ediert waren. (FREDE, *Probleme des ambrosianischen Bibeltextes* 380–385).

[328] FREDE, *Probleme des ambrosianischen Bibeltextes* 391. Beschreibung, Untersuchung sowie Textausgabe der Handschrift bei FREDE, *Altlateinische Paulus-Handschriften* 121–286.

[329] Vgl. dafür vor allem MUNCEY, *The New Testament of Saint Ambrose* XXIV–XXVI.

[330] Vgl. zum Beispiel *fid.* 4,2,17, unten 470f: Einfügung von *enim,* oder 4,2,21, unten 472f: Einfügung von ‚sein'.

zitiert er auch gern einen Vers mit seiner im neuen Zusammenhang eigentlich nicht mehr passenden Konjunktion. Gelegentlich werden Satzteile umgestellt, damit ein bestimmtes Wort oder ein bestimmter Gedanke hervorgehoben werden kann. Wortformen werden selbstverständlich verändert. Zwischen alt- und neutestamentlichen Formen von biblischen Zitaten wird nicht immer sorgfältig unterschieden[331]. Offenbar verfügte der Mailänder Bischof, wie einige Doppelübersetzungen zeigen, über ein Bibelexemplar, „in dem die zu korrigierenden Lesarten zum Teil neben den Korrekturen sich erhalten hatten"[332].

Ambrosius arbeitet aber nicht nur mit Texten von griechischen Theologen, sondern hat — im Unterschied zu vielen anderen lateinischen Autoren[333] — auch eine griechische Bibel zur Verfügung, aus der er gelegentlich Details mitteilt und die er offenbar zur Korrektur des lateinischen Bibeltextes heranzieht. In ähnlicher Weise hat Origenes für seine Predigtvorbereitung die Varianten der biblischen Textüberlieferung studiert und entsprechende Zusammenhänge anbei in den Homilien erwähnt[334]. So kommt es im Text des Ambrosius zu Doppelübersetzun-

---

[331] Es ist angesichts der Fülle von Beispielen bei MUNCEY, *The New Testament of Saint Ambrose* LVII–LXXIV, nicht notwendig, für diese Praxis hier Belege zu notieren; vgl. aber die parallelen Beobachtungen von METZLER, *Welchen Bibeltext benutzte Athanasius im Exil?* 19f.

[332] So SCHÄFER, *Geschichte der lateinischen Übersetzung des Hebräerbriefs* 33. Er verweist auf die Textform von Hebr 4,12 in *fid.* 4,7,73, unten 512–515: *et validum atque operatorium et acutum et penetrabilius;* im Vergleich mit dem griechischen Original ἐνεργὴς καὶ τομώτερος... . Weitere Belege für Doppelübersetzungen: Hebr 7,26 in *fid.* 3,11,76, unten 412–415 (*exellentior factus ... caelis*), und 3,11,80, unten 414–417 (*excelsior caelis factus*); Mt 12,25 in *fid.* 1,1,11, unten 148f (*Omne regnum in se divisum*), und 3,12,92, unten 425f (*Omne regnum inter se divisum*).

[333] FREDE, *Die Zitate des Neuen Testaments bei den lateinischen Kirchenvätern* 455f; zum griechischen Text bei Ambrosius vgl. MUNCEY, *The New Testament of Saint Ambrose* XXXVI–LVII.

[334] Vgl. die Belege bei MARKSCHIES, „*... für die Gemeinde im Grossen und Ganzen nicht geeignet ...*"? 55 mit Anm. 68f.

gen ein und derselben Bibelstelle[335]; mitunter wägt er verschiedene lateinische Synonyme gegeneinander ab und dokumentiert an einigen Stellen den griechischen Befund[336]. Man könnte sich natürlich auch fragen, ob dies an den vom Mailänder Bischof verwendeten unterschiedlichen Vorlagen liegt. Eine ausführlichere Untersuchung solcher Zusammenhänge würde aber den Rahmen dieser Einleitung sprengen[337].

V. Der Stil und die Sprache des Werkes De fide

Auch im Blick auf Stil und Sprache wurde über den Mailänder Bischof über lange Jahre kein günstiges Urteil gefällt: Nach E. Norden stellt Ambrosius ein Beispiel für den Verfall des lateinischen Stils in der Spätantike dar[338]; J. Fontaine hat dagegen gezeigt, daß der Stil des Mailänder Bischofs trotz seiner gelegentlichen und zeittypischen „barocken Züge" stark von der Sprache der lateinischen Bibel geprägt ist[339].

---

[335] Zum Beispiel von Joh 10,27 „Nach mir kommt ein Mann, dessen Schuhe zu tragen ich nicht würdig bin" in *fid.* 3,10,69, unten 408f, und 5,19,229, unten 766–769. Vgl. für den Hebräer-Brief die Nachweise bei Schäfer, *Geschichte der lateinischen Übersetzung des Hebräerbriefs* 33, und Fischer, *Vetus Latina* 2,18*; Frede, *Vetus Latina* 24/1,34*, und Thiele, *Vetus Latina* 26/1,83*.
[336] Vgl. dafür *fid.* 3,14,117, unten 440f; 3,15,127, unten 448f; 4,1,14, unten 468f; 4,10,137, unten 560f; 4,11,147, unten 568f, und 4,11,150, unten 570f. Auch hier konzentrieren sich die Belege im vierten Buch, was wiederum zeigt, daß dieses Buch im Unterschied zu den ersten beiden nicht hastig aus Predigten zusammengestellt wurde, sondern offenbar für den Zweck eigens durch Studium von exegetischer Literatur vorbereitet und niedergeschrieben wurde.
[337] Ein ähnliches Phänomen ist bei Athanasius zu beobachten; vgl. Metzler, *Welchen Bibeltext benutzte Athanasius im Exil?* 25f.
[338] Norden, *Antike Kunstprosa* 2,651: „das Manierierte und Bizarre ... verdrängt schließlich völlig das Normale" (ebd. 587).
[339] Fontaine, *Prose et poésie* 124–170, sowie Duval, *Oraisons funèbres de saint Ambroise* 286–291.

Eine der entsprechenden Eigentümlichkeiten ist die Imitation des biblischen *parallelismus membrorum;* vergleichbare Beobachtungen lassen sich beispielsweise in den Predigten des Origenes machen. Eine Reihe von Stileigentümlichkeiten verdankt sich, wie wir sahen, der ursprünglichen Entstehungssituation der Texte in der mündlichen Rede des Bischofs im Mailänder Gemeindegottesdienst, neben den direkten Anreden der Hörerschaft und Verweisen auf die gerade gehörten Lesungstexte wären die häufig nur sehr kurzen Sätze, die gliedernden Fragen, die Antithesen und Anaphern zu nennen. E. Auerbach hat vor längerer Zeit darauf hingewiesen, daß diese Stileigentümlichkeiten eine „Dramatisierung" des Textes zur Folge haben, die natürlich primär didaktischen Zwecken diente und aus der kynisch-stoischen Diatribe in die christliche Predigt übernommen wurde[340]. Die Verwendung des einfachen, belehrenden Stils (*genus submissum* beziehungsweise *genus humile*)[341] durch christliche Prediger wie Ambrosius, um darin komplizierte und wichtige theologische Sachverhalte auszudrücken, kann man freilich als den eigentlichen Bruch der christlichen Predigt mit den Gesetzen der antiken Rhetorik bezeichnen (*sermo humilis*)[342]. Jüngst ist auch auf die Elemente juristischer und höfisch-zeremonialer Terminologie in dem Werk aufmerksam gemacht worden, die sich freilich in sehr beschränktem Maß auch schon bei Tertullian und Hilarius finden, also nicht sofort als Hinweis auf den ehemaligen Beruf des Mailänder Bischofs genommen werden

---

[340] AUERBACH, *Literatursprache und Publikum* 27, mit weiterer Literatur in Anm. 5.
[341] Vgl. bes. QUINTILIAN, *inst.* 12,10,67 (2,416 RADERMACHER), und AUERBACH, *Literatursprache und Publikum* 32f.
[342] AUERBACH, *Literatursprache und Publikum* 32–35.

dürfen[343]: Christus wird als ‚Richter' angesprochen[344]; den Homöern werden mit der Todesstrafe geahndete Majestätsverbrechen unterstellt, da sie doch die *maiestas* des Vaters schmälern[345].

Die starke Orientierung an der Sprache der lateinischen Bibel unterscheidet den Mailänder Bischof jedenfalls in seiner Schrift *De fide* von anderen spätantiken lateinischen Autoren, deren Texte teilweise als regelrechtes Mosaik von Cicero- und Vergil-Stellen angesprochen werden können. Angesichts von gerade einmal vier bislang identifizierten Vergil-Anspielungen und einem Cicero-Zitat[346] muß man von einer bemerkenswert geringen Verwendung der klassischen lateinischen Autoren sprechen, die gar nicht der sonstigen Praxis des Ambrosius entspricht, auch wenn — ganz traditionell — unter den wenigen Zitaten aus klassischen Texten vor allem Vergil hervorragt und Cicero auffällig selten zitiert oder angespielt wird[347]. Stärker mit Standards zeitgenössischer Literatur ist der Text der fünf Bücher *De fide* dadurch verbunden, daß Ambrosius seine Texte unter Beachtung der Gesetze verfaßte, die für den Prosarhythmus galten[348].

---

[343] MORONI, *Lessico teologico* 343–363. — Für die höfisch-zeremoniale Terminologie finden sich allerdings nur wenige Belege, vgl. *fid.* 3, 13, 105–107, unten 432–435.
[344] Vgl. *fid.* 2, 12, 100–102, unten 324–327; 2, 13, 118, unten 334–337; 2, 14, 123 f, unten 338 f, und 3, 17, 137, unten 456 f.
[345] *Fid.* 5, 5, 66 f, unten 638–643; weitere Belege bei MORONI, *Lessico teologico* 352–355, für die Begriffe *calumnia, contumelia, iniuria, perfidia* und *sacramentum*.
[346] Vgl. dazu Register, unten 853.
[347] OPELT, *Elemente klassischer Literatur in Ambrosius Schrift „De Fide"* 288. Für die CICERO- und VERGIL-Rezeption vgl. FREUND, *Vergil im frühen Christentum,* und REICHERT, *Cicero Christianus.*
[348] OBERHELMAN, *Rhetoric and Homiletics* 33: „The cursus mixtus rhythms of this dogmatic work befit the imperial audience".

VI. Der Text der Ausgabe

Der lateinische Text unserer Ausgabe ebenso wie der zugehörige Apparat und die Bezifferung von Kapiteln und Paragraphen folgen der vorzüglichen Edition, die der Jesuit O. Faller auf der Basis von Vorarbeiten anderer Wiener Ambrosius-Editoren 1962 im Rahmen der Wiener Ambrosius-Edition als achten Teilband vorgelegt hat; Abweichungen vom Text Fallers sind eigens vermerkt. Allerdings wurde für die Überprüfung dieses Textes auch die (frühe und gut bezeugte) griechische Überlieferung herangezogen, die Faller gar nicht berücksichtigt hat; zum Teil sicher auch deswegen, weil ein wichtiger Zeuge, der vorchalcedonische *Eranistes* des syrischen Bischofs Theodoret von Cyrrhus, seinerzeit noch nicht in einer textkritischen Edition vorlag, die solche Gegenkontrollen mit Hilfe einer fremdsprachigen Überlieferung erst möglich macht. Auch im Blick auf die Kapitelüberschriften wird der Position Fallers nicht gefolgt[349]; sie sind aber im Text belassen, da es sich offenbar um eine sehr alte Zufügung zum Text handelt. Schließlich muß an einem entscheidenden Punkt Fallers Rekonstruktion der Textgeschichte kritisiert werden, was freilich für sein Stemma kaum Folgen hat.

1. Zur handschriftlichen Bezeugung des Werkes De fide

Der Text des Ambrosius ist in siebenundachtzig Handschriften aus dem fünften bis vierzehnten Jahrhundert überliefert, von denen O. Faller für seine kritische Edition im Wiener Kirchenvätercorpus zweiundzwanzig ausgewählt hat[350]. Die beiden ältesten Handschriften stammen noch aus unmittelbarer zeitlicher und geographischer

---

[349] Vgl. dazu Einleitung, unten 97.
[350] Faller, *Ambrosius* 9,3*.

Nachbarschaft der Entstehungssituation von *De fide*: Der *Parisinus bibliothecae nationalis Lat. 8907* (P) aus Norditalien aus dem fünften Jahrhundert enthält freilich nur die ersten beiden Bücher (fol. 298ʳ–336ʳ)[351] und die hochinteressanten Reste einer homöischen Reaktion darauf[352]. Der Codex aus Ravenna (erzbischöfliches Archiv: R) enthielt dagegen einstmals die fünf Bücher des Werkes, heute nur noch Fragmente des vierten Buches ab 4,8,91 und das ganze fünfte (fol. 1ʳ–47ʳ)[353]. Vor allem die ravennatische Handschrift ist für die Textkonstitution von großem Wert, da sie gelegentlich eine richtige Lesart bietet, die in der weiteren Überlieferung verdorben wurde[354]. Faller orientierte sich auch in Fragen der Orthographie seiner Edition an diesen beiden ältesten Handschriften aus dem fünften beziehungsweise sechsten Jahrhundert. Freilich verzichtete er darauf, die in diesen Handschriften unterschiedlich konsequent belegten Konsonantenerweichungen des spätantiken Latein (beispielsweise: *scriptura* zu *scribtura* oder *ecclesia* zu *aeclesia*) und das Schwanken zwischen ph und f wiederzugeben (besonders: *propheta* / *profeta*)[355].

Wie schon die beiden ältesten Handschriften P und R zeigen, wurden die zweibändige erste und die fünfbändige zweite Auflage bis ins Hochmittelalter separat überliefert; erst der *Gothanus membr. I 60* (O = 13./14. Jahrhundert) aus der Forschungs- und Landesbibliothek in Gotha kon-

---

[351] FALLER, *Ambrosius* 9,13*–16*.
[352] Siehe Einleitung, oben 52f.
[353] FALLER, *Ambrosius* 9,21*–26*. Zur Handschrift vgl. den ausführlichen Beitrag von CAMPANA, *Il codice Ravennate di S. Ambrogio* 15–68 (ebd. 64–68 enthält Notizen von MERCATI über die Handschrift); neunzehn Quaternionen sind verloren gegangen.
[354] FALLER, *Ambrosius* 9,25* Anm. 26, nennt als Beispiel *fid.* 5 prol. 15, unten 596f mit Anm. 476.
[355] FALLER, *Ambrosius* 9,3*.

taminiert beide Überlieferungsstränge. O. Faller vertrat die Ansicht, es habe zudem eine separate Edition der neuen drei Bücher (3–5) ohne die bisherigen (1–2) gegeben, und ordnete diesem Überlieferungsstrang neben dem ravennatischen Codex R auch eine ehemalige Reichenauer Handschrift zu, die sich mit den Bibliotheksbeständen des ehemaligen Klosters St. Blasien im Schwarzwald heute in St. Paul/Kärnten befindet (Cod. 1/1 [frühere Signatur: XXVa 1 beziehungsweise 25/3/19], S = 5./6. Jahrhundert). Sie enthält auf fol. 3–155 die ersten vier Bücher des Werkes *De fide* (fol. 3^r–155^r), wobei nach den ersten drei Büchern ohne neue Überschrift die Paragraphen 8, 107 – 10, 122b des fünften Buches folgen (fol. 108^v–111^v) und dann erst (mit Überschrift) das vierte Buch, so daß weite Teile des fünften Buches in dieser Handschrift nicht überliefert sind. Sicher ist aufgrund eines Binde- und Leitfehlers, daß die ehemalige Reichenauer Handschrift S zusammen mit der ravennatischen auf einen gemeinsamen Hyparchetyp zurückgeht: Beide Codices, die ja die ältesten Zeugen für die Bücher 4 und 5 darstellen, lassen *De fide* 4, 8, 95 aus, wofür man sich allerdings kaum inhaltliche Gründe vorstellen kann[356]. Noch weniger wahrscheinlich als inhaltliche Gründe für eine Auslassung ist Fallers These, daß Ambrosius selbst ‚höchstwahrscheinlich' diesen Abschnitt

---

[356] Ambrosius hat die Gedanken, die der Abschnitt enthält, auch an anderer Stelle in seinem Werk ausgedrückt und dafür dieselben Metaphern verwendet (vgl. die Nachweise in der entsprechenden Anmerkung zu *fid.* 4, 8, 95, unten 530f).

eingefügt habe und wir also mit den beiden Handschriften einen Beleg für die Existenz einer zweiten Edition vorliegen hätten, die Ambrosius dann nochmals korrigiert habe[357]. Man kann dies auch sprachlich zeigen: *De fide* 4, 8, 94 *Friget igitur eorum quaestio*[358] wird aufgegriffen, gesteigert und abgeschlossen in 8, 95 *Non consistit igitur haec quaestio*[359], und 9, 96 markiert einen deutlichen Neubeginn *Unde cum ... probare non potuerint, intellegant*[360] — kaum vorstellbar (wenn auch im strikten Sinne nicht ausgeschlossen), daß es sich bei diesen deutlichen intertextuellen Bezügen zwischen den drei Paragraphen um nachträgliche Verbesserungen des Autors handelt. Insofern ist weder Fallers These von drei Auflagen eindeutig nachweisbar oder auch nur wahrscheinlich noch ihre zugespitzte Form, die eine Separatauflage der Bücher 3–5 postuliert. Fallers Stemma aber bleibt in Geltung, da nach

---

[357] FALLER, *Ambrosius* 9, 26*: „*Ex altera parte § 95 non potest ab alio addita esse nisi ab Ambrosio ipso .... Quare veri simile puto R et S ex priore editione librorum III–V derivari, in qua tota § 95 deerat, eamque ab Ambrosio additam esse, cum novam editionem pararet, in qua libri III–V iam non a libris I et II (prima editione totius operis) separati, sed cum iis coniuncti sunt*". FALLERS Argument, daß gegen die Annahme eines Textausfalls spricht, daß er nicht durch Homoeoteleuton oder ähnliches erklärt werden könne, würde nur dann wirklich überzeugen, wenn in Handschriften nicht auch ‚ganz schlichte' Auslassungen auftreten würden, die beispielsweise durch Konzentrationsmangel des Schreibers oder Unterbrechung der Arbeit zu erklären wären. — Für die Richtigkeit der hier entwickelten Position spricht übrigens auch, daß die beiden Handschriften R und S bei Faller eine „Sackgasse" bilden und sich sonst keinerlei Spuren der angeblichen „zweiten Auflage" finden.
[358] *Fid.* 4, 8, 94, unten 530f: „Ihre Abhandlung stockt also".
[359] *Fid.* 4, 8, 95, unten 530f: „Diese Abhandlung also hat keinen Bestand".
[360] *Fid.* 4, 9, 96, unten 532f: „Darum, weil sie ... nicht beweisen konnten, mögen sie einsehen".

allgemein anerkannten Prinzipien der Textkritik durch die gemeinsame Auslassung einer Textpassage in zwei Handschriften als Binde- beziehungsweise Trennfehler eine Gruppe konstituiert wird.

Die zweiundzwanzig Handschriften, die Faller für die Textkonstitution heranzieht und im Apparat notiert, gehören nun entweder zu dem Zweig, der in der Tradition der ersten zweibändigen Auflage steht, oder zu dem, der die zweite, fünfbändige Auflage bezeugt. Als Beispiel eines kontaminierten Textes dient Faller, wie gesagt, die Gothaer Handschrift O.

Die zweibändige erste Edition ist bezeugt durch den bereits erwähnten *Parisinus bibliothecae nationalis lat. 8907* (P = 5. Jahrhundert) und durch eine Familie, die auf einen gemeinsamen Archetyp Φ zurückgeht[361]. Sie besteht aus dem aus Corbie in Nordfrankreich stammenden *Vaticanus bibliothecae antiquae lat. 266* (U = 9. Jahrhundert), dem in der öffentlichen Bibliothek von St. Claude befindlichen *Claudianus 1* (A = 9. Jahrhundert) und dem in der öffentlichen Bibliothek von Troyes aufbewahrten *Trecensis 813* (T = 9. Jahrhundert) sowie aus den ersten beiden Büchern *De fide* im *Gothanus*. Nicht zu dieser Gruppe gehören der *Coloniensis bibliothecae capituli cathedralis 33* (K = 9. Jahrhundert) und der sehr korrupte *Parisinus bibliothecae nationalis lat. 1745* (D = 5. Jahrhundert), der eine kontaminierte Texttradition von P darstellt.

Die fünfbändige Edition bezeugen drei Familien: einerseits der *Lucensis 13* in seiner ursprünglichen Gestalt (Lm1 = 7. Jahrhundert), der allerdings durch eine zweite Hand wohl im elften Jahrhundert korrigiert, ergänzt und revidiert

---

[361] Bindefehler sind bei FALLER, *Ambrosius* 9,17* Anm. 9, gesammelt.

wurde (Lm 2), der *Vaticanus bibliothecae antiquae lat. 267* (V = 9./10. Jahrhundert) und schließlich der *Vaticanus bibliothecae antiquae lat. 264* (Z = 11./12. Jahrhundert); LVZ bilden aufgrund von Bindefehlern jene Gruppe, die Faller die „italische Familie" nennt[362]. Zur „britannischen" oder „insularen Familie" zählen nach Faller der *Monacensis lat. 8113* (M = 9. Jahrhundert), der in der Kathedralbibliothek von Salesbury aufbewahrte *Saresburianus nr. 140* (N = 12. Jahrhundert). Zu einer benachbarten nordgallischen Familie gehört der *Casiniensis 4KK* (ext. 4 et 45; C = 9. Jahrhundert), der *Vaticanus bibliothecae antiquae lat. 5760* (aus Bobbio; W = 9./10. Jahrhundert), der (freilich mutilierte) *Parisinus bibliothecae nationalis lat. 1746* (E = 10. Jahrhundert) und der *Turonensis lat. 265* (saec. 265 = Tur. 265). Für jene Familie CWEO sind wieder größere gemeinsame Lücken der Bindefehler; eine längere Auslassung in *De fide* 5,7,93f verbindet sie zudem mit der „insularen Familie"[363] und zeigt, daß der ganze Ast MNCWEO des Stemmas von *De fide* auf einen gemeinsamen Archetyp zurückgeht, der möglicherweise im Zusammenhang mit der Missionstätigkeit Columbans von Irland über England nach Norditalien (Bobbio) gelangte[364].

Unter der Voraussetzung, daß die hier vorgetragenen Einwände zutreffen, wäre das Stemma, das Faller seiner Ausgabe zugrundelegt, wie folgt zu modifizieren:

---

[362] Aufstellungen bei FALLER, *Ambrosius* 9,29*.
[363] Vgl. FALLER, *Ambrosius* 9,36*–38*.
[364] Neben W ist auch der *Ambrosianus D 268 inf.* eine Handschrift aus Bobbio; nach FALLER, *Ambrosius* 9,37*, zeigt sich an dem dort überlieferten Text von Ambrosius, *spir.*, daß W vom *Ambrosianus* abgeschrieben wurde (der Text von *fid.* ist im *Ambrosianus* nicht erhalten).

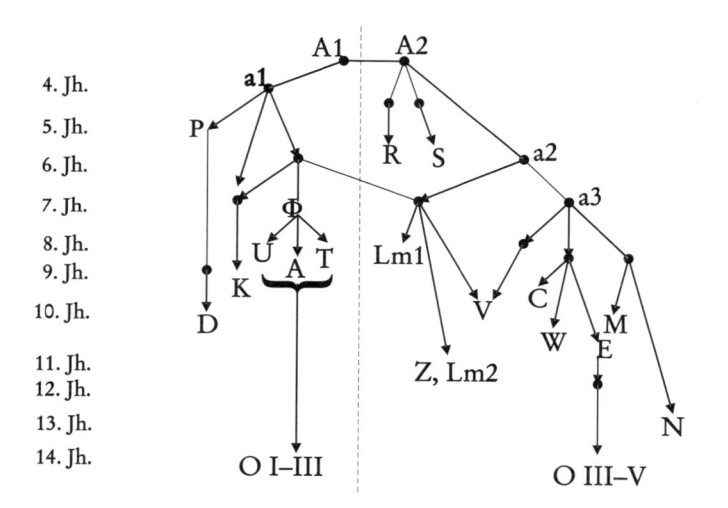

```
4. Jh.                    A1   A2
                       a1 •——————•
5. Jh.          P ◂      •     /|\
6. Jh.                      R  S      a2
                                     •
7. Jh.                                    a3
                       Φ                 •
8. Jh.              U ↙ ↓ ↘ T  Lm1
9. Jh.                  K    A              C
10. Jh.         •              V        W   M
                D                           E
11. Jh.
12. Jh.                     Z, Lm2
13. Jh.                                      N
14. Jh.              O I–III              O III–V
```

Da die Gültigkeit der Grundarchitektur des Fallerschen Stemmas also nicht zur Disposition steht, besteht gegenwärtig auch keine Notwendigkeit, eine neue kritische Ausgabe von *De fide* anzufertigen. Allerdings bleibt trotz aller Anerkennung für seine editorische Leistung noch an zwei weiteren Punkten Kritik an Faller zu üben; diese Punkte betreffen seine Position zu den Kapitelüberschriften und zum Wert der griechischen Überlieferung.

2. Zu den Kapitelüberschriften

Zu den Besonderheiten, die die Edition O. Fallers von 1962 von der Mauriner-Edition des Jahres 1690 unterscheiden, gehören die Kapitelüberschriften, die die barocken benediktinischen Herausgeber ausgelassen hatten,

weil sie in den Handschriften, die sie für die ältesten hielten, nicht bezeugt sind und daher kaum auf den Mailänder Bischof zurückgehen konnten[365]. Faller zeigte dagegen, daß die unserer Kenntnis nach ältesten Handschriften diese Kapitelüberschriften bieten (SCWN), und schloß daraus, daß sie auf Ambrosius selbst zurückgehen. Dieser Schluß ist freilich wohl ein wenig vorschnell gewesen; da durch diese Kapitelüberschriften gelegentlich der Sinnzusammenhang von Abschnitten grob unterbrochen wird[366], werden sie kaum auf den Autor zurückgehen, aber vielleicht auf Menschen in seiner unmittelbaren zeitlichen oder räumlichen Umgebung.

3. Zum Wert der indirekten Überlieferung

In der bisherigen Diskussion über die Schrift *De fide* des Ambrosius ist kaum deutlich geworden, daß die indirekten Überlieferungen von Texten aus diesem Werk nicht nur ein hochinteressantes Dokument für die Rezeption des Kirchenvaters in Spätantike und Frühmittelalter darstellen[367], sondern als Zeugnisse der Textgeschichte unmittelbare Bedeutung für die Konstitution einer kritischen Ausgabe haben. Die folgenden Aufstellungen zu diesen indirekten Überlieferungen setzten einschlägige Zusammenstellungen von J. Irmscher und C. Pasini voraus, die allerdings überprüft und an nicht wenigen Punkten korrigiert werden konnten; nach einem Gesamtkatalog der Bezeugungen wird das Material nach Gattungen

---

[365] Vgl. dazu die editorischen Bemerkungen der Mauriner zu Beginn von *fid.* (PL 16, 527 f).
[366] Vgl. beispielsweise *fid.* 3, 13, 103, unten 430 f, und den Kommentar zur Stelle Anm. 298.
[367] Für die Wirkungsgeschichte des Ambrosius und seiner Texte in Byzanz vgl. IRMSCHER, *Ambrosius in Byzanz* 298–311.

und Chronologie geordnet geboten und der Textwert knapp besprochen[368]. Folgende Passagen aus *De fide* sind überliefert; angegeben sind Anfang und Ende des ambrosianischen Lemmas und seine griechische Entsprechung sowie die Einleitung des Zitats:

De fide-Stelle	Zitat	Einleitung des Zitates
1,14,94	*si mihi non credunt ... ista post legem* / Εἰ ἐμοὶ οὐ πιστεύουσιν ... αὕτη μετὰ τὸν νόμον.	Gesta Ephesena 54, Florilegium Ephesinum 12: Ἀμβροσίου τοῦ ἁγιωτάτου γενομένου ἐπισκόπου Μεδιολάνων, ἑρμηνεία[369] Severus von Antiochien, *Liber contra impium grammaticum* 3,1,17: ܟ ܪ ܠ ܕ ܡܚܒܝܢ ... ܐܝܟ ܗܘ ܒܬܪ ܢܡܘܣܐ „Wenn sie mir nicht glauben ... diese nach dem Gesetz".[370] ܐܡܒܪܘܣܝܘܣ „Ambrosius"[371]
1,17,109	*... ipse apostolus ... alibi dixt: sicut Christus ... Patris et Filii voluntatem* / Ὁ μακάριος Παῦλός φησιν, ὅτι ὁ Χριστὸς ... ὑπάρχει τὸ θέλημα	Florilegium Lateranense de naturalibus operationibus 1: Τοῦ ἁγίου Ἀμβροσίου ἐπισκόπου Μεδιολάνων ἐκ τοῦ πρὸς Γρατιανὸν τὸν βασιλέα αʹ λόγου

---

[368] IRMSCHER, *Ambrosius in Byzanz* 306–310; PASINI, *Le Fonti Greche* 58–83; für ausführliche Bemerkungen vgl. den Apparat zu den betreffenden Stellen. Nicht aufgenommen ist eine unpublizierte Passage aus der LUKAS-Katene des NIKETAS VON HERAKLEIA (circa 1030–1100), auf die IRMSCHER hinweist.
[369] *C Eph.*, Gesta Ephesana 54 (1/1,2, 42 SCHWARTZ).
[370] SEVERUS VON ANTIOCHIEN, *Contra impium grammaticum* 3,1,17 (279 [Text] / 196 [Übersetzung] LEBON)
[371] Es wird im vorangegangenen Text darauf hingewiesen, daß CYRILL VON JERUSALEM dieses Zitat nach den ephesinischen Akten NESTORIUS entgegenhielt: SEVERUS VON ANTIOCHIEN, *Contra impium grammaticum* 3,1,17 (279 [Text] / 196 [Übersetzung] LEBON).

		‚*Christus dilexit nos et tradidit semetipsum pro nobis'* ... *unam esse patris et filii voluntatem.*
		Beati Ambrosii Mediolanensis de sermone primo ad Gratianum imperatorem directo[372]
2,5,43–45	*Timet ergo Christus o usque autem hominem ... sed sicut tu vis*	Florilegium des Briefes der afrikanischen Bischöfe 2: Ὁ Πέτρος οὐ φοβεῖται καὶ ὁ Χριστὸς φοβεῖται ... ἀλλ' ὡς σὺ θέλεις. Καὶ μετὰ βραχέα πάλιν ὁ αὐτός· *Timet ergo Christus, cum Petrus non timeat ... sed sicut tu vis* *Item cuius supra*[373] Concilium Constantinopolitanum 3, Actio 8 (680), Florilegium des Macarius von Antiochien: πλὴν ἐπὶ τοσοῦτο τὸν ἄνθρωπον ... ὅπερ θέλει ὁ πατήρ. ... ἑτέρα χρῆσις τοῦ ἁγίου Ἀμβροσίου ἐπισκόπου Μεδιολάνων ἐκ τοῦ πρὸς Γρατιανὸν τὸν βασιλέα λόγου[374]

---

[372] *C Later., Secretarius quintus* (*De naturalibus operationibus* 1) (258f RIEDINGER).
[373] *C Later., Secretarius Secundus* (84f RIEDINGER).
[374] *CCP* (*681*), Actio 8 (11,369 MANSI).

2,6,47f	*Cur dixerit: „Si possibile est'* ... *non liberat quem vult?* / Διατί δὲ εἶπεν· εἰ δυνατὸν παρελθεῖν τὸ ποτήριον ... ὃν ἂν ἔλθοι οὐκ ἐλευθεροῖ; Τοῦ αὐτοῦ ἐκ τοῦ πρὸς αὐτὸν Β' λόγου	Florilegium Lateranense de naturalibus operationibus 1: *Cur, inquit dixerit: „Si possibile est' — interim ... non liberat quem vult?* *Item eiusdem de eodem sermone*[375]
2,6,48	*Sed audi etiam ... sacrificabo tibi* / Ὅμως γε μὴν ἄκουσον ... θύσω σοι καὶ ἐκ θελήματός μου ἐξομολογήσομαί σοι. <καὶ μετὰ βραχέα>	Florilegium des Briefes der afrikanischen Bischöfe 3: *Audi etiam ipsum agere quod vult ... voluntarie sacrificabo tibi et confitebor.* *Item ex libro cuius supra*[376]
2,6,50 – 2,7,57	*Quid est tamen, quod pater velit ... quomodo divinitas potest?* / Τί γάρ ἐστιν· ὃ θέλει ὁ πατήρ, ... πῶς θεότητα δυνατόν; Καὶ μετὰ βραχέα	Florilegium des Briefes der afrikanischen Bischöfe 4: *Quid est quod pater velit ... quomodo divinitas potest?* *Item ex libro cuius supra*[377]
2,6,50	*Quid est tamen, quod pater velit ... operatio una sit* / Τί γάρ ἐστιν· ὃ θέλει ὁ πατὴρ ... μία γὰρ πατρὸς καὶ υἱοῦ καθέστηκεν ἡ ἐνέργεια	Florilegium Lateranense de naturalibus operationibus 4: Τοῦ αὐτοῦ ἐκ τοῦ αὐτοῦ λόγου *Quid est tamen quod pater velit ... et operatio una est.* *Item super*[378]

---

[375] C Later., *Secretarius quintus* (*De naturalibus operationibus* 1) (258f RIEDINGER).
[376] C Later., *Secretarius Secundus* (84f RIEDINGER). Die Bibelstelle Ps 39,9* wurde ergänzt, dafür findet sich in der handschriftlichen Überlieferung von *De fide* keine Parallele.
[377] C Later., *Secretarius Secundus* (86f RIEDINGER).
[378] C Later., *Secretarius quintus* (*De naturalibus operationibus* 4) (260f RIEDINGER).

2, 6, 51 f	Vides quia non solum Filius ... eandem quae paterna est? / ὁρᾷς οὖν ὅπως ἐξουσιαστής ἐστιν ὁ υἱός ... ὅπερ ἐστὶ τοῦ πατρός;	Concilium Constantinopolitanum 3, Actio 8 (681), Florilegium des Macarius von Antiochien: (kein Lemma)[379]
2, 6, 51 – 2, 7, 56	*Quamquam cum dixerit ... turbari aut mori posset.* / εἰ καὶ τὰ μάλιστα φάσκοντος αὐτοῦ ἅπερ ... ἢ τυραττεσθαι, ἢ ἀποθνῄσκειν ἠδύνατο.	Concilium Constantinopolitanum 3, Actio 8 (681), Florilegium des Macarius von Antiochien: (kein Lemma)[380]
2, 6, 51 – 2, 7, 52	*Quamquam cum dixerit ... series operationis effectus est.* / Εἰ γὰρ αὐτὸς ἀποφαίνεται λέγων ... κίνησις ἐνεργείας ὑπάρχει συμπλήρωσις.	Florilegium Lateranense de naturalibus operationibus 5: Τοῦ αὐτοῦ ἐκ τοῦ αὐτοῦ λόγου *quam voluntatem habet pater, ... series operationes effectus est*[381]
2, 7, 52 f	*Sed alia voluntas hominis ... meo suscepit adfectu* / Ἀλλ' ἕτερον τὸ θέλημα τοῦ θεοῦ ... τῇ ἐμῇ κατεδέξατο διαθέσει	Florilegium Lateranense de naturalibus voluntatibus (de naturalibus Christi Dei nostri voluntatibus) 2: Τοῦ ἁγίου Ἀμβροσίου ἐπισκόπου Μεδιολάνων ἐκ τοῦ πρὸς Γρατιανὸν τὸν βασιλέα δευτέρου λόγου *Sed alia voluntas hominis ... meo suscepit affectu?*[382]

---

[379] *CCP (681)*, Actio 8 (11, 369 MANSI).

[380] *CCP (681)*, Actio 8 (11, 369–372 MANSI).

[381] *C Later., Secretarius quintus (De naturalibus operationibus* 5) (260 f RIEDINGER). Der lateinische Text beginnt erst am Ende von 6, 51 bei *quam pater habet eandem habet et filius voluntatem.*

[382] *C Later., Secretarius quintus (De naturalibus Christi dei nostri voluntatibus* 2) (274 f RIEDINGER). Im griechischen Text sind *voluntas hominis* und *Dei* vertauscht, im lateinischen nicht, aber die gegenüber dem authentischen Text von *De fide* vollere Formulierung zeigt, daß auch hier aus dem griechischen Original übersetzt wurde.

2,7,53–57	Suscepit ergo voluntatem meam ... naturae humanae lege concessit / δέχεται τοίνυν τὴν βούλησιν ... κατὰ νόμον ἀνθρωπίνης ἐνδέδωκε φύσεως	Concilium Constantinopolitanum 3, Actio 10 (681), Florilegium der päpstlichen Gesandten: χρῆσις τοῦ ἁγίου Ἀμβροσίου ἐπισκόπου Μεδιολάνων ἐκ τοῦ πρὸς Γρατιανὸν τὸν βασιλέα λόγου δευτέρου, οὗ ἡ ἀρχή· ἀλλ' ἴσως οἶμαι ...[383]
2,7,53	Suscepit ergo voluntatem meam ... meo suscepit adfectu: / δέχεται τοίνυν τὴν βούλησιν τὴν κατ' ἐμὴν ... διάθεσιν ἀνεδέξατο	Concilium Constantinopolitanum 3, Actio 4 (680), Florilegium zum Brief des Papstes Agapetus: ὁ μακάριος Ἀμβρόσιος ἐν τῷ δευτέρῳ λόγῳ πρὸς τὸν τῆς εὐσεβοῦς μνήμης Γρατιανὸν βασιλέα ...[384]
2,7,56	*Ut homo ergo dubitat ... ut homo crucifigitur.* / Οὐκοῦν ὡς ἄνθρωπος ἐδειλίασεν ... σταυροῦνται ὡς ἄνθρωπος.	Florilegium Lateranense de naturalibus voluntatibus (de naturalibus Christi Dei nostri voluntatibus) 6: Τοῦ αὐτοῦ ἐκ τοῦ περὶ πίστεως λόγου· *Ut homo ergo dubitat ... ut homo crucifigitur.* *Eiusdem de sermone fidei secundo*[385]

---

[383] *CCP (681)*, Actio 10 (11, 393–396 MANSI).

[384] *CCP (681)*, Actio 4 (11, 245 MANSI).

[385] *C Later., Secretarius quintus (De naturalibus Christi dei nostri voluntatibus)* 6) (276f RIEDINGER). Aufgrund des Lemmas kann ein Leser nicht erkennen, daß die Nummern 2 und 6 des Florilegienteils aus der gleichen Schrift des Ambrosius stammen.

2,7,57	Caro igitur est passa ... quomodo divinitas potest? / Ἡ σὰρξ ἔπαθεν ... πῶς ἡ θεότης θανάτῳ ὑποπεσεῖν δύναται;	Theodoret von Cyrrhus, Eranistes 3,38: Τοῦ αὐτοῦ ἐκ τοῦ αὐτοῦ λόγου·[386]
2,7,57	Caro igitur est passa, divinitas autem mortis libera. Si ergo anima occidi non potest, quomodo divinitas potest? / ܕܠܐ ܡܢ ܣܡܕ ܗܠܟܐ ܣܟ ܒܣܪܐ ܘܠܐ ܡܢ ܚܫܐ ܡܪܝܡܐ ܡܠܬܐ "Der Leib hat gelitten, das Wort war frei vom Leiden. Wenn also die Seele nicht stirbt, wie dann ihr Schöpfer?"	Nestorianisches Florilegium 35: ܕܐܡܒܪܘܣܝܘܣ "von Ambrosius"[387]
2,7,58	Unde illud quod lectum est ... descendit de caelo / Ὅθεν ἐκεῖνο τὸ ἀναγνωσθέν ... ὁ ἐκ τοῦ οὐρανοῦ καταβάς.	Concilium Chalcedonense, Florilegium Leoninum 6: Τοῦ ἁγίου Ἀμβροσίου ἐπισκόπου καὶ ὁμολογητοῦ ἐκ τῶν περὶ πίστεως λόγων τῶν πρὸς Γρατιανὸν τὸν βασιλέα λόγου β'[388] Concilium Chalcedonense, Florilegium Leoninum 7: *Unde illud quod lectum est ... descendit de caelo* *Item sci Ambrosii epi et confessoris Mediolanensis [ex libris quos misit] impm Gratianum [Aug] in libro secundo de fide inter aetera*[389]

---

[386] THEODORET VON CYRRHUS, eran. 3,38 (239 ETTLINGER).
[387] *Nestorianisches Florilegium* 35 (1,146 / 2,87 ABRAMOWSKI/GOODMAN).
[388] C Chalc., Florilegium Leoninum 6 (2/1,1, 22 SCHWARTZ).
[389] C Chalc., Florilegium Leoninum 7 (2/4,123 SCHWARTZ).

EINLEITUNG 105

Theodoret von Cyrrhus,
Eranistes 2,32: Ὅθεν
ἐκεῖνο τὸ ἀναγνωσθέν ...
Ὁ ἐκ τοῦ οὐρανοῦ
καταβάς.

Τοῦ αὐτοῦ ἐκ τοῦ αὐτοῦ
λόγου·[390]

Doctrina Patrum 8,7: Ὅθεν
ἐκεῖνο τὸ ἀναγνωσθέν ... ὁ
ἐκ τοῦ οὐρανοῦ καταβάς.

Ἀμβροσίου ἐκ τοῦ περὶ
πίστεως λόγου πρὸς
Γρατιανὸν τὸν Βασιλέα[391]

2,8,70f   *Unde id secutus apostolus*   Concilium Lateranense,
          dixit ... minorem non posse   Florilegium des Briefes der
          dici / Οὐχ ἁρπαγμὸν   afrikanischen Bischöfe 1:
          ἡγήσατο ... κατὰ τὴν   Τοῦ ἁγίου Ἀμβροσίου
          οἰκείαν θεότητα.   ἐπισκόπου Μεδιολάνων,
                              οὕτω γὰρ ἐν τῇ οἰκείᾳ
                              βίβλῳ διέξεισιν

*Apostolus dicit: ‚Non
rapinam ...' secundum
divinitatem minorem dici
non posse.*

*Ex libro sancti Ambrosii
Mediolanensis episcopi inter
alia*[392]

Florilegium Dyotheleticum
Lateranense des Vaticanus
gr. 1455, 11: Ὁ ἀπόστολος
λέγει ὅτι οὐχ ἁρπαγμὸν ...
κατὰ τὴν οἰκείαν θεότητα.

Τοῦ ἁγίου Ἀμβροσίου ἐκ
τοῦ πρὸς Γρατιανὸν κατὰ
Ἀρειανῶν λόγου
δευτέρου[393]

---

[390] THEODORET VON CYRRHUS, *eran.* 2,32 (164 ETTLINGER).
[391] *Doctrina Patrum* 8,7 (56 DIEKAMP).
[392] *C Later., Secretarius secundus* (84f RIEDINGER).
[393] *C Later., Florilegium dyotheleticum* 11 (426 RIEDINGER).

2,8,70f	Aequalis ergo in Dei forma ... minorem non posse dici / Ὁ οὖν τέλειος ὑπάρχων ἐν τῇ μορφῇ τοῦ θεοῦ ... κατὰ τὴν μίαν θεότητα.	Florilegium Lateranense de naturalibus operationibus 2: Τοῦ αὐτοῦ ἐκ τοῦ πρὸς τὸν αὐτὸν Β΄ λόγου

Aequalis ergo in Dei forma ... ubi diversa essentia

Eiusdem de sermone secundo ad eum misso[394]

Concilium Constantinopolitanum 3, Actio 4 (680), Florilegium zum Brief des Papstes Agapetus: Ὁ οὖν ἴσος ἐν μορφῇ θεοῦ ...μὴ δύνασθαι ἐλάττονα λέγεσθαι

Ὁ ἅγιος Ἀμβρόσιος ἀπὸ τοῦ δευτέρου λόγου πρὸς Γρατιανόν[395] |
| 2,8,70 | Aequalis ergo in Dei forma ... ubi diversa substantia est? / ὁ οὖν ἴσος ἐν τῇ τοῦ θεοῦ μορφῇ ... ὅπου διάφορος οὐσία ἐστίν· | Doctrina Patrum 12,11: Ἀμβροσίου ἐκ τοῦ β΄ πρὸς Γρατιανόν λόγου[396]

Doctrina Patrum 15,2: (identischer Text)[397] |
| 2,9,77f | Sileant igitur inanes ... non divinitatem eguisse, sed carnem? / Σιωπήσουσι τοίνυν αἱ ἀπὸ τῶν λόγων μάταιαι ζητήσεις, ... μὴ τὴν θεότητα χρείαν ἐσχηκέναι, ἀλλὰ τὴν σάρκα. | Gesta Ephesena 54, Florilegium Ephesinum 13: Τοῦ αὐτοῦ[398] |

---

[394] C Later., Secretarius quintus (De naturalibus operationibus 2) (258f RIEDINGER); in der lateinischen Übersetzung fehlt der letzte Satz des Zitates.
[395] C CP (681), Actio 4 (Epistula 1 Agathonis) (11,264 MANSI).
[396] Doctrina Patrum 12,11 (75 DIEKAMP).
[397] Doctrina Patrum 15,2 (13f DIEKAMP).
[398] C Eph., Gesta Ephesena 54 (1/1,2, 42 SCHWARTZ).

		Severus von Antiochien, *Contra impium grammaticum* 3,1,17:
		... ܘܐܦ ܠܐ ܐܠܗܘܬܐ ܐܠܗܘܬܐ ܗܘܐ ܣܢܝܩܝܐ ܐܠܐ ܒܣܪܐ „es sollen also die nichtigen ... nicht die Gottheit nötig hatte, sondern das Fleisch" ܘܬܘܒ "und wiederum"[399]
2,9,77	*Sileant igitur inanes ... in mea substantia loquebatur:* / Ζιγάτων τοιγαροῦν αἱ περὶ τῶν λόγων μάταιαι ... ἐπειδήπερ ἐν ταύτῃ ἐλάλει τῇ φύσει	Concilium Chalcedonense, Florilegium Leoninum 7: Ὁμοίως τοῦ αὐτοῦ ἐν τῷ αὐτῷ λόγῳ ἐν ἄλλῳ τόπῳ[400]
		Concilium Chalcedonense, Florilegium Leoninum 8: *Sileant igitur inanes ... in mea substantia loquebatur* *Item alio loco de eodem libro inter cetera*
		Theodoret von Cyrrhus, *Eranistes* 2,33: Ζιγάτων τοιγαροῦν αἱ περὶ τῶν λόγων μάταιαι ... ἐπειδήπερ ἐν ταύτῃ ἐλάλει τῇ φύσει Τοῦ αὐτοῦ[401]

---

[399] SEVERUS VON ANTIOCHIEN, *Contra impium grammaticum* 3,1,17 (279 [Text] / 196 [Übersetzung] LEBON).
[400] *C Chalc., Florilegium Leoninum* 8 (2/4,123 SCHWARTZ).
[401] THEODORET VON CYRRHUS, *eran.* 2,33 (164 ETTLINGER).

		Justinian, *Contra Monophysitas* 155: Ζιγάτων τοιγαροῦν αἱ περὶ τῶν λόγων μάταιαι … ἐπεὶ ἐν τῇ ἐμῇ οὐσίᾳ διαλέγεται ᾽Αμβρόσιον δὲ τὸν Μεδιολάνου ταῦτα διδάσκοντα·[402]
2,9,77	*Servemus distinctionem … in mea substantia* / ܒܛܠ ܡܘܚܕܢܘܬܐ ܕܟܝܢܐ ܒܐܠܗܐ … ܐܠܗܘܬܐ ܡܚܠ ܒܣܪܗ ܡܚܠ ܒܪܢܫܗ „Wir wollen die Umformung des Leibes und den Wechsel der Gottheit bewahren …, weil er in unserer Natur spricht".	Nestorianisches Florilegium 14: ܡܢ ܐܡܒܪܘܣܝܘܣ ܕܐܦܣܩܘܦܐ ܕܡܕܝܘܠܢܘܢ „von Ambrosius (Buch) an den Kaiser Gratian".[403]
		Theodoret von Cyrrhus, *Eranistes* 2,31: Φυλάξωμεν διαίρεσιν θεότητος καὶ σαρκός … ἐπειδήπερ ἐν τῇ ἐμῇ ὑποστάσει λαλεῖ Τοῦ αὐτοῦ ἐκ τῆς πρὸς Γρατιανὸν τὸν βασιλέα ἐπιστολῆς[404]

---

[402] Justinian, *monoph.* 155 (56 Schwartz/Amelotti/Albertella/Migliardi).
[403] *Nestorianisches Florilegium* 14 (1,137 / 2,79 Abramowski/Goodman).
[404] Theodoret von Cyrrhus, *eran.* 2,31 (163f Ettlinger).

Johannes von Caesarea,
Apologia concilii Chalcedonensis:

ܕܢܛܪ ܠܦܘܪܫܢܐ
ܕܒܣܪܐ ... ܘܕܐܠܗܘܬܐ
ܒܗܕܐ ܓܝܪ ܟܝܢܐ "Wir wollen
den Unterschied zwischen
Fleisch und Gottheit
bewahren ... weil er in
dieser Natur spricht".

ܓܪܡܛܝܩܘܣ
„Grammaticus"[405]

Leontius von Byzanz,
Contra Nestorianos et Eutychianos 1, 37[406]

Florilegium des Vaticanus
gr. 1431, 16: Φυλάξωμεν
τὴν ἀνάγνωσιν ... ἐν τῇ ἐμῇ
οὐσίᾳ διαλέγεται

Ἀμβροσίου τοῦ ἁγιωτάτου
ἐπισκόπου τῆς Μεδιο-
λάνου, ἐλέχθη δὲ αὕτη ἡ
χρῆσις ἐν τῇ συνόδῳ ἐπὶ
τοῦ μακαρίου Κυρίλλου
παρὰ Πέτρου πρεσβυ-
τέρου καὶ οἰκονόμου
Ἀλεξανδρείας.[407]

---

[405] JOHANNES VON CAESAREA, *Apologia concilii Chalcedonensis* (bei SEVERUS VON ANTIOCHIEN, *Contra impium grammaticum* 3, 1, 17 [284 [Text] / 199f [Übersetzung] LEBON]). Vgl. dafür ausführlicher *fid.* 2, 9, 77, unten 304–307.
[406] LEONTIUS VON BYZANZ, *Nest. et Eut.* 1, 37 (PG 86/1, 1315f). Die Passage ist allerdings nicht in PG 86 enthalten.
[407] CODEX VATICANUS, *florilegium* 16 (35 SCHWARTZ).

		Doctrina Patrum 2,16: Φυλάξωμεν τὴν διαφοράν ... ἐν τῇ ἐμῇ οὐσίᾳ διαλέγεται
		Ἀμβροσίου ἐπισκόπου Μεδιολάνου, ἐκ τῶν πρὸς Γρατιανὸν βασιλέα. ταύτην δὲ τὴν χρῆσιν προήγαγε Κύριλλος ἐν τῇ κατ' Ἔφεσον συνόδῳ[408]
2,9,77	Servemus distinctionem ... utraque natura est Intende in eo nunc ... in mea substantia loquebatur	Innozenz von Maronea, Epistula ad Thomam presbyterum: custodiamus diversitatem carnis et divinitatis ... utraque natura in eo est. Attende in ipso nunc ... quoniam in mea loquitur natura per beatum autem Ambrosium in eodem duas naturas esse ita adprobavit dicens[409]
2,9,77	Servemus distinctionem ... utraque natura est. / Φυλάξωμεν διαφοράν ... ἐν αὐτῷ ἑκατέρα φύσις ἐστίν	Concilium Chalcedonense, Actio 20, Florilegium Chalcedonense 2: Τοῦ μακαρίου Ἀμβροσίου ἐκ τῆς ἐπιστολῆς τῆς πρὸς τὸν βασιλέα Γρατιανὸν[410]

---

[408] *Doctrina Patrum* 2,16 (15 DIEKAMP).
[409] *C CP (681)*, Actio 6 (4/2, 179 SCHWARTZ).
[410] *C Chalc.*, Actio 20,2 (2/1, 3, 114 SCHWARTZ).

EINLEITUNG   111

                                    Ephraem von Amida,
                                    Apologia Cyrilli epistulae
                                    secundae ad Succensum: καὶ
                                    Ἀμβρόσιος ἐπίσκοπος
                                    Μεδιολάνων ἐν τῷ λόγῳ ὃν
                                    ἔπεμψε Γρατιανῷ τῷ
                                    βασιλεῖ[411]

                                    Doctrina Patrum 8,2:
                                    Φυλάξωμεν τὴν διαφοράν
                                    ... ἑκατέρα γὰρ φύσις ἐστίν
                                    ἐν αὐτῷ
                                    Ἀμβροσίου ἐκ τῆς πρὸς
                                    Γρατιανὸν τὸν βασιλέα[412]

2,9,77   *Servemus distinctionem*   Doctrina Patrum 5,6:
          divinitatis et carnis: /   Αμβροσίου πρὸς
          Φυλάξωμεν τὴν διαφοράν   Γρατιανὸν τὸν βασιλέα[413]
          τῆς θεότητος καὶ τῆς
          σαρκός

2,9,77   *Unus in utraque ... in mea* Johannes von Caesarea,
          substantia loquebatur / ܢܘ *Apologia concilii*
          ܪܘܡܐܘܣ ܕܟܠ ... ܚܕܠܘ   *Chalcedonensis*: ܐܡܒܪܘܣܝܘܣ
          ܕ ܗܘ ܓܒܪܐ ܡܠܠ ܒܐܘܣܝܐ   „Ambrosius"[414]
          ܕܝܠܝ "der eine in
          allen beiden ... weil er in
          meiner Substanz (οὐσία)
          spricht"

---

[411] EPHRAEM VON AMIDA, *Apologia Cyrilli epistulae secundae ad Succensum* (bei PHOTIUS, *Bibl.* 229 [4,148 HENRY]), enthält aber kein wörtliches Zitat.
[412] *Doctrina Patrum* 8,2 (55 DIEKAMP).
[413] *Doctrina Patrum* 5,6 (34 DIEKAMP).
[414] JOHANNES VON CAESAREA, *Apologia concilii Chalcedonensis* (bei SEVERUS VON ANTIOCHIEN, *Contra impium grammaticum* 3,1,17 [282 [Text] / 198 [Übersetzung] LEBON]). Der Schlußsatz des Abschnitts gehört, anders als LEBON meint, nicht zum Zitat.

		Johannes von Scythopolis, *Apologia concilii Chalcedonensis:* … ܣܕ ܚܠܣܘ ܚܠܠ ܕܚܒܢܟ ܕܠܕ ܚܚܠܠ „der eine in allen beiden … weil er in meiner Natur spricht" ܐܡܒܪܘܣܝܘܣ „Ambrosius"[415]
2, 9, 77	*Unus in utraque loquitur, quia in eodem utraque natura est* / Ὥστε εἴτε ἐν ἑκατέρᾳ λέγει, ὥς ἔχει τὸ ἀκακούργητον τῶν Ἀμβροσίου ῥημάτων[416]	Eulogius von Alexandrien, *Apologia pro synodo Chalcedonensi:*
		Leontius von Jerusalem, *Contra Monophysitas, Florilegium* 2[417]
2, 9, 77	*Idem loquitur … in mea substantia loquebatur* / ܗܘ ܟܕ ܗܘ ܡܚܠܠ … ܕܚܒܢܟ ܕܠܡ ܡܚܠܠ ܗܘܐ „Derselbe spricht … in meiner Substanz sprach".	Timotheus Aelurus, *Epistula* 1, 8: ܕܛܘܒܢܐ ܐܡܒܪܘܣܝܘܣ ܐܦܣܩܘܦܐ ܕܡܕܝܢܬܐ „vom seligen Ambrosius, Bischof von Mailand"[418]
		Timotheus Aelurus, *Confutatio concilii Chalcedonensis* 34 (armenisch) / 13 (syrisch)[419]

---

[415] JOHANNES VON SCYTHOPOLIS, *Apologia concilii Chalcedonensis* (bei SEVERUS VON ANTIOCHIEN, *Contra impium grammaticum* 3, 1, 17 [287 f [Text] / 202 [Übersetzung] LEBON]). Die Übersetzung der beiden Johannes' weichen in Details voneinander ab.

[416] EULOGIUS VON ALEXANDRIEN, *Apologia pro synodo Chalcedonensi* (bei PHOTIUS, *Bibl.* 230 [5, 21 f HENRY]).

[417] LEONTIUS VON JERUSALEM, *monoph.* (PG 86/2, 1873).

[418] TIMOTHEUS AELURUS, *epistula* 1, 8 (336 f. 355 EBIED/WICKHAM). Der Text ist der Handschrift BM. Add. Ms. 12.156 entnommen. Hier handelt es sich um: fol. 31ᵛ, col. a, 6 f (Lemma), 8–20 (Text).

[419] TIMOTHEUS AELURUS, *Confutatio concilii Chalcedonensis* 34 (armenisch) / 13 (syrisch) (100.118 SCHWARTZ).

3,3,21	*Alia enim carnis infirmitas ... ipsa divinitas?*	Johannes von Caesarea, *Adversus Aphthartocetas* 3/1,17,6[420]
		Leontius von Byzanz, *Contra Nestorianos et Eutychianos* 2,105[421]
3,4,28	*Sed quomodo hic ... divinitas non habet*	Leontius von Byzanz, *Contra Nestorianos et Eutychianos* 1,38[422]
3,4,28	*Ergo et hic distingue ... divinitas non habet* / Διάστιζον οὖν καὶ ἐνταῦθα ... οὐκ εἶχε δὲ ἡ θεότης	Leontius von Jerusalem, *Contra Monophysitas* 2: Τοῦ ἁγίου Ἀμβροσίου ἐκ τοῦ τρίτου λόγου[423]

Bei näherer Betrachtung zeigt sich, daß die Zitate sich nicht nur auf die ersten beiden Bücher von *De fide* konzentrieren, sondern vor allem auf zwei Passagen im zweiten Buch, in denen Ambrosius zunächst die Einheit des Willens von Vater und Sohn behandelt (2,6,50 – 2,7,53), um dann zwischen den beiden Naturen Christi zu differenzieren, aber zugleich ihre Einheit zu betonen (2,9,77). Wenn man die Liste nach chronologischen und formalen Zusammenhängen ordnet, fällt auf, daß sich für die Textgeschichte einschlägige frühe Belege vor allem in der Akten-Überlieferung der Reichssynoden von Ephesus und Chalcedon finden, außerdem im *Eranistes* des Bischofs Theodoret von Cyrrhus und in den von dieser Sammlung abhängigen anderen Florilegien. Außerdem kursieren,

---

[420] JOHANNES VON CAESAREA, *fr.* 3/1,17,6 (CCG 1,35). Vgl. dazu RICHARD, *Notes sur les florilèges dogmatiques* 317f.
[421] LEONTIUS VON BYZANZ, *Nest. et Eut.* 2,105. Diese Passage ist nicht in PG 86/1 ediert. Eine Übersicht über den Inhalt der bisher noch nicht edierten Florilegien aus *Nest. et Eut.* bietet DEVREESSE, *Le florilège*.
[422] LEONTIUS VON BYZANZ, *Nest. et Eut.* 1,38. Diese Passage ist nicht in PG 86/1 ediert.
[423] LEONTIUS VON JERUSALEM, *monoph.* 2 (PG 86/2,1837).

wie deutlich erkennbar wird, nach 452 von der Passage *De fide* 2,9,77 gleich vier verschiedene Versionen[424].

Die Überlieferung von Zitaten aus *De fide* beginnt in den ersten erhaltenen Akten einer Reichssynode, in den Akten des *Concilium Ephesinum* (431): In der entscheidenden Sitzung des Konzils der Cyrill-Anhänger vom 22. Juni 431 wurde, wie die griechischen Akten zeigen, um die dort beschlossene Absetzung des Nestorius feierlich zu bestätigen und zu rechtfertigen, auf Vorschlag des Bischofs Flavian von Philippi ein umfangreiches Florilegium mit sechzehn Einträgen verlesen, in dem sich als einzige lateinische Autoren Cyprian und Ambrosius fanden (freilich nicht Augustinus)[425].

1,14,94	*Si mihi non credunt ... ista post legem*	Florilegium Ephesinum 12
2,9,77f	*Sileant igitur inanes ... non divinitatem eguisse, sed carnem?*	Florilegium Ephesinum 13

Auch das zentrale Dokument, mit dem der Westen in den christologischen Streit eingriff, der *Tomus Leonis* (449), enthält in der Form, in der es die Konzilsakten überliefern, Zitate aus dem Werk des Mailänder Bischofs:

2,7,58	*Unde illud quod lectum est ... descendit de caelo*	Florilegium Leoninum 6 Florilegium Leoninum Latinum 7
2,9,77	*Sileant igitur inanes ... in mea substantia loquebatur*	Florilegium Leoninum 7 Florilegium Leoninum Latinum 8

---

[424] BARDY, *Sur une citation de saint Ambroise* 171–176.
[425] C *Eph., Cyrilli epistula tertia ad Nestorium* 6,10 – 7,3 (1/1,1,39–44 SCHWARTZ); zur Interpretation des Vorgehens auf der Synode vgl. GRILLMEIER, *Jesus der Christus* 1,689, und die dort zitierte Literatur.

Der römische Papst Leo (440–461) griff in den christologischen Streit ein, als er die Akten einer Konstantinopolitaner Synode von 448 durch den dortigen Bischof Flavian und einen Bittbrief des dort anathematisierten Konstantinopolitaner Archimandriten Eutyches erhielt[426]. Er verfaßte ein Lehrschreiben, den sogenannten *Tomus ad Flavianum*[427], das allerdings auf dem vom alexandrinischen Patriarchen Dioscur dominierten ephesinischen Reichskonzil von 449 nicht verlesen wurde, sondern erst auf dem folgenden Konzil von Chalcedon zu Ehren kam. Das Florilegium gehört allerdings nicht zur ersten Fassung, die 449 in den Osten gesendet wurde, sondern zu einer zweiten Fassung des Jahres 450. Vermutlich kann man sogar nochmals zwei Redaktionen dieses Florilegiums unterscheiden, eine ursprünglichere, kürzere, griechisch überlieferte mit 18 Texten und eine längere, lateinisch überlieferte mit 29 Texten, die Leo im Jahre 458 an seinen sogenannten „zweiten Tomus" anfügte[428]. Da sich die beiden Ambrosius-Zitate in beiden Überlieferungen finden, gehörten sie also wahrscheinlich schon zu der Fassung, die 450 aus Rom in den Osten gesendet wurde.

Angesichts der häufigen Zitation von Texten des Mailänder Bischofs in vorchalcedonensischen Texten ist es kaum verwunderlich, wenn auch ein Florilegium aus den Akten des *Concilium Chalcedonense* (451) einen Ambrosius-Text bietet:

---

[426] Vgl. Darstellung und Belege bei GRILLMEIER, *Jesus der Christus* 1, 734 f Anm. 1 f, und ARENS, *Die christologische Sprache Leos des Großen* 91–99. Bei beiden auch eine Interpretation des Textes (GRILLMEIER, *Jesus der Christus* 1, 739–750; ARENS, *Die christologische Sprache Leos des Großen* 147–685).
[427] Vgl. CPL 1656, *ep.* 26, und CPG 3, 5935 b.
[428] C Chalc., *Epistola* 8 (2/3, 1, 9–11 SCHWARTZ). So die Interpretation des handschriftlichen Befundes durch SCHWARTZ, der sich ARENS, *Die christologische Sprache Leos des Großen* 93 f mit Anm. 15, und GRILLMEIER, *Jesus der Christus* 2/1, 60, anschließt.

| 2,9,77 | Servemus distinctionem ... utraque natura est | Florilegium Chalcedonense 2 |

Das betreffende Florilegium[429] wurde dem *Eranistes* des Theodoret entnommen und auf der Synode vorgetragen[430]. Eine ganze Reihe von Belegen für Ambrosius-Passagen findet sich dann auch in den Sammlungen, die im heftigen literarischen und politischen Kampf um den Lehrtomus des Reichskonzils von Chalcedon zwischen 451 und 600 angelegt worden sind, wobei sich interessanterweise Zitate des Mailänder Bischofs sowohl in der cyrillischen Tradition eines Severus von Antiochien wie auch in der nestorianischen Überlieferung finden, aber nicht in der wichtigsten prochalcedonensischen Sammlung, dem sogenannten *Florilegium Cyrillianum*[431]. Diese Zusammenstellungen wurden dann auch auf den folgenden Reichskonzilien und Partikularsynoden ausgewertet, so zunächst auf dem *Concilium Lateranense* (649):

1,17,109	et alibi: sicut Christus ... Patris et Filii voluntatem	Florilegium Lateranense de naturalibus operationibus 1
2,5,45	Eo usque autem hominem ... quod Pater vult	Florilegium des Briefes der afrikanischen Bischöfe 2
2,6,47f	Cur dixerit: Si possibile est ... non liberat quem vult	Florilegium Lateranense de naturalibus operationibus 1
2,6,48	Sed audi etiam ... sacrificabo tibi	Florilegium des Briefes der afrikanischen Bischöfe 3

---

[429] C Chalc., Actio 20 (2/1,3, 114–116 SCHWARTZ).
[430] GRILLMEIER, *Jesus der Christus* 2/1,60.
[431] SCHWARTZ, *Acta conciliorum oecumenicorum* 1/1,1, XI–IXVI, und GRILLMEIER, *Jesus der Christus* 2/1,60f.

2,6,50 – 2,7,57		Florilegium des Briefes der afrikanischen Bischöfe 4
2,6,50	*Quid est tamen ... operatio una sit*	Florilegium Lateranense de naturalibus operationibus 4
2,6,51 – 2,7,52	*Quamquam cum dixerit ... series operationis effectus est*	Florilegium Lateranense de naturalibus operationibus 5
2,7,52f	*Sed alia voluntas hominis ... meo suscepit adfectu*	Florilegium Lateranense de naturalibus voluntatibus (de naturalibus Christi Dei nostri voluntatibus) 2
2,8,70f	*Unde id secutus apostolus dixit ... minorem non posse dici*	Florilegium des Briefes der afrikanischen Bischöfe 1
		Florilegium Dyotheleticum Lateranense des Vaticanus gr. 1455, 11
2,8,70f	*Aequalis ergo in Dei forma ... minorem non posse dici*	Florilegium Lateranense de naturalibus operationibus 2
2,9,77	*Servemus distinctionem ... in mea substantia*	Florilegium zum Brief des Papstes Agapetus

Die Akten der Lateransynode des Jahres 649[432], die in einer ‚merkwürdigen Doppelsprachlichkeit' überliefert sind[433], enthalten eine große Menge von Ambrosius-Zitaten. Während man früher mit E. Caspar von einer si-

---

[432] Zur Synode vgl. CASPAR, *Die Lateransynode von 649* 75–137, und RIEDINGER, *Concilium Lateranense anno 649* IX–XXVIII.
[433] CASPAR, *Die Lateransynode von 649* 84; RIEDINGER, *Aus den Akten der Lateran-Synode* 17–38.

multanen griechischen Übersetzung der lateinischen Verhandlungen ausging, ist nun durch die Arbeiten von R. Riedinger deutlich, daß es sich bei den griechischen Akten um eine im Voraus gefertigte Fiktion handelt (gleichsam ein „Textbuch für das Konzil"), die dann in ein etwas eigenwilliges Latein übersetzt wurde[434]. Die griechische Überlieferung, die auf das authentische Exemplar zurückgeht[435], ist daher bereits beim ersten Ambrosius-Zitat auch deutlich ausführlicher — sie stellt erkennbar den Primärtext dar, der dann ins Lateinische zurückübersetzt wurde[436]. Das paßt übrigens auch zum Charakter des Treffens, das „theologisch völlig unter griechischer Führung" stand[437], selbst wenn der exakte Zusammenhang der Florilegien, die auf dieser Synode vorgelegt worden sind, mit anderen Sammlungen noch zu untersuchen bleibt[438]. Eine größere Menge von Zitaten entstammt einer umfangreichen Sammlung in vier Teilen, die angeblich auf der fünften Sitzung verlesen wurde und deren erster Abschnitt vom Herausgeber Περὶ ἐνεργειῶν φυσικῶν / *De naturalibus operationibus* überschrieben wurde und ins-

---

[434] CASPAR, *Die Lateransynode von 649* 84f, zitiert den Übersetzungsantrag griechischer Mönche (*C Later., Secretarius secundus* [54 RIEDINGER]); vgl. auch RIEDINGER, *Aus den Akten der Lateran-Synode* (Korrekturzusatz) 37f, die Formulierung „Textbuch" in ders., *Griechische Konzilsakten* 256.
[435] CASPAR, *Die Lateransynode von 649* 75f.
[436] CASPAR, *Die Lateransynode von 649* 92f, vgl. auch 118f: „Die griechischen Mönche sind nicht bloße Übersetzer der Protokolle gewesen, sondern haben wahrscheinlich das große patristische Material, das auf der Synode vorgelegt wurde, zusammengestellt und vorbereitet". Diese Perspektive bestätigt sich auch angesichts der neuen Einsichten von RIEDINGER, *Concilium Lateranense anno* 649 IX–XII, für den die Lateranakten im Umkreis des MAXIMUS CONFESSOR vorbereitet worden sind.
[437] CASPAR, *Die Lateransynode von 649* 120; RIEDINGER, *Concilium Lateranense anno 649* IX.
[438] RIEDINGER, *Concilium Lateranense anno 649* IX, verweist darauf, daß RICHARD vor seinem Tode 1976 eine solche Untersuchung beabsichtigte.

gesamt 34 Väterzitate enthält[439], einschlägig ist auch der dritte Teil dieses Florilegiums Περὶ τῶν φυσικῶν Χριστοῦ τοῦ θεοῦ ἡμῶν θελημάτων / *De naturalibus Christi Dei nostri voluntatibus* mit 24 Zitaten; einige weitere Zitate aus einem Florilegium, das einem Brief der Bischöfe der Africa Proconsularis angefügt wurde, der auf der zweiten Sitzung verlesen wurde[440]; Riedinger edierte in seiner kritischen Edition der Akten 1984 in Regestenform auch erstmals ein bisher ungedrucktes Florilegium aus dem *Codex Vaticanus Gr. 1455* (1299, fol. 165ʳ–176ʳ)[441], das Belege für die dyotheletische Position zusamenzutragen versucht, aus dieser Sammlung stammt ein Ambrosius-Zitat.

Es bleiben als letzter Synodaltext die bislang noch nicht kritisch edierten Sammlungen des sechsten ökumenischen Konzils, des *Concilium Constantinopolitanum* (680/681):

2,6,51 f	*Vides quia non solum Filius ... eandem quae paterna est?*	Florilegium des Macarius von Antiochien
2,6,51 –57	*Quamquam cum dixerit ... turbari aut mori posset*	Florilegium des Macarius von Antiochien
2,7,53 –57	*Suscepit ergo voluntatem meam ... naturae humanae lege concessit*	Florilegium der päpstlichen Gesandten
2,7,53	*Suscepit ergo voluntatem meam ... meo suscepit adfectu*	Florilegium zum Briefes des Papstes Agapetus
2,8,70 f	*Aequalis ergo in Dei forma ... minorem non posse dici*	Florilegium zum Brief des Papstes Agapetus

---

[439] *C Later.*, Secretarius quintus (*De naturalibus operationibus*) (258–269 RIEDINGER).
[440] *C Later.*, Secretarius secundus (Brief: 80–83; Florilegium: 84–91 RIEDINGER; es folgen die Subskriptionen von 68 afrikanischen Bischöfen).
[441] *C Later.*, Florilegium dytheleticum (425–436 RIEDINGER), vgl. auch die Einleitung RIEDINIGER, *Concilium Lateranense anno 649* XI, und dort gegebene Literaturhinweise.

Das in Trullo tagende Konzil behandelte unter anderem die Frage, ob die Rede von zwei Wirksamkeiten und Willen in Christus zulässig sei. Der antiochenische Patriarch Macarius bildete den personalen Mittelpunkt „des Widerstandes gegen die Lehre von den zwei Willen"[442] und trug in der fünften Sitzung am 7. Dezember 680 und in der sechsten am 12. Februar des folgenden Jahres eine Fülle von Belegtexten für seine monergetische und monotheletische Ansicht vor. Die Gesandten des römischen Papstes Agathon, die ihm eine willkürliche Auswahl und Behandlung der Texte vorwarfen, hatten in der folgenden Sitzung Gelegenheit, Belege für ihre Gegenposition vorzustellen; es verwundert nicht, daß ihre Zitate aus *De fide* deutlich länger geraten sind[443]. In der vierten Sitzung (15. November 680) war schließlich ein dyotheletisches Florilegium verlesen worden, was sich unter den Dokumenten, die der römische Papst Agathon nach Konstantinopel hatte schicken lassen, findet[444]. Einige Belegstellen aus dem Werk des Mailänder Bischofs bieten auch die Akten der achten Sitzung vom 7. März 681, als die Belegstellen des Macarius durch die Synode einer kritischen Prüfung unterzogen wurden[445], bzw. die Nachschriften zur zehnten Sitzung vom 18. März, als nach der Absetzung des Macarius die römischen Belege geprüft und einzeln gebilligt wurden.

Schließlich finden sich Zitate aus *De fide* des Ambrosius auch in Florilegien, die unter dem Namen von einzelnen Theologen überliefert sind. Zu allererst ist der Bischof Theodoret von Cyrrhus (445–448) zu nennen:

---

[442] MURPHY/SHERWOOD, *Konstantinopel II und III* 241.
[443] MURPHY/SHERWOOD, *Konstantinopel II und III* 244–246; vgl. die Berichte der Konzilsakten bei MANSI: *C CP (681),* Actio 5 (315–321 MANSI); Actio 6 (321–328 MANSI).
[444] *C CP (681),* Actio 4 (257–286 MANSI); MURPHY/SHERWOOD, *Konstantinopel II und III* 235.244f.
[445] MURPHY/SHERWOOD, *Konstantinopel II und III* 247.

2,7,57	*Caro igitur est passa ...* *quomodo divinitas potest*	Theodoret von Cyrrhus, *Eranistes* 3,38
2,7,58	*Unde illud quod lectum est ...* *descendit de caelo*	Theodoret von Cyrrhus, *Eranistes* 2,32
2,9,77	*Sileant igitur inanes ... in mea* *substantia loquebatur*	Theodoret von Cyrrhus, *Eranistes* 2,33
2,9,77	*Servemus distinctionem ... in* *mea substantia*	Theodoret von Cyrrhus, *Eranistes* 2,31

Der „Lumpensammler" des syrischen Bischofs gehört zu den frühen christologischen Florilegien der vorchalzedonensischen Zeit[446], in ihm sind vier Zitate aus dem Werk des Mailänder Bischofs überliefert; höchstwahrscheinlich stammen auch zwei weitere Zitate aus einem syrischen Florilegium[447] von einem Werk Theodorets. Von diesem Florilegium hängen viele spätere Sammlungen ab. Unter dem (falschen) Lemma τοῦ αὐτοῦ ἐκ τοῦ αὐτοῦ λόγου[448] findet sich in Florilegium 3,38 zunächst eine griechische Übersetzung von *De fide* 2,7,57[449]; Florilegium 2,31–33 bietet unter dem Lemma τοῦ αὐτοῦ ἐκ τῆς πρὸς

---

[446] GRILLMEIER, *Jesus der Christus* 2/1,59f.
[447] Siehe Einleitung, unten 129.
[448] Voraus geht ein Zitat aus Ambrosius, *incarn.* 6,50 (CSEL 79,249).
[449] THEODORET VON CYRRHUS, *eran.* florilegium 3,37 (239 ETTLINGER), vgl. mit *fid.* 2,7,57, unten 286f: *Caro igitur est passa, divinitas autem mortis libera* = ἡ σάρξ ἔπαθεν, ἡ θεότης θανάτου ἐλευθέρα ἐστι.

Γρατιανὸν τὸν βασιλέα ἐπιστολῆς *De fide* 2, 9, 77[450] und nochmals 2,9,77[451].

Weiter ist das antichalcedonensische Florilegium des *Codex Vaticanus gr.* 1431, 16 zu nennen[452].

Im zweiten, gegen Eutychianer gerichteten Teil des von Schwartz publizierten Florilegiums der römischen Handschrift findet sich zwischen Passagen des Athanasius, des Gregor von Nazianz und des Epiphanius ein knappes Zitat, das vermutlich aus den *Excerpta Ephesina* (13) stammt; das Florileg scheint freilich „eine erhebliche Wirkung nicht ausgeübt zu haben"[453]. Auf ein entschärfendes Übersetzungsdetail dieser Version wird unten eingegangen[454].

Es bleiben aus den antichalcedonensischen Auseinandersetzungen neben einem kurzen Zitat aus einem gegen das Konzil gerichteten Brief des exilierten alexandrinischen Patriarchen Timotheus Aelurus (das Wiesel) an die Stadt Konstantinopel, der zwischen 460 und 464 geschrieben wurde[455], die Zitate aus dem prochalcedonensischen Werk des Johannes von Caesarea (Kappadokien), eines Presbyters und Grammaticus (vor 518) beziehungs-

---

[450] THEODORET VON CYRRHUS, *eran.* florilegium 2,31f (163f ETTLINGER), vgl. mit *fid.* 2, 9, 77, unten 304–307: *Servemus distinctionem divinitatis et carnis. Unus in utraque loquitur dei filius, quia in eodem utraque natura est* = Φυλάξωμεν τὴν διαίρεσιν θεότητος καὶ σαρκός . Εἰ τοῖς ἑκατέροις ἀποκρίνεται ὁ υἱὸς τοῦ θεοῦ. ἐπειδήπερ ἐν τῇ ἐμῇ ὑποστάσει λαλεῖ; außerdem THEODORET VON CYRRHUS, *eran.* 32f (164 ETTLINGER), vgl. mit *fid.* 2, 7, 58, unten 288f: *consors utriusque naturae* = ἑκατέρας μετέχει φύσεως; vgl. dazu auch MARKSCHIES, *Ambrosius von Mailand und die Trinitätstheologie* 165f mit Anm. 453–455.

[451] THEODORET VON CYRRHUS, *eran.* 32f (164 ETTLINGER, vgl. mit *fid.* 2, 9, 77, unten 304–307), in einer anderen Übersetzung: Φυλάξωμεν τὴν διαίρεσιν τῆς σαρκός τε καὶ θεότητος.

[452] CODEX VATICANUS, *florilegium* 16 (35 SCHWARTZ).

[453] So SCHWARTZ, *Codex Vaticanus gr. 1431* 97, vgl. auch 35 App., und PASINI, *Le Fonti Greche* 72f, und GRILLMEIER, *Jesus der Christus* 2/1,73.

[454] Siehe Einleitung, unten 124.

[455] EBIED/WICKHAM, *Timotheus Aelurus* 329; OPITZ, *Timotheos Ailuros* 1355–1357, besonders 1356.

weise dessen Widerlegung durch Severus von Antiochien (gestorben 538), *Contra impium grammaticum*[456].

Die Passagen aus dem Werk *Contra impium grammaticum* gehen auf ein (verlorenes) Florilegium zurück, daß Johannes seiner prochalcedonensischen *Apologia* beigefügt hatte, deren Abfassung um 515 datiert wird[457]. An einer Stelle der umfangreichen Widerlegung des caesarensischen Johannes wird auch sein Zeitgenosse und Namensvetter Johannes Scholasticus, der zwischen 536 und 553 als Bischof im palästinischen Scythopolis amtierte[458], in die Auseinandersetzung einbezogen.

1, 14, 94	*si mihi non credunt ... ista post legem*	Severus von Antiochien, *Liber contra impium grammaticum* 3, 1, 17
2, 9, 77 f	*Sileant igitur inanes ... non divinitatem eguisse, sed carnem?*	Severus von Antiochien, *Liber contra impium grammaticum* 3, 1, 17
2, 9, 77	*Servemus distinctionem ... in mea substantia*	Johannes von Caesarea, *Apologia concilii Chalcedonensis* (bei Severus von Antiochien, *Liber contra impium grammaticum* 3, 1, 17)
2, 9, 77	*Unus in utraque ... in mea substantia loquebatur*	Johannes von Caesarea, *Apologia concilii Chalcedonensis* (bei Severus von Antiochien, *Liber contra impium grammaticum* 3, 1, 17)

---

[456] Vgl. die Zusammenstellung der Väter-Zitate bei LEBON, *Severus von Antiochien* 10*–22*, besonders 10*, für Ambrosius.
[457] Vgl. die Bemerkungen von RICHARD, *Johannes von Caesarea* VI–XVII, und GRILLMEIER, *Jesus der Christus* 2/1, 63 f sowie 2/2, 54.
[458] Vgl. SUCHLA, *Johannes von Skythopolis* 357 f.

Johannes von Scythopolis,
*Apologia concilii
Chalcedonensis* (bei
Severus von Antiochien,
*Liber contra impium
grammaticum* 3,1,17)

Severus tadelt Johannes von Caesarea, daß dieser die Mehrzahl seiner Zitate älteren Florilegien entnommen habe, die er nicht kenne; in der Tat sind die Belege den ephesinischen Akten entnommen[459]. Allerdings wirft Severus dem Grammaticus nicht nur vor, in seiner prochalcedonensischen Lesart die Texte falsch zu interpretieren, sondern an einer interessanten Stelle sogar zu manipulieren. Den berühmten Satz *Servemus distinctionem divinitatis et carnis* aus *De fide* 2,9,77 übersetzte die antiochenische Tradition eines Theodoret von Cyrrhus mit den griechischen Worten ... φυλάξωμεν διαίρεσιν ... beziehungsweise die chalcedonensische Tradition sogar mit dem schärferen φυλάξωμεν διαφοράν, während das antichalcedonische Florilegium deutlich entschärfend formuliert φυλάξωμεν τὴν ἀνάγνωσιν. Severus hält diesen Unterschied nun seinem Gegner vor; der Grammaticus habe mit dem Begriff ܬܘܫܚܠܦܐ ein originales φυλάξωμεν τὴν ἀνάγνωσιν (ܢܛܪ ܩܪܝܢܐ), wie es sich in den Akten des ephesinischen Konzils als Zitat Cyrills gegen Nestorius fände, böswillig verwandelt in φυλάξωμεν τὴν διαφοράν (ܢܛܪ ܬܘܫܚܠܦܐ) und habe so seine Zerteilung der Person Christi begründen können[460].

Aus einem späteren Zeitpunkt in der Kontroverse stammen die Zitate aus dem Brief des Innozenz von Maronea, der über das Konstantinopolitaner Religionsgespräch

---

[459] So RICHARD, *Johannes von Caesarea* XXVII, und ihm folgend GRILLMEIER, *Jesus der Christus* 2/1,63 sowie 2/2,54.
[460] SEVERUS VON ANTIOCHIEN, *Contra impium grammaticum* 3,1,17 (284 [Text]; 200 [Übersetzung] LEBON).

zwischen Chalzedonensern und Severianern im Jahre 532 berichtet. Diese wurden auf dem Konzil von Konstantinopel 680/681 in lateinischer Übersetzung zitiert[461]:

2,9,77	*Servemus distinctionem ...* *utraque natura est* *Intende in eo nunc ... in mea* *substantia loquebatur*	Innozenz von Maronea, *Epistula ad Thomam* *presbyterum*

Ebenfalls zu den Verteidigern des chalcedonensischen Glaubens zählt Ephraem von Amida, der 527 Bischof von Antiochien wurde und nach 544 starb.

2,9,77	*Servemus distinctionem ...* *utraque natura est*	Ephraem von Amida, *Apologia Cyrilli epistulae* *secundae ad Succensum*[462]

Der Hinweis auf eine ambrosianische Passage geht auf eine Apologie für das Konzil von Chalcedon aus der Feder des Ephraem zurück, deren Inhalt Photius referiert. Ephraem möchte die Vereinbarkeit des Lehrtomus von Chalcedon mit der Theologie des Cyrill nachweisen und benutzt für wenige Texte auch das *Florilegium Cyrillianum*.

Schließlich sind die beiden Leontii zu nennen, die für ihre Argumentation ebenfalls mehrfach Ambrosius-Texte verwenden, zunächst Leontius von Byzanz (gestorben 543):

2,9,77	*Servemus distinctionem ... in* *mea substantia*	Leontius von Byzanz, *Contra Nestorianos et* *Eutychianos* 1,37

---

[461] GRILLMEIER, *Jesus der Christus* 2/2, 244–259.355.433f.
[462] PHOTIUS, *Bibl.* 229 (4, 142–159 HENRY).

| 3,3,21 | *Alia enim carnis infirmitas … ipsa divinitas?* | Leontius von Byzanz, *Contra Nestorianos et Eutychianos* 1, 105. |

| 3,4,28 | *Sed quomodo hic … divinitas non habet* | Leontius von Byzanz, *Contra Nestorianos et Eutychianos* 1, 38. |

Der strenge Altchalcedonenser Leontius stammte vermutlich aus Palästina, das Florilegium zitiert in zwei Teilen Texte von Ambrosius; in einem Abschnitt sollen in chronologischer Reihenfolge Belege für „zwei Naturen in einer Hypostase" gesammelt werden (10–63), im anderen allgemein Nachweise für eine dyophysitische Position[463]. Sein Namensvetter Leontius von Jerusalem (gestorben nach 544), mit dem er lange zu Unrecht identifiziert wurde, zitiert ebenfalls einmal Ambrosius:

| 2,9,77 | *Unus in utraque loquitur, quia in eodem utraque natura est* | Leontius von Jerusalem, *Contra Monophysitas* 2 |

Auch Kaiser Justinian (gestorben 565) verwendete im Rahmen seiner theologischen Argumentation für den Neuchalcedonismus eine oft zitierte Passage aus *De fide*:

| 2,9,77 | *Sileant igitur inanes … in mea substantia loquebatur* | Justinian, *Contra Monophysitas* 155 |

Der Kaiser versuchte im Rahmen eines Briefes, den er etwa 542/543 an monophysitische alexandrinische Mönche schrieb, den bereits verstorbenen monophysitischen Patriarchen Severus von Antiochien (gestorben 538), der

---

[463] GRILLMEIER, *Jesus der Christus* 2/1, 66; RICHARD, *Les florilèges diphysites* 739f. — Zur Forschungsgeschichte über den Autor seit den Arbeiten von LOOFS ebenso GRILLMEIER, *Jesus der Christus* 2/2, 194f (Literatur).

seine Theologie von Texten Cyrills von Alexandrien her entworfen hatte, mit Hilfe von Väter-Zitaten zu widerlegen. Dabei zitierte er nur solche Texte, die auch von Monophysiten akzeptiert wurden[464].

Der späteste patristische Autor, der das Werk des Mailänder Bischofs zitiert, ist der melkitische Patriarch Eulogius von Alexandrien (gestorben 607/608):

2,9,77	*Unus in utraque loquitur, quia in eodem utraque natura est*	Eulogius von Alexandrien, *Apologia pro synodo Chalcedonensi*[465]

Photius exzerpiert aus einem Text des Eulogius, der sich gegen die richtete, die die Väter und das Konzil von Chalcedon schmähen. Photius zitierte dabei längere Ambrosius-Passagen aus dieser Schrift. Eulogius wiederum hat eine frühere Sammlung für die meisten seiner Zitate benutzt[466]. Eine ganze Reihe seiner Zitate sind in die *Doctrina Patrum* genannte Sammlung eingegangen. Diese Sammlung, die umfangreichste unter den hier einschlägigen nachchalcedonischen Florilegien, stammt aus der zweiten Hälfte des siebten Jahrhunderts und enthält auch die größte Menge an Ambrosius-Zitaten:

2,7,58	*Unde illud quod lectum est ... descendit de caelo*	Doctrina Patrum 8,7
		Doctrina Patrum 15,2
2,9,77	*Servemus distinctionem ... in mea substantia*	Doctrina Patrum 2,16

---

[464] GRILLMEIER, *Jesus der Christus* 2/1,70; RICHARD, *Les florilèges diphysites* 742.
[465] PHOTIUS, *Bibl.* 230 (5,11–33 HENRY).
[466] GRILLMEIER, *Jesus der Christus* 2/1,70; RICHARD, *Les florilèges diphysites* 745.

2,9,77	*Servemus distinctionem ...*	Doctrina Patrum 8,2
	utraque natura est	
2,9,77	*Servemus distinctionem*	Doctrina Patrum 5,6
	divinitatis et carnis	
2,8,70	*Aequalis ergo in Dei forma ...*	Doctrina Patrum 12,11
	ubi diversa substantia est?	

Die beiden Herausgeber des korrigierten Nachdrucks der Edition von F. Diekamp (B. Phanaourgakis und E. Chrysos) folgen der auch von anderen vertretenen Ansicht, den Text einem gewissen Anastasius Apokrisiarius zuzuschreiben, einem Schüler des Maximus Confessor. Offenbar entnimmt der Text eine ganze Reihe seiner Zitate einer Quelle, die auch Leontius von Byzanz benutzt hat[467].

Die späteste Sammlung, die Texte aus *De fide* des Ambrosius zitiert, dürfte das nestorianische Florilegium sein, das sich in der Handschrift Ms. Or. 1319 der Universitätsbibliothek Cambridge findet und aus dem hohen Mittelalter stammt (1333/1334):

2,7,57	*Caro igitur est passa, divinitas*	Nestorianisches
	autem mortis libera.	Florilegium 35
	Si ergo anima occidi non potest,	
	quomodo divinitas potest?	
2,9,77	*Servemus distinctionem ... in*	Nestorianisches
	mea substantia	Florilegium 14

Das in einer Handschrift des neunzehnten Jahrhunderts überlieferte hochmittelalterliche Florilegium enthält diverse christologische Texte aus verschiedenen Sammlungen[468]. Die beiden Ambrosius-Zitate gehören zu einer

---

[467] GRILLMEIER, *Jesus der Christus* 2/1, 86.
[468] Vgl. die einleitenden Bemerkungen von ABRAMOWSKI/GOODMAN, *Nestorianisches Florilegium* 2, IX–XIX.

Widerlegung der „zwölf Kapitel" beziehungsweise zwölf Anathematismen Cyrills von Alexandrien gegen Nestorius (Nr. 4 der Sammlung). Das Zitat aus *De fide* 2,7,57 wird unter den Belegen gegen das sechste Kapitel angeführt: „Wer zu behaupten wagt, das aus Gott dem Vater entstammende Wort sei Gott oder Herr über Christus, und nicht vielmehr bekennt, daß derselbe Christus Gott und Mensch zugleich ist, weil das Wort Fleisch geworden ist nach den Schriften, der sei mit dem Anathema belegt"[469], das Zitat aus *De fide* 2,9,77 in einer abschließenden Sammlung gegen alle Kapitel. Die Editoren, L. Abramowski und A.E. Goodman, konnten zeigen, daß der Text dieser Widerlegung auf ein griechisches Original aus dem Jahre 433 zurückgeht und später ins Syrische übersetzt wurde; sie vermuten, daß die Väterbelege aus einem Werk des Theodoret von Cyrrhus entnommen worden sind. Da sein *Eranistes* ja erst fünfzehn Jahre später abgefaßt wurde, nennen sie den nur fragmentarisch erhaltenen *Pentalogus adversus Cyrillum*[470]. Obwohl an und für sich nicht unwahrscheinlich wäre, daß der Bischof den Wortlaut der Zitate in sein späteres Werk übernahm und nicht nochmals ein Exemplar der Übersetzung des ambrosianischen Werkes aufschlug, zeigt das Fehlen des „Mischzitates" aus *De fide* 2,7,57 im *Eranistes,* daß Theodoret sein zweites Florilegium doch noch einmal sorgfältig an den Quellentexten überprüfte.

---

[469] Überliefert unter anderem in der *Collectio Vaticana* 16,12 (1/1,1, 41 SCHWARTZ): Εἴ τις λέγει Θεὸν ἢ δεσπότην εἶναι τοῦ Χριστοῦ τὸν ἐκ θεοῦ πατρὸς λόγον καὶ οὐχὶ δὴ μᾶλλον τὸν αὐτὸν ὁμολογεῖ θεόν τε ὁμοῦ καὶ ἄνθρωπον, ὡς γεγονότος σαρκὸς τοῦ λόγου κατὰ τὰς γραφάς, ἀνάθεμα ἔστω.
[470] Vgl. CPG 3,6215; ABRAMOWSKI/GOODMAN, *Nestorianisches Florilegium* 2, XXXVII–IXLII, besonders XLIf; zustimmend aufgenommen von GRILLMEIER, *Jesus der Christus* 2/1, 81.

VII. Bemerkungen zur Übersetzung

Die Übersetzung versucht, die Sprache des Ambrosius bis in den gelegentlich (nicht nur für heutigen Geschmack etwas komplizierten) Satzbau zu imitieren; freilich wurden die auffälligen Stilmittel mündlicher Rede, die auch im veröffentlichten Text von *De fide* erhalten geblieben sind, gelegentlich dadurch hervorgehoben, daß für die Übertragung vergleichbare Wendungen der deutschen Umgangssprache herangezogen wurden.

Ein besonders Problem für jede Übersetzung stellen Bibel-Zitate dar, die sich reichlich im Werk des Ambrosius finden. Einerseits haben die ersten lateinischen Übersetzer der Bibel vor allem alttestamentliche Texte gelegentlich vollkommen sinnentstellend übersetzt, Ambrosius hat diese weitgehend sinnlosen Verse in seine Argumentation übernommen und zum Teil allegorisch zu deuten versucht[471]. Andererseits läßt es sich bei der Übersetzung von biblischen Texten kaum vermeiden, daß vertraute deutsche Wendungen anklingen. Auf diese Weise kann sich allerdings auch bei der Lektüre einer Übersetzung ein Effekt einstellen, den der Originaltext bei antiken Lesern bzw. Hörern auslöste. Wir haben uns so beispielsweise dazu entschlossen, den häufig verwendeten lateinischen Begriff *servus* mit ‚Knecht' zu übersetzen, auch wenn das Wort ‚Sklave' vermutlich besser den Anstoß zum Ausdruck gebracht hätte, den entsprechende biblische Zitate in einer Gesellschaft, in der noch Sklaven lebten, erregen konnten[472]. Die Setzung der Anführungsstriche folgt der Edition von O. Faller: In doppelte Anführungs-

---

[471] Vgl. zum Beispiel *fid.* 1,3,20, unten 152–155: Jes 45,14f.
[472] Ich danke einer Gruppe von Studierenden und Frau Dr. U. Reutter sowie den Dr.es C. Friedrich und J. Siebert, daß sie unverdrossen mehrere Semester im Rahmen einer Übung an der Theologischen Fakultät der Friedrich-Schiller-Universität diese Übersetzung mit mir diskutiert haben. Abgeschlossen war der Text im Frühsommer 1999.

striche sind wörtliche Bibelzitate gesetzt, in einfache Anführungsstriche (zum Beispiel durch Wortumstellung) veränderte; der Stern signalisiert eine Abweichung des ambrosianischen Bibeltextes von dem der Vulgata[473].

Die indirekte Überlieferung des Textes in Konzilsakten und Florilegien wurde nicht eigens kollationiert, sondern nach den kritischen Angaben im Apparat Fallers ergänzt. Die verwendeten Abkürzungen sind im Verzeichnis aufgeschlüsselt. Es wurden nur wichtige lateinische Varianten aufgenommen und solche griechischen, deren lateinische Vorlage sich eindeutig rekonstruieren läßt.

VIII. Erläuterungen zum Apparat der Edition Otto Fallers (CSEL 78)

1. Textzeugen

Textzeugen der ersten Edition:

A	Claudianus 1
K	Coloniensis ecclesiae cathedralis 33
P	Parisinus B.N. lat. 8907
T	Trecensis 813
U	Vaticanus bibliothecae antiquae lat. 266

Textzeugen der zweiten Edition:

C	Casiensis archivi abbatiae Montis Casini KK 4
E	Parisinus B.N. lat. 1746

---

[473] Faller, *Ambrosius* 7,4*.

L	Lucensis bibliothecae capitularis B. Martini Lucensis
M	Monacensis bibliothecae nationalis lat. 8113
N	Saresburiensis bibliothecae cathedralis 140
R	Ravennas archivi archiepiscopalis
O	Gothanus membranus I 60
S	S. Pauli in Carinthia 1/1
Turon.	Turonensis lat. 265
W	Vaticanus bibliothecae antiquae lat. 5760
V	Vaticanus bibliothecae antiquae lat. 267
Z	Vaticanus bibliothecae antiquae lat. 264

2. Handschriftengruppen

Φ	Konsens der Codices UAT und O
Ω	Consens der Codices gegen R

3. Frühere Editionen

a   (Amerbach-Edition:) *Omnia quotquot extant Divi Ambrosii episcopi Mediolanensis opera / primum per Des. Erasmum Roterodamum, mox per Sig. Gelenium, deinde peralios eruditos viros diligenter castigata. Nunc vero postremum per Joannem Costerium ... emendata,* 2 Bde., Basel 1492.

m   (Mauriner-Edition:) *Sancti Ambrosii Mediolanensis episcopi Opera: ex editione Romana; sacrae scripturae contextum, ad faciliorem lectorum intelligentiam, ex ipsa Sancti Doctoris lectione, et ex LXX interpretum,quos potissimum sequitur, translatione erutum, complectente ...; omnia adveterum manuscriptorum et emendatorum codicum excusorum fidem summa curaexaminata, et aliorum patrum lectione, pristinae integritati ac puritatireddita,* 5 Bde., Paris 1680.

4. Allgemeine Abkürzungen im Apparat[474]

a.c.	ante correctionem
Chalc.	Concilium Chalcedonense 451, zitiert nach ACO
Copl.	Concilium Constantinopolitanum II 553, zitiert nach ACO
Eph.	Concilium Epesinum 431, zitiert nach ACO
eqs.	et quae sequuntur
ex.	exempla selecta contuli(t)
Fa.	Faller
im.phot.	imago photographica (imagine photographica)
ind.	index (indicem)
i.q.	idem quod
Lat.	Concilium Lateranense 649, zitiert nach ACO
man.post.	manu posterioris aetatis
p.c.	post correctionem

---

[474] Um der besseren Vergleichbarkeit willen wurden Zitierweise und Abkürzungen des von FALLER übernommenen textkritischen Apparates, die nicht den Richtlinien der Fontes Christiani entsprechen, beibehalten

TEXT UND ÜBERSETZUNG

AMBROSIUS MEDIOLANENSIS

DE FIDE LIBRI
[AD GRATIANUM]

LIBER PRIMUS

1.1 Regina Austri venit audire sapientiam Solomonis, ut in
libro Regnorum legimus. Hiram quoque rex ad Solomonem misit, ut cognosceret eum. Tu quoque, sancte imperator Gratiane, veteris imitator historiae, fidem meam audire voluǀisti. Sed non ego Solomon, cuius mirere sapientiam;

PUAKD Φ (UAO) Lm2VZ SMCWO def. RET
Incipit (*rubr.*) ambrosi de fide (*rubr.*) liber I *P* Incipit liber sancti ac beatissimi ambrosii orthodoxi episcopi de trinitate ad gratianum imperatorem *U* Incipit Liber Sancti ambrosii ad gratianum imperatorem *A* Incipit liber ambrosi episcopi ad gratianum de fide dei *K* De fide contra arrianos beati ambrosii episcopi ad gratianum imperatorem libri II. Incipit liber primus *D* Hic sunt tractatus sancti episcopi Ambrosii libri numero VIII. De fide libri V. De Spiritu Sancto libri tres. Tytuli libri primi. I Expositio fidei. II De deo uno. III Expositio dogmatis arriani. IIII Non esse dissimilem patris filium dei. V De sempiterno dei filio. VI Non esse creaturam dei filium. VII Definitio patrum de fide. VIII Expositio arrii. Tytuli libri secundi. I Nemo bonus nisi unus deus. II De vero et bono deo dei filio. III De omnipotente dei filio. IIII De domino maiestatis. Tytuli libri tertii. I Et tu puer propheta altissimi vocaberis. praeibis enim ante faciem domini parare vias eius. II Cum deum scriptura dicit sine adiectione patris aut filii. interdum filium designari. III Quod secundum carnem factus legitur dei filius. non secundum divinam generationem. IIII De eo quod scriptum est. post me venit vir qui ante me factus est. quia prior me erat. V Dixit enim et facta sunt. mandavit et creata sunt. VI De uno eodemque regno, patris et filii. VII De unitate maiestatis. VIII Quod unius sit filius cum patre substantiae. Tytuli libri quarti. I De eo quod scriptum est. omnis viri caput Christus est. caput autem mulieris vir. caput Christi deus. II De eo quod scriptum est. ut sint unum. sicut et nos unum sumus. ego in his et tu in me.
5 sapientia *Pa.c.m2* ǀ solomonis *PK* (*cf. prol. 4,1*) ǀ ut *om. CA* ǁ 6 hyra *C* chyram *P* chiram *AD* ǁ 6–7 solomonem *PK* salomon *W* ǁ 7 et tu *D* ǀ sanctissime *K* ǁ 8 imitator *bis Pa.r.* ǀ storiae *Pa.c. m2* ǁ 9 solomon *PKW* ǀ miraris *Sp.c.KN* Φ*ам* mirare *P* miraris *C* misere *W*

AMBROSIUS VON MAILAND

ÜBER DEN GLAUBEN
[AN GRATIAN][1]

BUCH I

1.1 „Die Königin des Südens kam, die Weisheit Salomos zu hören" (Mt 12, 42; vgl. 1 Kön 10, 1–13), wie wir im Buch der Könige lesen. Auch König Hiram schickte Boten zu Salomo, um ihn kennenzulernen (vgl. 1 Kön 5, 15). Ebenso hast Du, heiliger Kaiser Gratian[2], als Nachahmer der alten Geschichte gewünscht, meinen Glauben zu hören. Aber ich bin nicht Salomo, dessen Weisheit Du bewunderst,

---

[1] Nach den beiden ältesten Handschriften aus dem fünften Jahrhundert lautet der Titel des Werkes: *De fide*. Die frühmittelalterlichen Handschriften präzisieren diese knappe Angabe und ergänzen die Titel verbreiteter antiarianischer Schriften, indem sie auch den Adressaten des Textes nennen: *liber sancti ac beatissimi ambrosii orthodoxi episcopi de trinitate ad gratianum imperatorem* (*Vaticanus lat.* 266, 9. Jahrhundert); *incipit liber ambrosi episcopi ad gratianum de fide dei* (*Coloniensis bibliothecae capituli cathedralis* 33, 9. Jahrhundert) oder *De fide contra arrianos beati ambrosii episcopi ad gratianum imperatorem libri II* (*Parisinus B.N. lat.* 1745, 10. Jahrhundert).
[2] Für die schon vorchristliche Anrede *sancte imperator* vgl. HILTBRUNNER, *Die Heiligkeit des Kaisers* 1–30, insbesondere 3f (pagane Belege aus dem 2./3. Jahrhundert) und 15f (zum Bedeutungsunterschied *sacer* und *sanctus* in der Anwendung auf den Monarchen): Ambrosius verwendet den im Vergleich zum eingeführten *sacratissimus imperator* schwächeren Ausdruck.

neque tu unius gentis, sed totius orbis Augustus fidem libello exprimi censuisti, non ut disceres, sed probares.

1.2 Quid enim discas, imperator auguste, quam ab ipsis incunabulis pio | fovisti semper adfectu? „Priusquam te", inquit, „formarem in utero matris tuae, novi te, et priusquam exires de vulva, sanctificavi te." Ergo sanctificatio non traditur, sed infunditur. Et ideo divina dona custodi! Quod enim nemo te docuit, utique deus auctor infudit.

PUAKD Φ (UAO) Lm2 VZ SMCWO def. RET
III Non potest filius a se facere quicquam. nisi quod viderit facientem patrem. IIII De eo quod dicunt filium patri aequalem esse non posse. quia pater generavit. et filius non generavit V Contra id quod dicunt. erat quando non erat. et antequam generaretur non erat. aut si erat. cur natus est? VI De eo quod obiciunt proponentes. utrum volens an invitus generaverit pater filium. VII Sicut misit me vivus pater. et ego vivo propter patrem. et qui manducat me. et ipse vivet propter me. VIII Ex patre omnia. et per filium omnia. et in ipso omnia. VIIII Quod vitem se filius secundum incarnationem dixerit. Tytuli libri quinti. I De eo quod scriptum est. ut cognoscant te solum verum deum esse et quem misisti iesum Christum. II Verum deum esse Christum. III Solus deus cum dicitur etiam Christum significari. IIII De eo quod dominus dicit. vos adoratis quod nescitis. nos adoramus quod scimus. V De eo quod scriptum est. calicem quidem meum bibetis. sedere autem ad dexteram meam vel ad sinistram. non est meum dare vobis. sed quibus paratum est a patre meo. VI Et dilexisti eos sicut et me dilexisti. VII de eo quod obiciunt a patre filium missum. VIII De eo quod scriptum est. confiteor tibi pater domine caeli et terrae. VIIII Si ego clarificavero me ipsum. claritas mea nihil est. X Qui in me credit. non credit in me. sed in eum qui misit me. XI. Si ego testimonium perhibeo de me ipso. testimonium meum non est verum. XII Sicut dixit mihi pater ita loquor. XIII De eo quod scriptum est. cum autem subiecta illi fuerint omnia. tunc et ipse subiectus erit illi qui sibi subiecit omnia ut sit deus omnis et in omnibus. XIIII De die autem illa et hora nemo scit. neque angeli caelorum. neque filius. nisi pater solus. Expliciunt Tytuli. Incipit liber primus. De Fide. *L m2, qua suppleta sunt folia 1-5, iam tum deleta in L m 1*
Liber sancti ambrosii ad gratianum imperatorem de fide (*et post epistulam Gratiani, de qua cf. De Spir. I:*) Incipit de fide liber primus sancti ambrosii episcopi V Incipiunt capitula libri primi. I. Expositio fidei. II. De deo uno. III. Expositio dogmatis arriani. IIII. Non esse dissimilem patris
1 gentis] *add.* rex *in mg.* C | sed totius orbis *spat. vac. rel. om.* C | fidem meam *Lm2* || 2 disceres] doceres *Sa. c.m2* docereris *Sp.c.* | sed] *add.* ut DΦ*am* || 4 fovisti] novisti *S* fuisti *K, MPr.a* || 6 sanctificatio ergo Φ*am* || 7 dona *om.* V bona *K* custodi dona *Lm2Z*

und Du bist auch nicht Augustus eines Volkes, sondern des ganzen Erdkreises[3]. Du hast bestimmt, den Glauben in einem Büchlein darzustellen, nicht um zu lernen, sondern um zu prüfen.

1.2 Was könntest Du nämlich über den Glauben lernen, erhabener Kaiser, den Du ganz von Anfang an stets mit frommer Anteilnahme begünstigt hast? Es ist gesagt: „Bevor ich Dich im Mutterleibe geformt habe, kannte ich Dich, und bevor Du aus dem Mutterschoß gekommen bist, habe ich Dich geheiligt" (Jer 1,5*). Also wird Heiligung nicht vermittelt, sondern eingegossen. Und darum bewahre die göttlichen Geschenke! Was nämlich niemand Dich gelehrt hat, hat gewiß Gott als Handelnder eingegossen.

---

[3] Diese Anrede *(augustus totius orbis)* kam GRATIAN während seiner ganzen Regierungszeit zu, weil jedes Mitglied des Kaiserkollegiums die ganze, ungeteilte Kaiserwürde repräsentierte. Für die Datierung darf dieser Titel also nicht ausgewertet werden; vgl. MARKSCHIES, *Ambrosius von Mailand und die Trinitätstheologie* 167–172 mit Anm. 463 und 487.

1.3 Petis a me fidei libellum, sancte imperator, profecturus ad proelium. Nosti enim fide magis imperatoris quam virtute militum quaeri solere victoriam. Nam et Abraham trecentos decem et octo duxit ad bellum et ex innumeris tropaea hostibus reportavit signoque domini- 5 cae crucis et nominis quinque regum victriciumque turmarum subacto robore et ultus est proximum et filium meruit et triumfum. Iesus quoque, filius Nave, hostes, quos totius exercitus manu valida superare non poterat, septem tubarum sacerdotalium sono | vicit, ubi ‚ducem militiae cae- 10 lestis‘ agnovit. Ergo et tu vincere paras, qui Christum adoras, vincere paras, qui fidem vindicas, cuius a me libellum petisti.

PUAKD Φ (UAO) Lm2VZ SMCWO def.RE
filium dei. V. De sempiterno dei filio. VI. Non esse creaturam dei filium. VII. Definitio patrum de fide. VIII. Expositio arrii. Incipit liber sancti ambrosii archiepiscopi ad gratianum imperatorem de fide *Z*
IIII^{or} Libri sancti ambrosi episcopi ad agustum(*!*) imperatore(*!*) de fide cath. *S* Ambrosii de fide et de incarnatione libri VIIII *M* In nomine domini incipit liber sancti ambrosii ad gratianum imperatorem contra arrianos. I.iber primus *C* Liber fidei primus sancti ambrosii ad gratianum imperatorem *W* episcopi mediolanensis ambrosii de fide ad gratianum augustum *O De tabula titulorum in reliquia codd. cf. Prol. cap. 4,7*
1 petes *P* | libellum fidei *S* ‖ 2 fidem magis] *add.* auguste *Pa.c.* | imperator *P* imperatore (*s. e alt. ras.*) *S* imperatores *COa* imperator plus *V* ‖ 3 quaeri *om. V* ‖ 5 trophea *C* | de hostibus *C* hostium *S* | signo quoque *Lm2Z* ‖ 7 filium] fratris filium *Vp.c.m* filium fratris *Lm2,* (fratris *s. l.*) *Z cf. adn. font.* ‖ 9 manus *N* ‖ 11 qui] quia (*bis*) *C*

---

[4] Ambrosius verwendet den Ausdruck *profecturus ad proelium* noch einmal, um einen Moment unmittelbar vor einer Schlacht zu beschreiben: *pater eius profecturus ad proelium voverat* (*obit. Valent.* 49 [CSEL 73, 353]; das ist JIFTACH in Ri 11, 30); vgl. auch *in Luc.* 9, 18 (CCL 14, 337).

DE FIDE 1 PROLOGUS 1,3

1.3 Du bittest mich um ein Büchlein über den Glauben, heiliger Kaiser, während Du dabei bist, in den Krieg zu ziehen[4]. Du weißt nämlich, daß man eher durch den Glauben des Kaisers als durch die Tapferkeit der Soldaten den Sieg zu erringen pflegt. Denn auch Abraham führte dreihundertachtzehn Männer zum Krieg und brachte die Trophäen unzählbarer Feinde heim, durch das Zeichen des Kreuzes und den Namen des Herrn überwand er die Kraft von fünf Königen und siegreichen Scharen, rächte seinen Verwandten[5] und verdiente sich einen Sohn und den Triumph (vgl. Gen 14, 14–16)[6]. Auch Josua, der Sohn Nuns, besiegte Feinde, die er mit der geballten Kraft seines Heeres nicht überwinden konnte, durch den Ton von sieben priesterlichen Posaunen, sobald er ‚den Führer des himmlischen Heeres' anerkannt hatte (vgl. Jos 6, 6–21).[7] Also bereitest auch Du Dich zum Siegen vor, der Du Christus verehrst, bereitest Dich zum Siegen vor, der Du den Glauben beschützt, über den Du von mir ein Büchlein erbeten hast.

---

[5] Der „Verwandte" ist auf der Bildebene ABRAHAMS Bruder LOT (Gen 14, 12.14), auf der angespielten Sachebene der römische Kaiser VALENS, der am 9. August 378 im Kampf gegen die Goten bei Adrianopel fiel. GRATIAN war Sohn seines Bruders VALENTINIAN I., der von 363 bis 375 regierte.
[6] Vgl. für die Allegorese der Zahl 318 Ambrosius, *fid.* 1, 18, 121, unten 236f; *spir.* 1 prol. 5 (CSEL 79,17), und 1,14,147 (CSEL 79,77); *Abr.* 1,3,15 (CSEL 32/1,513); 2,7,42 (CSEL 32/1,597); *Noe* 33,123 (CSEL 32/1,495); CLEMENS VON ALEXANDRIEN, *str.* 6, 84 (GCS 473), und weitere Belege bei MARKSCHIES, *Ambrosius von Mailand und die Trinitätstheologie* 22 Anm. 56, sowie RAHNER, *Antenna Crucis* V 385–410, sowie ders., *Griechische Mythen* 66–73.
[7] *Fid.* 1,5,127, unten 166f.

1.4 Mallem quidem cohortandi ad fidem subire officium quam de fide disceptandi; in altero enim religiosa confessio est, in altero incauta praesumptio. Sed quoniam neque tu cohortatione indiges neque ego excusandi liber, ubi pietatis officium est, audax negotium verecunda occa- 5 sione suscipiam, ut de fide pauca disceptem, de testimoniis plura contexam.

1.5 De conciliis id potissimum sequar, quod trecenti decem et octo sacerdotes tamquam Abrahae electi iudicio consona fidei virtute victores velut tropeum, toto orbe 10 subactis perfidis, extulerunt, ut mihi videatur hoc esse divinum, quod eodem numero in conciliis fidei habemus oraculum, quo in historia pietatis exemplum.

PUA, a l. 2 de T,KD Φ (UATO) Lm2VZ SMCWO def. RE
1 officia *D* ‖ 2 de om. *Sa.c.m2 hic incip. T* | 3 est om. *S* ‖ 4 cohortationem *Mp.c.C* | indigens *A* deges *Sa.c.m2* | liber] libertatem *Sa.c.K* libertate *Sp.c.C* ‖ 8 sequor *W* ‖ 8–9 CCC. XVIII *Z* ‖ 9 lecti *SVD* ‖ 10 tropheum (trophaeum) *COam* ‖ 12 consiliis *K* | habeamus *Lm2* ‖ 13 quo] quot *C* quod *UKM*

---

[8] Fruchtlose Diskussionen verwirft Ambrosius auch in *Abr.* 2,6,27 (CSEL 32/1,583); 9,61 (CSEL 32/1,614); *in Luc.* 2,42 (*ipsi philosophi [...] qui totos dies in disputatione consumunt* [CCL 14,50]); 4,76 (*cedunt disputationes hominum, fide plebis sua credit* [CCL 14,134]); 5,44 (*ut veritatis ratio, non disputationis gratia praevaleret* [CCL 14,150f]); 5,82 (CCL 14,162); 7,51 (*cave igitur versutae disputationis venena* [231,504f]); vgl. auch *fid.* 1,5,41, unten 166f; 5,3,41, unten 618–621, sowie 5,8,104, unten 666f. — Das Verb *disceptare* verwendet Ambrosius, um zeitlich oder inhaltlich begrenzte Diskussionen zu beschreiben (Ambrosius, *epist. conc. Aquil.* 2f.5 [CSEL 82/3,317–319]).
[9] Dieses Verfahren mag unter anderem auch mit dem Charakter der homöischen Theologie zusammengehangen haben, den BRENNECKE,

1.4 Ich wollte lieber die Pflicht auf mich nehmen, zum Glauben zu ermahnen, als über den Glauben zu disputieren[8]; im einen ist nämlich frommes Bekenntnis, im anderen unsichere Vermutung. Aber weil weder Du eine Ermahnung brauchst noch ich die Freiheit habe, mich aus der Verantwortung zu ziehen, wenn es um die Pflicht der Frömmigkeit geht, werde ich die ehrwürdige Gelegenheit zum Anlaß nehmen, das kühne Unternehmen in der Weise anzugehen, daß ich einerseits zwar nur wenige Aussagen über den Glauben zum Gegenstand der Erörterung mache, andererseits aber sehr viele Schriftzeugnisse zusammenstelle[9].

1.5 Von den Konzilien will ich hauptsächlich das befolgen, was die dreihundertachtzehn Priester wie die durch das Urteil Abrahams Ausgewählten mit übereinstimmender Kraft des Glaubens als Sieger wie ein Siegeszeichen davongetragen haben, nachdem die Ungläubigen auf der ganzen Welt unterworfen worden waren[10], so daß mir göttlich zu sein scheint, daß wir durch dieselbe Zahl in den Konzilien des Glaubens eine Weissagung haben, durch die ein Beispiel der Zuverlässigkeit Gottes in der Geschichte vorliegt.

Geschichte der Homöer 204 Anm. 158, als „schlichten Biblizismus" bezeichnet hat — zu diesem Thema siehe auch MARKSCHIES, *Ambrosius von Mailand und die Trinitätstheologie* 45 (Literatur).

[10] Gemeint ist das nicaenische Konzil — für die Zahl und Überlieferung der Teilnehmer vgl. das Nachwort von MARKSCHIES zu: *Patrum Nicaenorum Nomina* 267–291 (insbesondere 271–277).

Expositio fidei

1.6 Adsertio autem nostrae fidei haec est, ut unum deum esse dicamus neque ut gentes filium separemus neque | ut Iudaei natum ex patre ante tempora et ex virgine postea editum denegemus neque ut Sabellius patrem confundamus et verbum, ut eundem patrem adseramus et filium, neque ut Fotinus initium fili ex virgine disputemus neque ut Arrius plures credendo et dissimiles potestates plures deos gentili errore faciamus, quia scriptum est: „Audi Istrahel, dominus deus tuus dominus unus est."

1.7 ‚Deus' enim et ‚dominus' nomen magnificentiae, nomen est potestatis, sicut ipse dicit: „‚Dominus' nomen est mihi", et sicut alibi propheta adserit: „‚Dominus omnipotens' nomen est ei." ‚Dominus' ergo et ‚deus', vel quod dominetur omnibus vel quod spectet omnia et timeatur a cunctis.

PUATKD Φ *(UATO) Lm2VZ SMCWO def. RE*
1 expositio fidei *om. SCWN* || 2 fidei nostrae Φ*a*, (*add.* I *vel* cap. I., cap. primum, *vel simil.*) *Lm2Z*Φ*a* | deum] dominum *KD* || 3 dicamus] credamus *V* | gentiles *S* || 6 ut *om. D* || 9 gentiles *W* || 10 dominus] deus *NW*Φ*am, om. Lm2Z* || 11 magnificentiae] naturae *P* est magnificentiae *Z* magnificentiae naturae *D* || 12–13 est *pr.*] *add.* et *Dm2* || 13 mihi est *Oa* || 13–14 omnipotens] *add.* dominus *alt. V*

---

[11] Hier werden nun mit der „Trennung" und „Vermischung" zwei klassische Häresien oder präziser häresiologische Klischees des vierten Jahrhunderts erwähnt und vor dem Hintergrund der philosophischen Vorstellung von der „unvermischten" beziehungsweise „unzusammengeschütteten Einheit" (ABRAMOWSKI, συνάφεια *und* ἀσύγχυτος ἕνωσις) die orthodoxe Lösung profiliert. Dieses Verfahren ist traditionell, vgl. dazu zum Beispiel ATHANASISUS VON ALEXANDRIEN, *ep. Serap.* 1,28 (PG 26, 596), oder auch GREGOR VON NYSSA, *tres dii* (40 MÜLLER); zum Terminus *separare* MORESCHINI, *Il liguaggio* 357.
[12] Hier ist natürlich das ἀνόμοιος der Anhomöer gemeint.
[13] Zur Verwendung dieser Bibelstelle in den trinitätstheologischen Auseinandersetzungen vgl. zum Beispiel SIMONETTI, *La crisi* 505. Sowohl für lateinische wie griechische Autoren handelt es sich um eine zentrale

Darstellung des Glaubens

1.6 Grundsatz unseres Glaubens ist, daß wir sagen, daß es einen einzigen Gott gibt, und wir weder wie die Heiden den Sohn abtrennen[11] noch wie die Juden leugnen, daß er aus dem Vater vor der Zeit gezeugt und später aus der Jungfrau geboren ist, noch wie Sabellius den Vater und den Logos vermischen, so daß wir erklären, Vater und Sohn seien derselbe, und wir behaupten weder wie Photin die Herkunft des Sohnes aus der Jungfrau, noch machen wir, indem wir wie Arius an mehrere und einander unähnliche[12] Kräfte glauben, diese entsprechend dem heidnischen Irrtum zu Göttern, weil geschrieben steht: „Höre Israel, der Herr Dein Gott ist ein einziger Gott" (Dtn 6,4*)[13].

1.7 ‚Gott' nämlich und ‚Herr' sind Namen für die Majestät, Namen für die Macht, wie er selbst sagt: „‚Herr' ist mein Name" (Jes 42,8*) und wie an anderer Stelle ein Prophet erklärt: „‚Allmächtiger Herr' ist sein Name" (Am 5,27). ‚Herr' also heißt es und ‚Gott', sei es, weil er alles beherrscht oder weil er alles sieht (θεᾶσθαι) und von allen gefürchtet wird[14].

---

antiarianische Belegstelle: HILARIUS VON POITIERS zitiert sie in seiner Schrift *De trinitate* beispielsweise achtzehnmal (dazu jetzt *Biblia Patristica* 6,63; für Ambrosius vgl. auch MARKSCHIES, *Ambrosius von Mailand und die Trinitätstheologie* 206); auch GREGOR VON NYSSA benutzt sie an wichtigen Stellen seiner kleinen trinitätstheologischen Traktate (*Biblia Patristica* 5,170).

[14] An der Etymologie θεός – θεᾶσθαι zeigt sich, daß Ambrosius für diese Passage auf eine griechische Quelle zurückgriff oder eine solche mindestens im Sinn hatte. FALLER, *Ambrosius* 8,7, erwägt SERVIUS GRAMMATICUS, *Aen.* 12,139 (2,591 THILO), und verweist auf ThesLL 5/1,855. — Freilich gibt SERVIUS, der um 400 n. Chr. lebte, in seinem Kommentar eine andere Etymologie: *deus autem vel dea generale nomen est omnibus: nam quod graece* δέος, *latine timor vocatur, inde deus dictus est, quod omnis religio sit timoris* (2,591 THILO).

1.8 Si ergo unus deus, unum nomen, potestas una est trinitatis. Denique ipse dicit: „Ite, baptizate gentes in nomine patris et fili et spiritus sancti",„in nomine' utique, non, in nominibus'.

1.9 Ipse etiam dicit: „Ego et pater unum sumus." „Unum" dixit, ne fiat discretio potestatis, „sumus" addidit, ut patrem filiumque cognoscas, ut perfectus pater perfectum filium genuisse credatur et pater ac filius unum sint non confusione, sed unitate naturae.

De deo uno

1.10 Unum ergo deum, non duos aut tres deos dicimus, ut impia Arrianorum heresis, dum criminatur, incurrit. Tres enim deos dicit, qui divinitatem separat trinitatis, cum dominus dicendo: „Ite, baptizate gentes in nomine patris et fili et spiritus sancti" unius esse trinitatem potestatis ostenderit. Nos patrem et filium et spiritum sanctum confitemur, ita ut in trinitate perfecta et plenitudo sit divinitatis et unitas potestatis.

PUATKD Φ *(UATO) Lm2VZ SMCWO def. RE*
1 nomen] *add.* una Φ*a* | potestatis *Z* | 2 trinitas *TWZOa* | et ipse *C* | dixit *Lm2* | baptizantes *(om.* gentes) *T* | omnes gentes *W* ‖ 6 potestatis] *add.* et naturae m ‖ 7 ut *alt. PS* quo *O* a quos *N* quod *cet.* m ac] et *Oam* ‖ 9 confusione] *add.* personae m *add.* de deo uno *(cf. l. 10) K* ‖ 10 De deo uno *om. D (u. t. PCW)* de uno deo Φ (de uno *i.r.) (u. t. M), add.* II (cap. II) *Lm2ZOa* ‖ 13 qui] cum *C* ‖ 14 baptizantes *(om.* gentes) *T* | omnes gentes *Z* ‖ 15 trinitatis (is *i. r. m2)* | potestatem *S* potestatis trinitatem *Z* ‖ 16 sanctum spiritum *PD*

---

[15] Der eine Gott existiert nicht in einer Vermischung (griech.: μίξις) von Naturen (griech.: φύσεις), sondern in ihrer „unzusammengeschütteten Einheit" (griech.: ἀσύγχυτος ἕνωσις); derartige Argumentationen finden sich häufig in der zeitgenössischen griechischen Trinitätstheologie, etwa bei GREGOR VON NYSSA, *Eun.* 1, 232 (95 JAEGER); ausführlich jetzt zu diesem Thema: MARKSCHIES, *Kappadozische Trinitätstheologie* 196–237.

[16] ARIUS lehrt nach einem Brief an seinen alexandrinischen Ortsbischof ALEXANDER (circa 320 n. Chr.) τρεῖς ὑποστάσεις (Urkunde 6, 4 [OPITZ]).

1.8 Wenn also Gott ein einziger ist, dann hat die Trinität einen Namen und eine Kraft. Schließlich sagt er selbst: „Geht und tauft die Völker im Namen des Vaters und des Sohnes und des Heiligen Geistes" (Mt 28,19*), also ‚im Namen', nicht ‚in den Namen'.

1.9 Er selbst sagt auch: „Ich und der Vater sind eins" (Joh 10,30). „Eins", sagt er, damit nicht eine Unterscheidung hinsichtlich der Macht entsteht; „sind wir" fügt er hinzu, damit man den Vater und den Sohn erkennt, damit man glaubt, daß der vollkommene Vater den vollkommenen Sohn gezeugt hat und der Vater und der Sohn doch eines sind, nicht durch Vermischung, sondern durch Einheit der Natur[15].

Über den einen Gott

1.10 Wir sprechen also von einem Gott, nicht von zweien oder dreien — soweit hat es die gottlose Häresie der Arianer mit ihren Verleumdungen kommen lassen! Der nämlich spricht von drei Göttern, der die Gottheit der Trinität trennt[16], obwohl der Herr mit den Worten „Geht und tauft die Völker im Namen des Vaters und des Sohnes und des Heiligen Geistes" (Mt 28,19*) zeigt, daß die heilige Trinität eine Kraft ist. Wir bekennen den Vater und den Sohn und den Heiligen Geist, so daß in der vollkommenen Trinität sowohl die Fülle der Gottheit als auch die Einheit der Macht ist.[17]

Da er aber abweist, daß der Sohn ein μέρος ὁμοούσιον des Vaters sei (Urkunde 6, 3 [OPITZ]), lag (und liegt) der Tritheismus-Vorwurf nahe. Freilich argumentierte auch die homöische Theologie mit dem Vorwurf, die nicaenische Theologie würde *tres omnipotentes deos* lehren, vgl. PALLADIUS VON RATHIARIA, *c. Ambr.* 83 (fol. 345ᵛ, 2 – 345ᵛ, 34 [CCL 87, 189f]); zum historischen Kontext MARKSCHIES, *Ambrosius von Mailand und die Trinitätstheologie* 127–130.

[17] Diese Argumentation mit dem Taufbefehl könnte Ambrosius von ATHANASIUS VON ALEXANDRIEN übernommen haben (*ep. Serap.* 1,28 [PG 26,596]).

1.11 „Omne regnum in se divisum facile destruetur": dominus hoc dicit; non ergo divisum est regnum trinitatis. Si ergo divisum non est, unum est; quod autem unum non est, divisum est. Tale ergo regnum esse cupiunt trinitatis, quod divisione sui facile destruatur. Immo quia non potes destrui, constat non esse divisum. Non enim dividitur unitas nec inciditur et ideo nec corruptelae subditur nec aetati.

2.12 „Non quicumque", inquit, „mihi dicit ‚domine', ‚domine', intrabit in regnum caelorum." Non ergo perfunctoria fides debet esse, imperator auguste; scriptum est enim: „zelus domus tuae comedit me." Itaque fideli spiritu et mente devota Iesum dominum invocemus, deum esse credamus, ut ‚in | nomine eius quidquid a patre petimus, inpetremus'; pater enim se per filium vult rogari, filius vult rogari patrem.

2.13 Concordat pietatis gratia nec virtutis facta discordant; „quaecumque enim pater fecerit, eadem et filius facit similiter." Et similiter facit et eadem facit filius, sed vult rogari patrem in eo, quod ipse facturus est, ut non inpossibilitatis indicium, sed unitatem pietatis agnoscas. Iure igitur

---

PUATKD Φ *(UATO) Lm2VZ SMCWO def. RE*
1 in se ipso *Oa* | destruitur *Dm1Lm2C* ‖ 3 ergo *om. Oa* | autem] enim *m* ‖ 6–7 inciditur] scinditur *N*Φ*am* ‖ 8 inquit *om. S* | mihi dicit] qui dicit mihi *Oa* | domine *alt.*] *add.* ipse *P* ‖ 12 et deum *S* ‖ 14 se per] semper *CU, Aa.r.TKD* se per *W* si per *Oa* | per filium se *N* | filius vult rogari *om. T* ‖ 16 fecerit] facit Φ*am* ‖ 17 similiter *om. D* | et *pr.* – filius *om. KW* ‖ 18 rogare *Tp.c.m2* | uti *TNm* ‖ 19 pietatis] potestatis Φ*am*

---

[18] Vgl. Ambrosius, *Abr.* 2,66 (CSEL 32/1,621); *Ioseph* 3,18 (CSEL 32/2,85); *paenit.* 2,4,21 (CSEL 73,172), sowie *fid.* 3,12,92, unten 426–429, und *spir.* 3,20,156 (CSEL 216).
[19] Angesprochen werden die Arianer (beziehungsweise historisch richtiger: die Homöer). Allerdings hat Ambrosius seinen Hörern (beziehungsweise seinem Leser) noch nicht gesagt, gegen wen er sich hier genau wendet.
[20] Das lateinische *similiter* könnte man auch im Sinne eines „ähnlich" (griechisch: ὅμοιος) verstehen, wie der Kommentar des BOETHIUS zu der Einführung des PORPHYRIUS in die Kategorienschrift des ARISTOTELES

1.11 „Jedes Reich, das in sich geteilt ist, wird leicht zerstört" (Mt 12,25*)[18]: Der Herr hat dies gesagt, also ist das Reich der Trinität nicht geteilt. Wenn es aber nicht geteilt ist, ist es eins; was aber nicht eins ist, ist geteilt. Sie[19] wollen also, daß das Reich der Trinität so beschaffen ist, daß es leicht durch Teilung zerstört werden kann. Da es vielmehr überhaupt nicht zerstört werden kann, steht fest, daß es nicht teilbar ist. Denn Einheit läßt sich nicht zerteilen und auch nicht zerschneiden und ist daher weder dem Vergehen noch der Zeit unterworfen.

2.12 „Nicht jeder", sagt er, „der mich ‚Herr', ‚Herr' nennt, wird in das Königreich der Himmel hineinkommen" (Mt 7,21*). Glaube darf also nicht leidenschaftslos sein, erhabener Kaiser, es steht nämlich geschrieben: „Der Eifer um Dein Haus verzehrt mich" (Joh 2,17; vgl. Ps 69,10: Ps 68,10 LXX). Daher laßt uns mit gläubigem Geist und demütigem Sinn Jesus als Herrn anrufen, laßt uns glauben, daß er Gott ist, so daß wir ‚alles erwirken, was wir in seinem Namen vom Vater erbitten'; der Vater will nämlich, daß er durch den Sohn gebeten wird, der Sohn will, daß der Vater gebeten wird.

2.13 Dazu paßt die Gnade der Güte, und die Taten der Kraft weichen nicht ab: „Was auch immer der Vater getan hat, dasselbe tut auch der Sohn in gleicher[20] Weise" (Joh 5,19*). Der Sohn handelt in gleicher Weise und tut dasselbe wie der Vater, aber er will, daß der Vater in dem, was er selbst zu tun gedenkt, gebeten wird, damit man darin nicht ein Zeichen seiner Unfähigkeit, es tatsächlich zu tun, sondern die Einheit der Güte erkennt. Mit Recht also

---

zeigt (*in Porph. comm.* 5,4 [CSEL 48,296], beziehungsweise 5,17 [CSEL 48,333 mit Register 412]). Ambrosius versteht es hier aber im Sinne des griechischen ἐπ' ἴσης, „in gleicher Weise". Auch für diese Bedeutung findet sich eine Parallele bei BOETHIUS, *in Porph. comm.* 2,15 (CSEL 48,113: τὸ ἐπίση). Man wird also sagen müssen, daß Ambrosius eine Bibelübersetzung verwendete, die im Konflikt mit den Homöern außerordentlich mißverständlich war.

adorandus adque venerandus est dei filius, qui mundum divinitate sua condidit et nostrum pietate sua informavit adfectum.

2.14 Et ideo bonum deum, sempiternum, perfectum, omnipotentem, verum debemus credere, ut in lege accepimus et prophetis scripturisque divinis ceteris, quia sine his deus non est. Non potest enim bonus non esse, qui deus est, cum in natura dei plenitudo bonitatis sit. Neque ex tempore deus potest esse, qui fecit tempora. Neque inperfectus deus potest esse; qui enim minor est, inperfectus utique est, cui desit aliquid, quo maiorem possit aequare. Haec igitur fidei praedicatio: Deus malus non est, deo inpossibile nihil est, deus temporalis non est, deus minor non est. Si fallor, redarguant.

2.15 Quia igitur deus Christus, et bonus utique et omnipotens et sempiternus et perfectus et verus est. Haec enim in natura divinitatis sunt. Aut igitur negent naturam divinitatis in Christo aut, quae divinae naturae sunt, deo negare non possunt.

2.16 Certe ne quis possit errare, sequatur ea, | quibus scriptura sancta, ut intellegere possumus, filium significavit. Verbum dicitur, filius dicitur, dei virtus dicitur, dei filius dicitur, dei sapientia. Verbum, quia inmaculatus, virtus, quia perfectus, filius, quia genitus ex patre, sapientia, quia ‚unum cum patre‘,

---

PUATKD Φ (*UATO*) *Lm2VZ SMCWO def. RE, a l. 12* (praedica)tio *T*
6 ceteris *om. V* ‖ 7 qui] quia *P* ‖ 8 cum] qui *T* | sit *om. Lm2* ‖ 9 potest inp. deus *codd.⟩ P* ‖ 10 est *pr. om. S* ‖ 11 quo] qui *S* | maiori *Pp.c.TMm* | aequari *Wm* | fidei *om. PD* ‖ 12 praedicatio] definitio *P* | (praedica)tio – § 5.37 fecit *om. T* ‖ 13 fallo *Sp.r.Ua.c.m2W* ‖ 14 et bonus est *Lm2* ‖ 15 est *om. UA* ‖ 20 possimus *DVWMm* possemus *K* | significavit] definivit *P* ‖ 21 dicitur *pr.*] *add.* dei *W* | filius – 22 sapientia] deus sapientia *K* | filius *om. Z* | dei virtus dicitur *om. C* | dei filius *om. C*Φ*am* | dei filius] *add.* verbum dicitur *W* dicitur *bis VD* dicitur *post* | 21–22 sapientia *DC*

ist der Sohn Gottes anzubeten und zu verehren, der das Weltall durch seine Gottheit gegründet und unser Wesen durch seine Güte gestaltet hat.

2.14 Und daher müssen wir an den guten Gott glauben, den ewigen, vollkommenen, allmächtigen und wahren, wie wir es im Gesetz, den Propheten und den übrigen göttlichen Schriften überliefert bekommen haben, weil ohne diese Eigenschaften Gott nicht Gott ist. Denn der, der Gott ist, kann keinesfalls nicht gut sein, weil in der Natur Gottes die Fülle des Guten liegt. Und es ist auch nicht möglich, daß Gott, der die Zeit schuf, der Zeit unterworfen ist. Und es ist auch nicht möglich, daß Gott unvollkommen ist, wer nämlich kleiner ist, der jedenfalls ist unvollkommen, dem fehlt etwas, wodurch er einem Größeren gleichen könnte. Dies also ist die Aussage des Glaubens: Gott ist nicht schlecht, Gott ist nichts unmöglich, Gott ist nicht zeitlich, Gott ist nicht kleiner als irgend etwas. Wenn ich mich täusche, sollen sie (*sc.* die Arianer) dagegen argumentieren.

2.15 Da Christus also Gott ist, ist er jedenfalls sowohl gut als auch allmächtig, sowohl ewig als auch vollkommen wie wahr. Diese Eigenschaften liegen nämlich in der Natur der Gottheit. Entweder sollen sie also die Natur der Gottheit in Christus leugnen, oder sie können Gott nicht absprechen, was zur göttlichen Natur gehört.

2.16 Damit gewiß niemand irren kann, soll er den Begriffen folgen, mit denen die Heilige Schrift, wie wir es verstehen können, den Sohn bezeichnete. Er wird Wort genannt, wird Sohn genannt, wird Kraft Gottes genannt, Gottes Sohn genannt, Gottes Weisheit[21]. Wort, weil sündlos, Kraft, weil vollkommen, Sohn, weil gezeugt aus dem Vater, Weisheit, weil ‚eins mit dem Vater' (vgl. Joh 10,30),

---

[21] Vgl. für die einzelnen Bezeichnungen die entsprechenden Bibelstellen; *verbum:* Joh 1, 1–14; *filius:* Mt 11, 17; Joh 1, 18; *Dei virtus:* 1 Kor 1, 24; *Dei filius:* Mt 14, 33; 16, 16; 26, 63 f; 27, 40.43.54; Mk 14, 61 f; Lk 1, 35; Joh 1, 34; Röm 1, 4; Hebr 5, 8; 1 Joh 4, 15 und so fort; *Dei sapientia:* 1 Kor 1, 24.

unum aeternitate, unum divinitate. Non enim pater ipse qui filius, sed inter patrem et filium generationis expressa distinctio, ut ex deo deus, ex manente manens, plenus e pleno sit.

2.17 Non sunt igitur haec nuda nomina, sed operatricis virtutis indicia. Est enim plenitudo divinitatis in patre, est plenitudo divinitatis in filio, sed non discrepans, sed una divinitas, nec confusum, quod unum, nec multiplex, quod indifferens.

2.18 Etenim si omnium credentium, sicut scriptum est, „erat anima una et cor unum", si omnis qui adhaeret domino, „unus spiritus est", ut apostolus dixit, si vir et uxor in carne una sunt, si omnes homines, quantum ad naturam pertinet, unius substantiae sumus, si hoc de humanis scriptura dicit, quia multi unum sunt, quorum nulla potest | esse cum divinis comparatio, quanto magis pater et filius divinitate unum sunt, ubi nec substantiae nec voluntatis ulla est differentia?

2.19 Namque aliter quomodo unum deum dicimus? Diversitas plures facit, unitas potestatis excludit numeri quantitatem, quia unitas numerus non est, sed haec omnium ipsa principium est.

3.20 Quantum vero scriptura divina patris et fili secundum divinitatem expresserit unitatem, prophetica testantur oracula:

PUAKD Φ *(UAO) Lm2VZ SMCWO def. RET*
3 distinctio est *UKLm2Vm* ‖ 6 indicia virtutis *Z* ‖ 7 sed *om. Lm2m* ‖ 8 unum] *add.* est Φ*am* ‖ 9 differens *Ka.c.* ‖ 12 ut] sicut *Z* | si] sine *D* ‖ 14 humanis] hominibus *C* ‖ 15 unus *Pa.c.* ‖ 16 divinitatis *C* in divinitate *Oa* ‖ 17 nec voluntatis *om. V* ‖ 18 dicemus *Sp.c.m* ‖ 20 omnia *P* ‖ 22 quantum *PZW, Dp.c.m2* quanto *Da.c.m2* quantam *cet. am* | scriptura] ipsa scriptura *Lm2Z*

---

[22] Vgl. aus dem Nicaenum θεὸν ἐκ θεοῦ, lateinisch neben dem vertrauten *deum de deo* auch *deum ex deo* (Belege bei DOSSETTI, *Il Simbolo di Nicea* 229).

eins hinsichtlich der Ewigkeit, eins hinsichtlich der Gottheit. Denn der Vater selbst ist nicht derselbe wie der Sohn, sondern zwischen Vater und Sohn besteht ein deutlicher Unterschied hinsichtlich der Zeugung, so daß er Gott aus Gott[22], Beständiger aus Beständigem, Fülle aus Fülle ist.

2.17 Es sind nämlich dies keine bloßen Namen, sondern Merkmale schaffender Kraft. Es ist nämlich die Fülle der Gottheit im Vater, die Fülle der Gottheit im Sohn, aber nicht unterschieden, sondern eine Gottheit, nicht vermischt, weil eins, nicht vielfach, weil nicht unterschieden.

2.18 Denn wenn alle Glaubenden, wie geschrieben steht, „ein Herz und eine Seele waren", wenn alle, die dem Herrn anhängen, „einen Geist haben", wie der Apostel sagt (Apg 4,32*), wenn Mann und Frau ein Fleisch sind, wenn wir Menschen alle, soviel die Natur anlangt, einer Substanz sind, wenn die Schrift über menschliche Angelegenheiten sagt, daß viele eins sind, die mit Göttlichem nicht verglichen werden können, um wieviel mehr sind der Vater und der Sohn hinsichtlich der Gottheit eins, wo es weder in der Substanz noch im Willen irgendeinen Unterschied gibt?

2.19 Denn wie können wir ihn andernfalls als den einzigen Gott bezeichnen? Die Verschiedenheit bewirkt eine Vielfältigkeit, die Einheit der Macht schließt die Quantität der Zahlen aus, weil Einheit keine Zahl ist, sondern selbst der Ursprung aller Zahlen[23].

3.20 Wie sehr aber die göttliche Schrift die Einheit des Vaters und des Sohnes hinsichtlich der Gottheit ausdrückt, zeigen die prophetischen Weissagungen[24]: „So

---

[23] Dies entspricht gewöhnlicher antiker Zahlentheorie: ARISTOTELES, *Metaph.* 14,1,1088 A 6–8 [294f JAEGER]; BEIERWALTES, *Hen* 445f.
[24] FALLER, *Ambrosius* 8,11 zur Stelle, nennt für die §§ 20–28 als Parallele ATHANASIUS VON ALEXANDRIEN, *ep. Serap.* 2,4 (PG 26,613–616), sowie HILARIUS VON POITIERS, *trin.* 4,38–42 (CCL 62,141–149).

„Sic enim dicit dominus sabaoth: Laboravit Aegyptus et mercatus Aethiopum et Sabain, viri excelsi ad te transibunt et tui erunt servi et post te sequentur alligati vinculis et adorabunt te et in te depraecabuntur, quoniam in te est deus et non est deus praeter te. Tu enim es deus et nesciebamus, deus Istrahel."

3.21 Audis profeticam vocem: „In te", inquit, „est deus et non est deus praeter te." Quomodo hoc secundum Arrianos convenit? Necesse est negent aut patris aut fili divinitatem, nisi eiusdem divinitatis crediderint unitatem.

3.22 „In te", inquit, „est deus", quoniam in filio pater. Scriptum est enim: „Pater qui in me manet, ipse loquitur, et opera, quae ego facio, ipse facit." Sed et alibi dicit: „Quia ego in patre et pater in me | est." Dissolvant, si possunt, hanc naturae proprietatem et operis unitatem.

3.23 Deus igitur in deo, sed non duo dii; scriptum est enim, quia „unus deus". Et dominus in domino, sed non duo domini, quia aeque scriptum est: „Nolite duobus dominis servire" et lex dicit: „Audi, Istrahel, dominus deus tuus dominus unus est."

PUAKD Φ (UAO) Lm2VZ SMCWO def. RET
1 labora ut egyptus *Ua.c.m2* labor aegypti *Oa* ‖ 2 aethiopus *Pa.c.* | sabain *PSCLm2* saba in *KMW* sebain *Z* sabaim *U* sebaim *Nm* | te] hoc *K* ‖ 3 sequuntur *D* | allegati *CW* ‖ 4 est *om. U* ‖ 5–6 deus *tert.*] deum *W* ‖ 6 istrahel] *add.* salutaris noster *K* ‖ 7 audi *m* | vocem] lectionem *D* ‖ 9 aut negent *C* ‖ 12 scriptum est enim *om. Lm2* ‖ 13 ipse *ZW* et ipse *cet.* (*cf. fid. III 90!*) | alibi] aliud *K* alibi] *add.* iste filius est qui *P,* (quia) Φ*am* | dicit] ait *PD* | quia *om.* Φ*am* ‖ 16 deo] *add.* est Φ*am* | di *Sa.c.* ‖ 17 in domino *om. K* ‖ 19 et] sed *K* ‖ 20 tuus] noster *S* | dominus] deus *SCWOam*

---

[25] Die lateinische Bibelübersetzung gibt hier eigentlich nur den Septuaginta-Text wieder; vgl. Jes 45,14f LXX: Οὕτως λέγει κύριος σαβαωθ· Ἐκοπίασεν Αἴγυπτος καὶ ἐμπορία Αἰθιόπων καὶ οἱ Σεβωιν ἄνδρες ὑψηλοὶ ἐπὶ σὲ διαβήσονται …; im Hebräischen heißt es sinnvoller: „Die

nämlich spricht der Herr Sabaoth: Ägypten hat gearbeitet † und der Handel Äthiopiens und Sabains †, hervorragende Männer werden zu Dir kommen[25] und werden Deine Sklaven sein und Dir nachfolgen, in Ketten gebunden, und Dich anbeten und Dich bitten, weil in Dir Gott ist und kein Gott außer Dir ist. Du bist nämlich Gott, und wir wußten's nicht, Gott Israels" (Jes 45, 14f*).

3.21 Du hörst die prophetische Stimme: „In Dir", sagt Jesaja, „ist Gott und kein Gott ist außer Dir". Auf welche Weise paßt das zur arianischen Lehre? Es ist unumgänglich, daß sie entweder die Gottheit des Vaters oder des Sohnes leugnen, wenn sie nicht an die Einheit derselben Gottheit glauben.

3.22 „In Dir", sagt Jesaja, „ist Gott", weil der Vater im Sohn ist. Geschrieben steht nämlich: „Der Vater, der in mir bleibt, spricht selbst, und die Werke, die ich tue, tut er selbst" (Joh 14, 10*). Aber auch an anderer Stelle sagt er: „Weil ich im Vater bin und der Vater in mir ist" (Joh 14, 11). Sie sollen — wenn sie es können — diese Eigenheit der Natur und die Einheit der Tätigkeit auflösen.

3.23 Gott ist also in Gott, aber es sind trotzdem nicht zwei Götter; geschrieben steht nämlich: „Gott ist einer" (Eph 4, 6). Und der Herr ist im Herrn, aber es sind nicht zwei Herren, weil gleicherweise geschrieben steht: „Ihr sollt nicht zwei Herren dienen" (Mt 6, 24), und das Gesetz sagt: „Höre, Israel, der Herr Dein Gott ist ein Herr" (Dtn 6, 4*; Mk 12, 29*).

Erträge der Ägypter und der Gewinn der Kuschiter und die großgewachsenen Sebaiter werden zu dir kommen …". Die mit *Sebain* bezeichneten Leute werden von Ambrosius als „Sabäer" identifiziert; vgl. Ambrosius, *in ps.* 37, 29, 3 (CSEL 64, 158); vgl. die Erklärung von HIERONYMUS, *in Ioel.* 3, 7f (CCL 76, 202f); EUSEBIUS VON CAESAREA, *Is.* 2, 28 (GCS 294); DIDYMUS, *Ps.* 37, 262f (154f GRONEWALD); THEODORET VON CYRRHUS, *Is.* 14, 233–250 (SCh 315, 30f).

Et utique in eodem est testamento: „Pluvit dominus a domino." „Dominus", inquit, „a domino" pluvit. Sic et in Genesi habes: „Et dixit deus, et fecit deus" et infra: „Et fecit deus hominem ad imaginem dei." Sed tamen non duo dii, sed unus deus fecit. Utrobique igitur unitas operationis servatur et nominis. Nam utique cum legimus „deus ex deo", non duos deos dicimus.

3.24 Denique habes in psalmo quadragesimo quarto, quod et deum patrem dixit propheta nec deum filium denegavit dicens: „Sedis tua, deus, in saeculum saeculi" et infra: „Unxit te deus, deus tuus oleum laetitiae prae consortibus tuis." Deus est, qui unguit, et deus, qui secundum carnem unguitur dei filius. | Denique quos habet unctionis suae Christus nisi in carne consortes? Vides igitur quia deus a deo unctus. Sed in adsumptione naturae unctus humanae dei filius designatur, nec legis forma violatur.

3.25 Et hic ergo cum dicitur „pluvit dominus a domino", unitatem divinitatis agnosce. Operationis enim unitas non facit pluralem divinitatem, sicut ipse dominus ostendit dicens: „Credite mihi, quia ego in patre et pater in

---

PUAKD Φ *(UAO) Lm2VZ SMCWO def. RET*
1 pluuit *P, Sa.c.* (*semper!*) ‖ 3 deus *pr.*] dominus *Lm2DOa* | deus *alt.*] dominus *Lm2* dominus deus *D* ‖ 5 utruubique *P* utrubique *Up.c.KSC* ubique *D* utribique *W* omnia et ubique *Z* ‖ 6 servetur *W* ‖ 8 XLIIII *KLm2ZCOa* ‖ 9–10 nec … denegavit] et … declaravit Φ*am* ‖ 9 deum a[lt.]*om. SK* ‖ 10 sedis *PAM, Sa.c.* | deus *pr. om. D* ‖ 11 deus *alt.*] deẽ (e *pr.i.r.*) *P* | tuus] tui *U* | oleum *PCW, Sa.c.m2* oleo *cet. am* (*Vulg.*) ‖ 12 unguet *P* unxit *C* unguit (u *alt. exp.*) *D* ungit *cet. am* | deus] *add.* est *VZC* ‖ 13 unguitur *Da.c.Lm2VZS* unguetur *PKC* ungitur *cet. am* ‖ 15 a] ex *D* in *om. KW* ‖ 16 dei] deus *D* ‖ 17 et *om. C* ‖ 18 divinitatis unitatem *D* | etenim *Z* ‖ 20 – p.158 l. 1 in me est *Z*

---

[26] Vgl. zur Vorgeschichte dieser Auslegung den Tomus der Synode von Sirmium 351 (ATHANASIUS VON ALEXANDRIEN, *syn.* 27,17 [255 OPITZ]) und die Besprechung der dort verwendeten Bibelstellen bei HILARIUS VON POITIERS, *trin.* 4,29 (CCL 62,133), mit 5,16 (CCL 62,165), sowie die Einleitung, oben 77f.

Und gewiß ist auch in demselben (alten) Testament geschrieben: „Der Herr ließ vom Herrn regnen" (Gen 19,24)[26]. „Der Herr", heißt es, ließ „vom Herrn" regnen. So findest Du es auch in der Genesis: „Und Gott sprach und Gott machte" und weiter unten: „Und Gott schuf den Menschen zum Bilde Gottes" (Gen 1,27). Und trotzdem schufen hier nicht zwei Götter, sondern ein Gott. In beiden Fällen wird also die Einheit des Handelns und des Namens bewahrt. Denn wenn wir lesen „Gott von Gott"[27], sagen wir gewiß nicht, daß es zwei Götter gibt.

3.24 Sodann findest Du im vierundvierzigsten Psalm, daß auch der Prophet David Gott Vater nennt und trotzdem nicht Gott, den Sohn, leugnet, indem er sagt: „Dein Thron, Gott, besteht in Ewigkeit"(Ps 44,7*), und weiter unten: „Gott hat Dich gesalbt, Dein Gott, mit dem Öl der Freude im Angesicht Deiner Brüder" (Ps 44,8*)[28]. Gott ist, der salbt, und Gott, der nach dem Fleisch als der Sohn Gottes gesalbt wird. Schließlich: Welche Brüder hat Christus seiner Salbung nach, wenn nicht die Brüder im Fleische? Du siehst also, daß Gott von Gott gesalbt worden ist. Aber der in der Annahme der Menschennatur Gesalbte wird als Sohn Gottes eingesetzt, und der Buchstabe des Gesetzes wird nicht verletzt.

3.25 Und erkenne also hier, wenn gesagt wird „Der Herr ließ vom Herrn regnen", die Einheit der Gottheit an. Die Einheit des Handelns führt nicht zu einer vielfältigen Gottheit, so wie der Herr es selbst zeigt, indem er sagt: „Glaubt mir, weil ich im Vater bin und der Vater in mir,

---

[27] Vgl. Einleitung, oben 65 mit Anm. 255.
[28] Eine ähnliche Deutung des Psalms findet sich bei ATHANASIUS VON ALEXANDRIEN, Ar. 1,46,2–4 (155f METZLER/SAVVIDIS).

me, alioquin vel propter opera ipsa credite." Et hic advertimus quod unitatem divinitatis per aequalitatem operum designaverit.

3.26 Ut autem una deitas et patris et fili et una dominatio probaretur, ne gentilis aut iudaicae impietatis incurreremus errorem, providens apostolus, quid sequi deberemus, ostendit dicens: „Unus deus pater, ex quo omnia, et nos in ipso, et unus dominus Iesus Christus, per quem omnia, et nos per ipsum." Sicut enim unum dicendo dominum Iesum Christum patrem dominum non negavit, ita unum dicendo deum patrem aeque a deitatis veritate nec filium separavit. Unde nec pluralitatem divinitatis et unitatem potestatis ostendit, quia et in dominatione divinitas et in divinitate dominatus est, sicut scribtum est: „Scitote quoniam dominus ipse est deus, ipse fecit nos, et non ipsi nos."

3.27 „In te" igitur „est deus" per unitatem naturae, „et non est deus praeter te" per proprietatem substantiae, repulsam differentiae.

PUAKD Φ *(UAO) Lm2VZSMCWO def. RET*
1 alioqui *U, Aa.c.* | ipsa *om. D* | hinc *UAS* ‖ 2 aequalitatem *P* unitatem *cet. a*m ‖ 4 et *pr. om. KV* ‖ 5 gentilium *K* | iudaeicae *S, Aa.c.* ‖ 5–6 incurremus *C* incursimus *Da.c.* incurramus *Dp.c.* incurrerimus *W* ‖ 7 deus] *add.* et *D* ‖ 8 dominus] deus *D* ‖ 9 unum] *add.* deum *Sm2* ‖ 11 deum *om. S* | aeque] equae (a *del.*) *P* eaque *W* aequa (*om. a*) *Lm2* ‖ 12 divinitati *M* | et] set (s *m2s.l.*) *P* sed Φ*a*m ‖ 14 scriptum est enim *Lm2* ‖ 14–15 quoniam] quod *Dp.c.* | ipse] qui *K* ‖ 18 repulsa* *Ap.r.* (m *eras.*), *Lm2Vm* | differentiae (iae *i.r.*) *S* differentia *Ap.r.* (a *ex* ae), *Lm2ZNW*m differentiam (m *m2i.r.*) substantiae *V*

---

[29] Vgl. aus der zweiten lateinischen Rezension des *Tomus Damasi* 23 (EOMJA 1/2, 1, 292 App.; zur Literarkritik und Datierung: MARK-SCHIES, *Ambrosius von Mailand und die Trinitätstheologie* 144–165) die Formulierung *in perfidia Iudaeorum et gentilium inveniuntur: Si quis de Patre et Filio senserit de Spiritu autem Sancto non recte habuerit, hereticus est, quod omnes haeretici de Filio Dei et Spiritu Sancto male sentientes in perfidia Iudaeorum et gentilium inveniuntur;* anders in der ersten Rezension, die sich auch bei DENZINGER-HÜNERMANN findet: *perfidia Iudaeorum et paganorum* [DH 175, 88].

wenn nicht, glaubt mir wenigstens der Werke selbst wegen" (Joh 14,11*). Und hier bemerken wir, daß er auf die Einheit der Gottheit durch die Gleichheit der Werke hinweist.

3.26 Damit jedoch eine Gottheit sowohl des Vaters als auch des Sohnes und eine Herrschaft anerkannt wird, damit wir nicht in den Irrtum der heidnischen und jüdischen Gottlosigkeit rennen[29], macht der Apostel vorsorglich klar, was wir befolgen müssen, indem er sagt: „Ein Gott Vater, aus dem alles ist, und wir in ihm, und ein Herr Jesus Christus, durch den alles ist und wir durch ihn" (1 Kor 8,6*)[30]. Wie er nämlich, indem er Jesus Christus den einen Herrn nennt, nicht leugnet, daß der Vater Herr ist, so trennt er in gleicher Weise, indem er den Vater als einen Gott bezeichnet, den Sohn nicht von der wahren Gottheit ab. Von daher weist er auch nicht auf eine Mehrzahl der Gottheit hin, sondern auf die Einheit der Kraft, weil ja sowohl die Gottheit in der Herrschaft besteht als auch die Herrschaft in der Gottheit, wie geschrieben steht: „Erkennt, daß der Herr selbst Gott ist, er hat uns gemacht und nicht wir selbst" (Ps 100,3: Ps 99,3 LXX)[31].

3.27 „In Dir" also ist „Gott" durch die Einheit der Natur, „und ist kein Gott außer Dir" (Jes 45,14) durch die Besonderheit der Substanz, weil die Unterschiedlichkeit zurückgewiesen ist[32].

---

[30] Für das *in ipso* vgl. Ambrosius, *in Luc.* 7,248 (CCL 14,298), und HILARIUS VON POITIERS, *in psalm.* 134,8 (CSEL 22,698); in *fid.* 4,8,91, unten 526–529, allerdings *in ipsum*.

[31] Vgl. bei HILARIUS VON POITIERS folgenden Gedanken (*trin.* 8,35 [CCL 62,349]): „Denn das Gottsein wird erst durch das Herrsein vollkommen, und das Herrsein erst durch das Gottsein begründet" (*Cum Deum id perficiat esse, quod Dominus est, et Dominum id constituat esse quod Deus est*).

[32] DE ROMESTIN merkt in der englischen Übersetzung an: „It must be remembered St. Ambrose was a civil magistrate before he was made bishop. His mind would be disposed therefore to regard things under a legal aspect" (DE ROMESTIN, *Ambrosius von Mailand* 204 Anm. 4).

3.28 In Hieremiae quoque libro unum deum scriptura dicit et tamen et patrem et filium confitetur. Itaque sic habes: „Hic deus est noster et non aestimabitur alius ad eum. Adinvenit omnem viam disciplinae et dedit eam Iacob puero suo et Istrahel dilecto suo. Post haec in terris visus est et cum hominibus conversatus est."

3.29 De filio dicit; ipse enim est „cum hominibus conversatus". Et dicit: „Hic est deus noster et non aestimabitur alius ad eum." Quid discutimus eum, de quo sanctus dicit propheta quod ad eum alius non possit aestimari? Quae enim potest esse alia aestimatio, ubi deitatis unitas est? Confitebatur hoc populus in periculis constitutus, nesciebat serere quaestionem, qui religionem timebat.

3.30 Adesto, sancte spiritus, prophetis tuis, quibus inesse consuesti, quibus credimus. Si prophetis non credimus, sapientibus credo istius mundi? Sed „ubi sapiens, ubi scriba"? Rusticus noster cum ficos insereret, invenit quod philosophus | ignoravit. „Quae stulta sunt enim huius mundi, elegit deus, ut confundat, quae sunt fortia."

PUAKD Φ *(UAO) Lm2VZ SMCWO def. RET*
1 et in hieremiae Φ*a* ‖ 3 est deus *Lm2VZSCOa* | est *om. KDMWU Am* | aestimabitur] reputabitur *m* ‖ 3–4 ad eum *om. D* ‖ 4 qui adinvenit *KC*Φ*a* hic adinvenit *Sangall. 95, al. m (Vulg.)* ‖ 7 de filio dei *CW* | *ipse* – 8 dicit] *post* 15 ignoravit *K* | est *alt.*] est enim *S*, est et (et *m2*) *D*, visus est et *Lm2Z* ‖ 7–8 conversatus est *DWZ* ‖ 8 est *om. D* | et *alt. om.* Φ*a* ‖ 9–10 dicit sanctus *S* ‖ 9 sanctus] tantus *KM*Φ*am*, sanctus spiritus (*om.* propheta) *PD* ‖ 10 propheta] per prophetam *W, add.* sanctus spiritus dicit Φ*a* | ad *om. U* | alius] *add.* deus *Z* | non possit alius *codd.* > *PD* ‖ 11 divinitatis *Oa* | deitas unitas *Pa.c.m. post.* (deitas una) ‖ 13 asserere *KC* disserere *W* | quaestiones *m* | qui] quia *UA* ‖ 14 tuis *om. C* ‖ 15 consuisti *KDM, Ap.r.* consuevisti *C* constituisti *U, Aa.r.Oa* ‖ 16 credam *m* | huius *Oam* ‖ 17 ficos *P, Ma.c.* ficus *cet. Oam* ‖ 19 deus *om. D* | quae sunt *om. W*

3.28 Auch im Buch Jeremia redet die Schrift von einem Gott und bekennt trotzdem den Vater und den Sohn. Daher findest Du es so: „Dieser ist unser Gott, und kein anderer wird ihm gleichgeachtet werden. Er hat den ganzen Weg der Lehre ausfindig gemacht und gab ihn Jakob, seinem Sohn, und Israel, seinem Geliebten. Danach wurde er in den Ländern gesehen und unterhielt sich mit den Menschen" (Bar 3, 36–38*).

3.29 Vom Sohn sagt er das, er selbst hat sich nämlich „mit den Menschen unterhalten". Und er sagt: „Dieser ist unser Gott und kein anderer wird ihm gleichgeachtet werden". Was diskutieren wir über den, von dem der heilige Prophet sagt, daß ihm kein anderer gleichgeachtet werden kann? Was für eine andere Einschätzung ist denn möglich, wo es eine Einheit der Gottheit gibt? Dies bekannte ein Volk, das sich in Gefahren befand; es konnte keine Frage darüber anschließen, da es Ehrfurcht vor der Religion hatte.

3.30 Steh', Heiliger Geist, Deinen Propheten bei, mit denen Du zu sein pflegst und denen wir glauben. Wenn wir den Propheten nicht glauben, glaube ich dann den Weisen dieser Welt? Aber „wo ist ein Weiser, wo ein Schriftgelehrter" (1 Kor 1, 20; vgl. 1 Kor 3, 19)? Unser Bauer Amos[33] fand, als er Feigenbäume pflanzte, was der Philosoph nicht kannte[34]. „Was für diese Welt nämlich töricht ist, hat Gott erwählt, damit er zuschanden mache, was stark ist" (1 Kor 1, 27*).

---

[33] Ambrosius paraphrasiert hier die Selbstvorstellung des Propheten AMOS in Am 7, 14. Eine ausführliche Erläuterung der Stelle, insbesondere der Tätigkeit des AMOS *(vellicans sycomoros)*, liefert HIERONYMUS in seinem Amos-Kommentar zur Stelle. — Die Feigen mußten geritzt werden, um zur Reife zu gelangen; vgl. REICHMANN, *Feige*; TREU, *Am 7, 14*.
[34] Vgl. hierfür COURCELLE, *Recherches* 93–138, und MADEC, *Saint Ambroise et la philosophie* — beide Autoren haben gezeigt, wie sich unter dieser scheinbar antiphilosophischen Attitüde eine solide philosophische Bildung und Nutzung dieser Kenntnisse für die theologische Argumentation verbirgt.

Credimus Iudaeis, quia „notus" aliquando „in Iudea deus". Sed hoc ipsum negant, propter quod credimus, quia non norunt patrem, qui filium negaverunt.

4.31 „Unum deum" communis natura testatur, quia unus est mundus. Unum dominum fides significat, quia una fides novi et veteris testamenti. Unum spiritum sanctum testificatur gratia, quia unum baptisma in nomine trinitatis est. Unum deum profetae dicunt, apostoli audiunt. Unum deum magi crediderunt et aurum, tus, murram supplices ad Christi cunabula detulerunt, auro regem fatentes, ut deum ture venerantes; thensaurus enim regni, sacrificium dei, murra est sepulturae.

4.32 Quid igitur voluerunt sibi mystica munera inter abiecta praesepia, nisi ut intellegamus in Christo differentiam divinitatis et carnis? Ut homo cernitur, ut dominus adoratur; iacet in pannis, sed fulget in stellis; cunae nascentem indicant, stellae dominantem; caro est, quae involvitur, divinitas, cui ab angelis ministratur. Ita nec dignitas natu|ralis maiestatis amittitur et adsumptae carnis veritas conprobatur.

PUAKD Φ *(UAO) Lm2VZ SMCWO def. RET*
1 credemus   *K* | et   in   *P* || 2 ipsud   *K, Mp.r.Aa.c.* || 3 noverunt *UOa* || 5 dominum] deum *KW*Φ*am* || 8 deum] dominum *KD* || 9 magis *Pa.c.* | crediderint *Pa.c.* | et thus *Oa* tus *Pa.c.DS* thus *cet.* tus] *add. et codd. (Vulg.), exc. PKS* | murram *PSZ* murre *K* myrram *UDLm2M* murram *VCWAO* mirrham *a* myrrham *m* || 10 conabula *Pp.c.* (o *ex* u) | aurum *A* || 11 ut *om. S* ut] et *Z* | deum] dominum *D* | thensaurus *PD, Sa.r.C* thesaurum *UAWm2* thesaurus *cet.* | regni] regis *Z* regis, tus *C* || 12 sacrificium dei *om. Lm2* | myrra *UDVMCW* myrrha *m* mirrha *Oa* || 13 igitur] enim *S* || 14 intellegeremus *Oam* || 15 ut *alt.*] sed *K* | dominus] deus *C, (add.* ab omnibus*) D* || 16 iacet] latet *Oa* || 17 et stellae *SOam* stelle *MZCW* | quas est *S* || 18 dignitas] divinitas *D* || 19 adsumptione *D* || 20 adprobatur *W*

Wir glauben den Juden, weil „Gott" einst „in Judäa bekannt war". Aber genau das leugnen sie, dessentwegen wir glauben, weil die den Vater nicht kennen, die den Sohn geleugnet haben.

4.31 Die[35] ganze Natur bezeugt „einen Gott", weil die Welt eins ist[36]. Auf einen Herrn weist der Glaube hin, weil es einen Glauben des Alten und Neuen Testamentes gibt, einen heiligen Geist bezeugt die Gnade, weil es eine Taufe im Namen der Trinität gibt[37]. Einen Gott nennen die Propheten, hören die Apostel. An den einen Gott glaubten die Magier und legten Gold, Weihrauch und Myrrhe demütig bittend vor Christi Krippe nieder. Durch Gold bekannten sie den König, wie sie mit Weihrauch den Gott verehrten; der Schatz nämlich ist Hinweis auf das Königreich, das Opfer auf Gott, die Myrrhe auf die Bestattung[38].

4.32 Was also wollen die geheimnisvollen Geschenke inmitten von heruntergekommenen Ställen, außer, daß wir den Unterschied zwischen der Gottheit und dem Fleisch in Christus einsehen? Als Mensch wird er wahrgenommen, als Herr wird er verehrt. Er liegt in Windeln, aber glänzt in den Sternen; die Wiege zeigt an, daß er geboren wurde, die Sterne, daß er herrscht. Fleisch ist, was in Windeln gewickelt wird, Gottheit ist das, dem von den Engeln gedient wird. So wird die Würde seiner naturhaften Majestät nicht mißachtet und die Wirklichkeit des angenommenen Fleisches bestätigt.

---

[35] Diese Passage § 31 f hat fast poetischen Charakter. Der Text wird wörtlich von FULGENTIUS VON RUSPE, *epist.* 14,20 (CCL 91,409), zitiert.

[36] Ambrosius spielt auf die stoische Lehre von κοιναὶ ἔννοιαι an; vgl. zum Beispiel CICERO, *nat. deor.* 2,5,13 (54 PLASBERG/AX); 3,7,16 (124 PLASBERG/AX), und für die christliche Rezeption TERTULLIAN, *apol.* 17,5f (CCL 1,117), und *test. an.* 2,1 (CCL 1,176).

[37] Vgl. aus dem nicaenischen Symbol: ... εἰς ἕνα θεόν ... καὶ εἰς κύριον ... καὶ εἰς τὸ ἅγιον πνεῦμα.

[38] Mt 2,1.11; vgl. Ambrosius, *in Luc.* 2,44 (CCL 14,51).

4.33 Haec est fides nostra. Sic se deus cognosci voluit ab hominibus, sic tres pueri Iudaei crediderunt nec incendia circumiecta senserunt, cum infidos noxius ignis exureret, fidelibus innoxia flamma roraret, quibus aliorum incendia refrigerabant, quia merito fidei perdiderat suam poena naturam. Aderat enim in specie angeli, qui monebat, ut in numero trinitatis unius esset laudatio potestatis. Benedicebatur deus, videbatur in angelo dei filius, sancta et spiritalis in pueris gratia loquebatur.

Expositio dogmatis Arriani

5.34 Nunc consideremus, quas Arriani dei filio inferant quaestiones.

5.35 Dissimilem patri dicunt esse dei filium. Hoc si homini obiciatur, iniuria est.

5.36. Ex tempore coepisse dicunt dei filium, cum conditor ipse sit temporum! Homines sumus et esse nolumus temporales; ex tempore coepimus et sine tempore futuros esse nos credimus. Fieri nos optamus | aeternos et negare possumus dei filium sempiternum, quem sempiternum docet adque demonstrat natura, non gratia?

PUAKD Φ (UAO) Lm2VZ SMCWO def. RET
2 hominibus] omnibus *Cm* | iudaei *PD om. cet.* | crediderunt] *add.* in deo *W* ‖ 3 noxios *Pa.c.SMW* | exureret et *KDCΦam* ‖ 4 fideles *Oa* fides *W* | quibus] quos *U* ‖ 6 in *pr. om. P* | speciem *S* | monebat] muniebat *N* ‖ 7 numero] nomine *D*, specie *S* ‖ 8 et *om. Lm2* ‖ 9 gratia dei in pueris *Z* ‖ 10 Expositio dogmatis Arriani] quae adserant Arriani *D (titul. u.t.W)* titulo *add.* II *UA, add.* III (cap.III) *Lm2ZCOa* ‖ 11 de dei filio *m* ‖ 13 patris *PLm2Ma.r.NSW* ‖ 13–14 si homines *Lm2* ‖ 18 et fieri *Φa* | tamen optamus *Lm2* | et] quomodo *W* et quomodo *KLm2MVS COam* ‖ 18–19 possumus negare *Lm2C*

4.33 Dies ist unser Glaube. So wollte Gott von den Menschen erkannt werden, so glaubten die drei jüdischen Jünglinge und spürten nicht das Feuer um sich herum, während das schädliche Feuer die Ungläubigen verbrannte, die unschädliche Flamme aber die Gläubigen benetzte, denen die Brände der anderen Linderung verschafften, weil die Strafe durch den Verdienst des Glaubens ihre Natur verloren hatte. Derjenige, der ermahnte, daß in der Zahl der Trinität das Lob der einen Kraft ist, war nämlich in Gestalt eines Engels anwesend. Gott wurde gepriesen, im Engel erschien Gottes Sohn, heilige und geistliche Gnade sprach in den Jünglingen[39].

Darstellung der Lehre der Arianer

5.34 Nun laßt uns betrachten, was die Arianer für Fragen gegen den Sohn Gottes vorbringen!

5.35 Sie sagen, daß der Sohn Gottes dem Vater unähnlich (ἀνόμοιος) sei. Wenn man das einem Menschen vorwerfen würde, wäre es wohl eine Beleidigung.

5.36 Sie sagen, daß der Sohn Gottes innerhalb der Zeit angefangen habe zu sein, obwohl er selbst der Schöpfer der Zeiten ist![40] Wir sind Menschen und wollen doch nicht vergänglich sein. Wir sind in der Zeit entstanden und wir glauben trotzdem, daß wir ohne Zeit sein werden. Wir wünschen uns, unvergänglich zu sein, und können doch den ewigen Gottessohn leugnen, von dem die Natur, nicht die Gnade, lehrt und zeigt, daß er ewig ist?

---

[39] Vgl. Dan 3,23.49–51.92 und DANIÉLOU, *Daniel* 578–585.
[40] Vgl. beispielsweise ATHANASIUS VON ALEXANDRIEN, *Ar.* 1,5,1 – 1,6,5 (113–115 METZLER/SAVVIDIS); Urkunde 4 a, 6–10 (OPITZ), und den nicaenischen Anathematismus *eos autem, qui dicunt ‚erat, quando non erat‘, et ‚priusquam nasceretur, non erat‘ et quia ex extantibus factus est vel alia substantia essentia ..., hos anathematizat catholica et aposto- lica ecclesia* (nach DOSSETTI, *Il Simbolo di Nicea* 237–239).

5.37 Creatum dicunt. Quis auctorem inter opera sua deputet, ut videatur id esse quod fecit?

5.38 Bonum negant. Sacrilega vox ipsa se damnat, ut indulgentiam sperare non possit.

5.39 Negant verum dei filium, negant omnipotentem, cum fateantur „omnia facta" ‚per filium', omnia creata per „dei" esse „virtutem". Quid est enim virtus nisi perfecta natura?

5.40 Negant etiam divinitate unum esse cum patre. Deleant ergo evangelium, deleant Christi vocem; ipse enim dixit: „Ego et pater unum sumus." Non ego hoc dico, Christus dixit. Numquid fallax, ut mentiretur? Numquid impius, ut quod non erat usurparet? Sed singula suis locis plenius digerentur.

5.41 Nunc quoniam hereticus dicit esse dissimilem idque versutis disputationibus adstruere nititur, dicendum est nobis, quod scriptum est: „Cavete, ne quis vos depraedetur per philosophiam et inanem seductionem secundum traditionem hominum et secundum ‚elementa' huius mundi et non secundum Christum."

5.42 Omnem enim vim venenorum suorum in dialectica dis|putatione constituunt, quae philosophorum sententia

---

PUAKD, inde a l. 3 T, Φ (UATO) Lm2VZ SMCWO def. RE, usque ad l. 2 fecit T

2 deputat S || 4 possint ΦLm2MZSC || 5 verum] verbum KZ || 9 divinitatem PC || 10 ergo om. Z | vocem] verba W || 11 dixit om. K || 14 digerentur] dirigerentur Pa.c., corr. dirigentur; disserentur C dicerentur DW digeruntur Φ || 16 idque] hicquae Pa.c.m2 atque D || 16–17 dicendo T || 17 est nobis om. UAT || 18 depraedetur] deprehendatur (ae s. a) W | de philosophia *Palladius p. 31, 2 Kauffmann* (per philos. *p. 79, 10*) || 19–20 et inanem seductionem om. C || 19 traditiones SC | et pr. om. *Palladius l. c.* || 20 christum] add. quia in ipso habitat omnis plenitudo divinitatis corporaliter (*Col. 2,9b*) Φaм || 21 omne PS || 21–22 dialecticis disputatione consistuunt (sic!) P

5.37 Sie behaupten, Christus sei geschaffen. Aber wer würde wohl einen Schöpfer unter seine Werke rechnen, so daß er zu sein scheint, was er gemacht hat?[41]

5.38 Sie leugnen, daß er gut sei. Die gotteslästerliche Äußerung verdammt sich selbst, so daß sie auf Vergebung nicht hoffen kann.

5.39 Sie leugnen, daß er der wahre Sohn Gottes sei, leugnen, daß er allmächtig sei, obwohl sie bekennen, daß „alles" ‚durch den Sohn' „gemacht ist" (Joh 1, 3; Kol 1, 16), alles geschaffen durch „Gottes Kraft" (1 Kor 1, 24). Was ist denn die Kraft, wenn nicht die vollkommene Natur?

5.40 Sie leugnen auch, daß er hinsichtlich der Gottheit eins sei mit dem Vater. Sollen sie doch das Evangelium zerstören, sollen sie doch das Wort Christi zerstören, denn er selbst hat ja gesagt: „Ich und der Vater sind eins" (Joh 10, 30). Nicht ich sage dies, Christus hat das gesagt. War er denn so falsch, daß er log? War er etwa so gottlos, daß er beanspruchte zu sein, was er nicht war? Aber die Einzelheiten werden an passenden Stellen ausführlicher dargelegt.

5.41 Weil nun der Häretiker sagt, daß (Christus dem Vater) unähnlich sei, und dies durch gewandte Erörterungen zu stützen sucht, müssen wir sagen, was geschrieben steht: „Hütet euch, daß keiner euch durch Philosophie und leere Irrlehre verführt, die menschlicher Überlie-ferung und den ‚Elementen' dieser Welt folgt und nicht Christus" (Kol 2, 8*)[42].

5.42 Sie setzen nämlich alle Kraft ihres giftigen Scharfsinnes in die dialektische Erörterung, die nach Meinung

---

[41] Vgl. auch *fid.* 1, 14, 88, unten 210f.
[42] Vgl. für diesen Paragraphen die entsprechende Passage bei PALLADIUS VON RATHIARIA, *c. Ambr.* 53f (fol. 336ʳ, 1 – 336ʳ, 44 [CCL 87, 172]).

definitur non adstruendi vim habere, sed studium destruendi. Sed non in dialectica conplacuit deo ‚salvum facere populum suum'; regnum enim dei in simplicitate fidei est, non in contentione sermonis.

Non esse dissimilem patri filium dei

6.43 Dissimilem igitur dicunt esse, nos negamus, immo potius horremus hanc vocem. Sed nolo argumento credas, sancte imperator, et nostrae disputationi. Scripturas interrogemus, interrogemus apostolos, interrogemus prophetas, interrogemus Christum. Quid multa? Patrem interrogemus, cuius honori studere se dicunt, si filius degener iudicetur. Sed non est honorificentia boni patris fili iniuria. Non potest bono patri placere, si filius degenerasse potius a patre quam patrem aequasse credatur.

6.44 Da veniam, sancte imperator, si ad ipsos paulisper verba converto. Sed quem potissimum legam, Eunomiumne an Arrium vel Aetium, eius magistros? | Plura enim

---

PUATKD Φ *(UATO) Lm2VZ SMCWO def. RE*
5 Non – dei *codd.* (*u. t. KMW Turon.* 265), *add.* III *UAT,* cap. IIII *Oa,* IIII *Lm2Z* | patris *Lm2VZSW* | dei filium *DVW* ‖ 6 nos] non *UT, Aa.c.m2* nos non solum *C* ‖ 8 disputationis *PKLm2ZSC* | scripturae *Lm2ZW* ‖ 9 interrogemus *pr. om. Lm2ZSC* interrogamus *Pa.c.m2* | interrogemus *alt. om. S* ‖ 10 patrum *W* ‖ 11 interrogamus *K* ‖ 13 filios *Pa.c.* filios suus *Palladius* (*Diss. Maximin.* 83 *p.* 79, 30 *K.*) ‖ 16 convertero *C* | legam] *add.* eudoxium *K*Φ*a* (*cf. Proleg. not.* 9) | eunomium (*om.* -ne) *Pallad. l. c. p.* 79, 32 eunomiumve *Oa* ‖ 17 an *om. DMS* | arri**um] *C* | aetium] eletium *Ca.c.* meletium *Cp.c.* etium *MO* euticium *N* ętium *a* etiam *SLm2Z* | eiusque *Dp.c.m2* eorum *Pallad. l. c. p.* 79, 33 | enim] non *D*

---

[43] Die Wendung gegen die Dialektik findet sich erstmals in der lateinischen christlichen Literatur bei TERTULLIAN, *Prax.* 7,6 (CCL 2, 1166); vgl. auch DE GHELLINCK, *Un aspect de l'opposition* 245–310, besonders 251, und LENOX-CONYNGHAM, *Ambrose and Philosophy* 119–122, und besonders MADEC, *Saint Ambroise et la Philosophie* 45–52.
[44] Vgl. für *fid.* 1, 6, 43–47: PALLADIUS VON RATHIARIA, *c. Ambr.* 55–57 (fol. 336ʳ, 45 – 337ʳ, 49 [CCL 87, 173–175]).

der Philosophen so definiert wird, daß sie nicht fähig ist, etwas aufzubauen, sondern sich eifrig bemüht zu zerstören[43]. Aber es hat Gott nicht gefallen, durch die Dialektik sein Volk zu retten; das Reich Gottes besteht nämlich in der Einfachheit des Glaubens, nicht im Eifer des Redens.

Daß der Sohn Gottes dem Vater nicht unähnlich ist

6.43 [44] Sie behaupten also, daß er unähnlich sei, wir leugnen das, ja entsetzen uns sogar vor diesem Wort. Aber ich will gar nicht, daß Du dem Beweisgang glaubst, heiliger Kaiser, und unserer Erörterung. Wir wollen die Schriften befragen, wir wollen die Apostel befragen, wir wollen die Propheten befragen, wir wollen Christus befragen. Was nützen die vielen Worte: Wir wollen den Vater befragen, um dessen Ehre sie sich zu bemühen behaupten, wenn der Sohn als minderwertig eingestuft wird[45]. Aber die Beleidigung des Sohnes ist keine Ehrenbezeugung gegenüber dem guten Vater. Es kann dem guten Vater nicht gefallen, wenn der Sohn dem Vater gegenüber eher für minderwertig als für gleich gehalten wird.

6.44 Gib mir Erlaubnis, heiliger Kaiser, wenn ich gerade an diese Personen ein wenig die Worte richte: Aber wen soll ich hauptsächlich lesen? Eunomius oder seine Lehrer, Arius und Aëtius?[46] Es sind nämlich viele Namen,

---

[45] Für *degenerare* vgl. MORESCHINI, *Il linguaggio* 372 f.
[46] Für diese Passage vgl. *fid.* 1,9,58, unten 184–187, und MARKSCHIES, *Ambrosius von Mailand und die Trinitätstheologie* 179 f (Anm. 524–527 mit Literatur). — Man sieht an dieser Stelle, daß eine Einschätzung von CANTALAMESSA, *Sant'Ambrogio* 498, revisionsbedürftig ist: Ob westliche Theologen (wie Ambrosius) tatsächlich die subtilen Unterschiede zwischen der Theologie des EUNOMIUS und des ARIUS nicht kannten (so CANTALAMESSA) oder nur aus polemischen Gründen nicht entfalteten (wie wohl Ambrosius hier), ist jeweils einzeln zu prüfen.

nomina, sed una perfidia, impietate non dissonans, communione discordans, non dissimilis fraude, sed coitione discreta. Cur enim secum nolint convenire, non intellego.
6.45 Eunomi personam defugiunt Arriani, sed eius perfidiam adserunt, impietatem exsecuntur. Aiunt eum prodidisse effusius, quae Arrius scripserit. Magna caecitatis effusio! Auctorem probant, exsecutorem refutant. Itaque nunc in plures sese divisere formas: alii Eunomium vel Aetium,

---

PUATKD Φ *(UATO) Lm2VZ SMCWO def. RE*
1 ab impietate *P* | non *om. C* || 2 dissimiles *U*, *Ap.c.TKDSCW* | coitione] conditione *C* contentione *KDS* disceptione *W* coniunctione *Lm2Z* cogitatione *Oa* || 3 enim] *add.* omnes *S* | nolunt *K* || 4 eunomi *P, AD a.c.KS* Eunomii *cet.* | persona *P* | diffugiunt ΦaDVSC fugiunt *Pallad. l. c. p. 79,35* || 5 exsecuntur *PK* execuntur *VW* execrauilem *Pallad. l. c. p. 79,36* | eum] enim eunomium *Lm2* || 6 scripserat Φa || 7 et executorem reputant *C* || 8 se *Pallad. l.c.p. 79,37* | dividere *P* diviserunt *K* | alii *pr.*] *add.* eudoxium alii *K*Φa | aetium] aethium *D* etium *NSO* etium *Lm2a* etiam *Z*

---

[47] Vgl. auch die übrigen Erwähnungen des EUNOMIUS im Werk des Mailänder Bischofs: Ambrosius, *hex.* 2,5,20 (CSEL 32/1,58): *Eunomiani ... radicis degeneris fructus deterior*, beziehungsweise 3,8,32 (CSEL 32/1,80): *et tu, Eunomiane dicis quia dissimilis est patri filius.* Etwas präzisere Kenntnisse von der Lehre des Anhomöers verrät Ambrosius dagegen einige Jahre später in *incarn.* 2,7 (CSEL 79,227): *Si offerat Eunomianus, qui ex impietatis Arrianae fonte progrediens redundanti perfidiae suae labitur caeno, generationem Christi, quae super omnia est, adserens ex philosophiae traditionibus colligendam ....* Reine Polemik stellt dagegen die Verbindung des EUNOMIUS mit MARCION in *off.* 1,25,117 (151 TESTARD) dar.
[48] EUNOMIUS wurde um 335 als Sohn eines Bauern geboren, lebte seit 356/357 als Schüler und Sekretär bei AËTIUS in Alexandrien und amtierte nach 358 einige wenige Monate als Bischof auf Cyzicus. Danach zog er sich nach Kappadokien zurück und separierte zu Beginn der sechziger Jahre

aber eine Gottlosigkeit, in ihrer Unfrömmigkeit nicht
uneinig, in ihrer Gemeinschaft aber uneinig, nicht verschieden
im Betrug, aber in der Verschwörung unterschieden.
Warum sie sich nämlich untereinander nicht einigen
wollen, verstehe ich nicht.
6.45 Die Arianer meiden die Person des Eunomius[47],
aber seinem Unglauben stimmen sie zu, der Gottlosigkeit
folgen sie. Sie sagen, daß er zu weitgehend ausgelegt habe,
was Arius geschrieben hat. Welch' immense Verblendung!
Sie lassen den Urheber gelten, weisen den Vollstrecker
zurück. Daher haben sie sich nun in viele Fraktionen
geteilt: Einige folgen dem Eunomius[48] oder Aëtius[49],

---

eine von den Gegnern als „eunomianisch" oder „anhomöisch" bezeichnete
Kirchengemeinschaft von der homöischen Reichskirche (nach
BRENNECKE, Geschichte der Homöer 112f, auf einer Synode in Konstantinopel
362). Sein Glaubensbekenntnis (ἔκθεσις πίστεως) wurde bei einem
Religionsgespräch in Konstantinopel 383 zurückgewiesen; er starb
zwischen 392 und 394 auf dem väterlichen Landgut im kappadokischen
Dakora; für die fragmentarische Überlieferung seiner Werke vgl. jetzt
die kritische Textausgabe *Eunomius, The Extant Works* von R.P. VAGGIONE
(die ἔκθεσις πίστεως auf den Seiten 150–159) und ABRAMOWSKI,
Eunomios 936–947.

[49] AËTIUS, der als Begründer des radikalen Neuarianismus („Anhomöer")
gilt, dürfte um 300 in Kilikien in einfachen Verhältnissen geboren
worden sein und wurde 344/345 von LEONTIUS VON ANTIOCHIEN zum
Diakon ordiniert. Auf dem Konzil von Konstantinopel 360 wurde er
feierlich verdammt und exiliert; nach der Begnadigung durch JULIAN
APOSTATA wurde er auf der kirchengründenden Konstantinopolitaner
Synode von 362 (siehe vorherige Anm.) zum Bischof ohne Bezug auf eine
spezielle Diözese geweiht. Er starb bald nach 365 und wurde von seinem
Schüler EUNOMIUS in Konstantinopel begraben: BARDY, *L'héritage littéraire
d'Aëtius* 809–827; WICKHAM, *Syntagmation of Aetius* 532–569, und
KOPECEK, *History of Neo-Arianism*.

alii Palladium vel Demophilum adque Auxentium vel perfidiae eius heredes secuntur, alii diversos. „Numquid divisus est Christus?" — Sed qui eum a patre dividunt, ipsi se scindunt.

PUATKD Φ *(UATO) Lm2VZ SMCWO def. RE*
2 eius] huius *m* | hereseos *P* hereses *Oa* | secuntur *PKVCW* ‖ 3 diversos] e diverso *(i.r.)* sentiunt *N*

---

[50] PALLADIUS, seit 346 Bischof von Rathiaria (heute: Arçer/Bulgarien) und damit Metropolit der Dacia ripens, dürfte gegen 300 geboren sein. Auf der Synode von Aquileia 381 wurde er wegen seiner homöischen Option auf Betreiben des Ambrosius als ‚Arianer' abgesetzt und verlor seine priesterliche Würde. PALLADIUS dürfte relativ bald nach einem erfolglosen Versuch, bei Kaiser THEODOSIUS die Beschlüsse dieser Synode aufheben zu lassen, gestorben sein (383): MESLIN, *Ariens d'Occident* 85–92.111–134; GRYSON, *Scolies Ariennes* 81–83, beziehungsweise MARKSCHIES, *Ambrosius von Mailand und die Trinitätstheologie* 124–133.213–215.

[51] DEMOPHILUS, zunächst Bischof von Beroea und Metropolit der Thracia, gehörte ursprünglich zu den mild subordinierenden Theologen origenistischer Tradition, die das sogenannte „langzeilige Bekenntnis" (ἔκθεσις μακρόστιχος: ATHANASIUS VON ALEXANDRIEN, *syn.* 26, 1–10 [251–254 OPITZ]) 345 dem Kaiser CONSTANTIUS präsentierten; 356/357 wurde er aus Beroea verbannt und schließlich 370 auf Betreiben des Kaisers VALENS zum Bischof der Reichshauptstadt Konstantinopel ordiniert. 380 lehnte er die Forderung des neuen Kaisers THEODOSIUS ab, das Symbol des nicaenischen Reichskonzils von 325 zu unterschreiben, und ging ins Exil nach Thrakien. Kurz nach 383 dürfte er verstorben sein; BASILIUS erwähnt seine aufrichtige Frömmigkeit (BASILIUS VON CAESAREA, *ep.* 48 [129 COURTONNE]); vgl. DE RIEDMATTEN, *Démophil de Bérée* 212–215.

[52] Hier ist entweder der Vorgänger des Ambrosius oder der gleichnamige Bischof von Durostorum (oder — falls man hier zwei Personen voneinander unterscheiden will — der skythische homöische Mailänder Gegenbischof AUXENTIUS [II.] MERCURINUS) gemeint: AUXENTIUS VON MAILAND stammte aus Kappadokien und wurde unter seinem Landsmann GEORG Priester in Alexandrien (339–345). 355 übernahm er das Bischofsamt in Mailand und machte die Provinzhauptstadt zu einem „Bollwerk des Homöertums" (MARKSCHIES, *Ambrosius von Mailand und die Trinitätstheologie* 58). Mehrere Synoden und Einzelpersonen (zum Teil direkt in Mailand) betrieben ergebnislos seine Absetzung, aber der Homöer

andere folgen dem Palladius[50] oder Demophilus[51] und gar Auxentius[52] von Mailand[53] oder den Erben seiner Gottlosigkeit. Wieder andere folgen verschiedenen anderen Lehrern. „Ist Christus etwa zerteilt?" (1 Kor 1, 13*). Aber die, die ihn vom Vater trennen, spalten sich selbst.

---

amtierte unverdrossen bis zu seinem Tode 374 weiter (Literatur zu AUXENTIUS bei MARKSCHIES, *Ambrosius von Mailand und die Trinitätstheologie* 58 Anm. 80, und bei DURST, *Glaubensbekenntnis* 118–168, sowie PIETRI/PIETRI, *Auxentius 1*, 238–241). Ambrosius war sein Nachfolger. Ein gleichnamiger, freilich jüngerer AUXENTIUS war zeitweilig homöischer Bischof in Durostorum, einer Hauptfestung der Moesia inferior (Ruinen beim bulgarischen Silistria/Drster), und Ziehkind, Schüler und Biograph des WULFILA (vgl. SCHOLIA ARRIANA IN CONCILIUM AQUILEIENSE [SCh 267, 236–250]). Er gehörte zu den führenden illyrischen Homöern, die Ambrosius mit seiner Schrift *De fide* bekämpfte. Als Hauptgegner des Ambrosius im Konflikt um die Mailänder Basiliken (MARKSCHIES, *Ambrosius von Mailand* 15) tritt spätestens 385/386 schließlich ein „skythischer" homöischer Bischof namens AUXENTIUS MERCURINUS auf, der unter kaiserlicher Protektion zum Gegenbischof des Ambrosius avanciert. Er wird von einer ganzen Reihe von Forschern mit dem Bischof von Durostorum identifiziert; allerdings ist diese Identifikation auch vehement bestritten worden (so von GRYSON, *Scolies Ariennes* 58f; vgl. auch MESLIN, *Ariens d'Occident* 44–58.439, und PIETRI/PIETRI, *Auxentius 3*, 241). Allerdings scheint GRYSONS Vermutung, der Mailänder Gegner des Ambrosius habe in Wahrheit „Mercurinus" geheißen und „Auxentius" sei nur ein „pseudonyme" gewesen, um die Verbindung mit dem 374 verstorbenen Bischof herzustellen, doch etwas spitzfindig. Ambrosius behauptet zwar in seiner Predigt gegen AUXENTIUS (*ep.* 75a[21a],22 [CSEL 82/3, 96f]), MERCURINUS habe den Namen gewechselt, um Verbrechen in Skythien zu vertuschen, allerdings wird es sich dabei um reine Polemik handeln. Möglicherweise sind beide AUXENTII zu identifizieren (ausführliche Nachweise in dem kaum bekannten Beitrag von KLEIN, *Wulfilabiograph* 165–191).
[53] Welcher AUXENTIUS ist nun in *fid.* 1, 6, 45 gemeint? Im Gegensatz zu FALLER, *Ambrosius* 8, 19, meine ich, daß Ambrosius hier in der Reihe prominenter anhomöischer und homöischer Bischöfe seinen Amtsvorgänger und nicht den wesentlich unbekannteren Bischof von Durostorum im Blick hat (ausführlicher: MARKSCHIES, *Ambrosius von Mailand und die Trinitätstheologie* 183 Anm. 542). Das Mißverständnis geht bereits auf PALLADIUS VON RATHIARIA zurück: *c. Ambr.* 94 (fol. 348ᵛ, 36 – 349ʳ, 4 [CCL 87, 194f]): *Et quamvis Auxenti ita meministi ut non indicares de quo dixeris, utrum de superstite, id est Dorostorensi, an de Mediolanensi, qui sine successore decessit*; so auch MCLYNN, *Ambrose of Milan* 147 Anm. 242).

6.46 Et ideo quoniam communiter adversus ecclesiam
| dei, quibus inter se ipsos non convenit, conspirarunt,
communi nomine ‚hereticos', quibus respondendum
est, nominabo. Heresis enim velut quaedam hydra fabularum vulneribus suis crevit, et dum saepe reciditur, pullulavit, igni debita incendioque peritura. Aut velut quaedam monstruosis Scylla portentis in varias formas distincta perfidiae velut superne vacuum christianae sectae nomen obtendit, sed quos in illo impietatis suae freto miseros inter naufragia fidei reppererit fluctuantes, beluinis succincta prodigiis tetri dogmatis saevo dente dilacerat.

6.47 Cuius speluncam, sancte imperator, ut ferunt nautae, caecis latebris inhorrentem omnemque eius viciniam caeruleis canibus inter perfidiae saxa resonantem | clausa quodammodo praeterire aure debemus. Scriptum est enim: „Sepi aures tuas" et alibi: „Videte canes, videte malos operarios" et iterum: „Hereticum post primam correptionem devita, sciens quia subversus est, qui eiusmodi est, et delinquit, cum sit proprio iudicio damnatus."

PUATKD Lm2VZ SMCWO def. RE
1 adversum *Pallad.l.c.p.79,40* ‖ 2 se *om. S* | spiraverunt *N* ‖ 4 ydra *U, D p. c. m2, Pallad. l. c. p. 79, 42* (iterare *T, Aa.c.m2*) ‖ 5 reciditur] *add.* in plurimis *C* ‖ 6 debito *S* dedita *Aa.c., Pallad p. 32, 25* debita *Pallad. p. 80, 1 (sic!)* | aut *om. Lm2* ‖ 7 monstruosis ... portentis *PV* monstruosa portentis *Pallad. p. 32, 27* monstruosi portenti *cet. am* (et *p. 80, 2 Kauffmann*) | Scylla] squi illa *Sa.c.m2 (corr.* scilla) silla *Z* ‖ 8 ut in *C* | et velut *Z* | superne vacuum *Sp.c.m2Lm2ZDWO* (superne: *cf. Verg. 1.c. 426:* pube tenus) supernae vacuum *Sa.c.m2PUA TKM, Pallad. l. c. p.80, 2 a* super vacuum *NVm* supervacum *C* ‖ 9 obtundit *D* offendit *K* | pietatis *Sa.c.m2* | fraeto *Sa.c., Pallad.l.c.p. 80, 3 (corr. ex* fractu) ‖ 10 reppererit *C* repperit *Pa.c.m1SVN* reperit *m* | beluinis] velutinis *Sa.c.m2* velut caninis *corr. Sm2* delfinis *Pallad. l.c.p. 80, 4 (32, 31)* ‖ 11 taetro *Sa.c.* | delacerat *A* ‖ 12 referunt *K* ‖ 13 vicinam *Sa.c.m2, Pallad. p. 32,34 (corr. Kauffmann p. 80, 6)* ‖ 14 perfidia *Pa.c.* perfida *Pp.c.* ‖ 16 tuas] *add.* spinis *SKOam* ‖ 17 operarios malos *K* | hereticum] *add.* hominem *SKU Vm* | primam] unam *Lm2ZCW* ‖ 18 correctionem *W* | evita *K* | subversor *C* perversus *Ma.c.m2N*

6.46 Und deshalb, weil sie sich ja gemeinsam gegen die Kirche Gottes darin verschworen haben, worin sie untereinander keine Einigung finden konnten, werde ich die, denen zu antworten ist, mit gemeinsamem Namen ‚Häretiker' nennen. Die Häresie nämlich ist — wie jene Hydra in den Sagen — durch ihre Wunden gewachsen, und so oft ihr etwas abgehauen wurde, hat sie es wieder nachwachsen lassen. Sie gehört verbrannt und wird im Feuer enden. Oder — wie jene Skylla[54] mit all ihren Scheußlichkeiten — in verschiedene Formen der Gottlosigkeit zerfallen, trägt die Häresie zum Schein gleichsam am Oberkörper den leeren Namen einer christlichen Gruppe, die Armen aber, die sie in jener Meerenge ihrer Gottlosigkeit inmitten von Schiffbrüchen ihres Glaubens treiben findet, zerfleischt sie mit den grausamen Zähnen ihrer widerwärtigen Lehre, von tiergestaltigen Ungeheuern umgeben.[55]

6.47 An deren Höhle, heiliger Kaiser, die — wie Seefahrer berichten — reichlich verborgene Schlupfwinkel bietet, und an ihrer ganzen Umgebung, die zwischen den Felsen des Unglaubens von ihren bläulichen Hunden widerhallt, müssen wir gewissermaßen mit geschlossenen Ohren vorübergehen. Denn es steht geschrieben: „Halte Dir deine Ohren zu" (Sir 28, 28 Vg.) und an anderer Stelle: „Paßt auf die Hunde auf, paßt auf die schlechten Arbeiter auf" (Phil 3, 2) und wiederum: „Den Häretiker meide nach dem ersten Tadel, weil Du weißt, daß der verkehrt ist, der von solcher Art ist. Und er versündigt sich, während er doch längst durch sein eigenes Urteil gerichtet ist" (Tit 3, 10f*).

---

[54] Vgl. HOMER, *Od.* 12, 73–92 (164 VAN THIEL); für die christliche Rezeption vgl. zum Beispiel MINUCIUS FELIX, *Octavius* 20, 3 (18 KYTZLER), oder ISIDOR VON SEVILLA, *orig.* 11, 3, 32 (o. S. LINDSAY), sowie SCHMIDT, *Skylla* 647–655, besonders 652f.
[55] VERGIL, *Aen.* 3, 424–432 (166 MYNORS); FALLER, *Ambrosius* 8, 20, weist auf eine Formulierung aus einem theodosianischen Gesetz vom 10. Januar 381 hin: *Eunomianae perfidiae crimen et nefanda monstruosis nominibus auctorum prodigia sectarum ab ipso etiam aboleantur auditu* (*Cod. Theod.* 16, 5, 6, 1 [1/2, 856f MOMMSEN/MEYER]).

Itaque tamquam boni gubernatores, quo tutius praetermeare possimus, fidei vela tendamus scripturarumque relegamus ordinem.

7.48 Apostolus dicit imaginem patris Christum esse; ait enim quod ipse sit „imago dei invisibilis, primogenitus universae creaturae". „Primogenitus", inquit, non „primo creatus", ut et genitus pro natura et primus pro perpetuitate credatur. Alibi quoque apostolus adseruit, quod ipsum „posuit heredem omnium, per quem et fecit saecula, qui est splendor gloriae et character substantiae eius." „Imaginem" apostolus dicit, et Arrius dicit „esse dissimilem"? Cur „imago", si similitudinem non habet? In picturis homines nolunt esse dissimiles, et Arrius dissimilem patrem contendit in filio et vult, ut pater dissimilem genuerit sui, quasi inpotens, qui generare similem non potuerit.

7.49 Prophetae dicunt: „In lumine tuo videbimus lumen", prophetae dicunt: „Splendor est enim lucis aeternae et speculum | sine macula dei maiestatis et imago bonitatis illius". Vide quanta dicantur: „Splendor", quod claritas paternae lucis in filio sit, „speculum sine macula",

---

PUATKD Φ*(UATO) Lm2, Lm1 inde a l. 5* primogenitus, *VZ SMCWO def. RE*
1 tamquam *om. Pallad. p. 32, 40, add. Kauffmann p. 80, 10* ‖ 2 vela tendamus] vel adtendamus *MN* | scripturarum *D* ‖ 3 legamus *W* ‖ 5 sit] est *SC* | primogenitus] hic incipit *Lm1* | 9 posuit] *add.* deus *DV* | et fecit *(cf.* καὶ ποίησεν*) PADSC* efficit *K* fecit et *cet. am* ‖ 12 cur *om. P* | si *om. KDVZ* ‖ 14 in *exp. S, om. Ka.c.m* esse in *W* | ut *om. S* ‖ 17 vidimus *D* ‖ 19 maculam *P* | maiestas *UA, Ta.c.m2* ‖ 20 dicuntur *SK* dicantur quod *W* ‖ 21 paterno* (lucis *s.l.m2*) *D*

---

[56] Vgl. ATHANASIUS VON ALEXANDRIEN, *Ar.* 2, 62, 1–4 (238f METZLER/ SAVVIDIS).

Daher wollen wir wie ein kluger Steuermann, damit wir um so sicherer vorbeisegeln können, die Segel des Glaubens aufspannen und die biblischen Schriften der Reihe nach durchgehen.

7.48 Der Apostel sagt, daß Christus das Bild des Vaters ist. Er führt nämlich aus, daß er „Abbild des unsichtbaren Gottes, der Erstgeborene der ganzen Schöpfung" (Kol 1,15*) ist.[56] „Erstgeborener" sagt er, nicht „Erstgeschaffener", damit man glaubt, daß er sowohl entsprechend seiner Natur gezeugt als auch entsprechend seiner Ewigkeit der Erste ist. An anderer Stelle bekräftigte der Apostel auch, daß Gott den „zum Erben aller Dinge eingesetzt hat, durch den er auch die Weltzeiten geschaffen hat, der Abglanz seiner Herrlichkeit und Bild seines Seins ist" (Hebr 1,2f*). „Bild" sagt der Apostel, und Arius sagt „er ist unähnlich"? Warum „Bild", wenn er keine Ähnlichkeit hat? Die Menschen wollen bei Bildern nicht, daß sie ihnen unähnlich sind, und Arius behauptet, daß der Vater im Sohn als seinem Bild unähnlich ist, und will, daß der Vater einen sich Unähnlichen zeugte, als ob er unfähig wäre, einen Sohn zu zeugen, der ihm ähnlich ist.[57]

7.49 Die Propheten sagen: „In Deinem Licht werden wir das Licht sehen" (Ps 36,10: Ps 35,10 LXX), die Propheten sagen: „Er ist nämlich Abglanz des ewigen Lichtes und ein Spiegel der göttlichen Herrlichkeit ohne Fehler und Bild seiner Güte" (Weish 7,26*). Sieh' ein, wie weitgehend das gemeint ist: „Abglanz", weil die Klarheit des väterlichen Lichtes im Sohn ist, „Spiegel ohne Fehler",

---

[57] Hier fällt die vergleichsweise unbefangene Verwendung des theologischen Programmbegriffs der Homöer auf: *similis* (ὅμοιος), die in den folgenden Büchern zurücktritt (Belege bei MARKSCHIES, *Ambrosius von Mailand und die Trinitätstheologie* 181 mit Anm. 531; vgl. insbesondere Ambrosius, *fid.* 4,10,127, unten 554f, und 5,1,27, unten 606f, mit den entsprechenden Kommentaren).

quod pater videatur in filio, „imago bonitatis", quod non corpus in corpore, sed virtus in filio tota cernatur. „Imago" docet non esse dissimilem, „character" expressum esse significat, „splendor" signat aeternum. „Imago" itaque non vultus est corporalis, non fucis conposita, non ceris, 5 sed simplex de deo,‚egressa de patre', expressa de fonte.

7.50 Per hanc „imaginem" Filippo patrem dominus demonstravit dicens: „Filippe, qui me vidit, vidit et patrem. Et quomodo tu dicis ‚ostende nobis patrem'? Non credis quia ego in patre et pater in me est?" Vidit enim 10 in imagine patrem, qui vidit in filio. Vides quam „imaginem" dicat? Imago ista veritas est, imago ista iustitia est, imago ista ‚dei virtus' est, non muta, quia verbum est, non insensibilis, quia sapientia est, non inanis, quia virtus est, non vacua, quia vita est, non mortua, quia resurrectio est. 15 Vides ergo quia, dum „imago" dicitur, patrem significat esse, cuius imago sit filius, quia nemo potest ipse sibi imago sua esse.

7.51 Plura possem de fili testimoniis dicere, sed, ne forte ipse sibi nimium favisse dicatur, patrem interrogemus. 20 Nempe | ipse dixit: „Faciamus hominem ad imaginem et | 23 similitudinem nostram." Pater filio dicit „ad similitudinem nostram", et tu „dissimilem" filium dei dicis?

PUATKD Φ(UATO) LVZ SMCWO def. RE
1 videtur *K* ‖ 4–5 itaque] utique *VCm* ‖ 6–7 de fonte *om. K* ‖ 8 filippo] fili pro *P* ‖ 9 demonstrabit *P* (*add.* dn̄s *a.c.*) | filippe *P* | videt … videt *Sp.c.m2U, Ap.c.m.2TONVam* (ἑωρακὼς … ἑώρακεν!) ‖ 9–10 et *alt. om. Z* ‖ 11 in patrem *Sa.c.K* | videt … videt *Sp.c.m2U, A p.c.m2N Oam* | in *tert. om. D* ‖ 11–12 in imaginem *PK,Sa.c.La.c.m2* imaginem (*om.* in) *Lm2Z* ‖ 13 imago ista veritas est *om. UAT* | imago *pr.* – iustitia est *om. Z* ‖ 18 filius *om. C* ‖ 20 possim Φ, *Da.c.m2a* possit *Ka.c.* | de filio testimoniis *Aa.c.CD* de filio testimonia Φ*a* | forte] *add.* filius *LZ* ‖ 23 dicit] *add.* ad imaginem et *Mm2Nm* ‖ 24 dei *om. LD*

---

[58] Die Formulierung *expressa de fonte* dürfte sich neuplatonischer Philosophie verdanken.

weil der Vater im Sohn erscheint, „Bild der Güte", weil nicht ein Körper in einem Körper, sondern die Kraft (der Gottheit) als ganze im Sohn wahrgenommen wird. „Bild" lehrt, daß er nicht unähnlich ist, „Abbild" bedeutet, daß er ein Abdruck des Vaters ist, „Glanz" bedeutet, daß er ewig ist. „Bild" bedeutet deshalb nicht ein körperliches Antlitz, nicht eine Zusammensetzung von Farben, nicht aus Wachs, sondern einfach, daß er von Gott ist, daß er aus dem Vater hervorgegangen ist, herausgesprudelt aus der Quelle[58].

7.50 Durch dieses „Bild" zeigt der Herr Philippus den Vater, indem er sagt: „Philippus, wer mich sieht, sieht auch den Vater. Und warum sagst Du da ‚Zeige uns den Vater'? Glaubst Du nicht, daß ich im Vater bin und der Vater in mir ist?" (Joh 14,9f*). Wer den Vater im Sohn sieht, sieht nämlich den Vater im Bild. Siehst Du, was er „Bild" nennt? Dieses Bild ist Wahrheit, dieses Bild ist Gerechtigkeit, dieses Bild ist ‚Kraft Gottes', nicht stumm, weil es das Wort ist, nicht ohne Wahrnehmung, weil es die Weisheit ist, nicht schwach, weil es die Kraft ist, nicht leer, weil es Leben ist, nicht sterblich, weil es die Auferstehung ist. Du siehst also, daß, wenn von „Bild" gesprochen wird, es bedeutet, daß es der Vater ist, dessen Bild der Sohn ist, weil niemand für sich selbst sein eigenes Bild sein kann.[59]

7.51 Noch mehr könnte ich über die biblischen Zeugnisse vom Sohn sagen, aber, damit nicht etwa gesagt wird, er habe sich selbst zu günstig dargestellt, wollen wir den Vater befragen. Freilich hat er selbst gesagt: „Wir wollen einen Menschen machen zu unserem Bild, der uns ähnlich ist" (Gen 1,26). Der Vater sagt dem Sohn: „Der uns ähnlich ist", und Du nennst den Sohn Gottes „unähnlich"?

---

[59] ATHANASIUS VON ALEXANDRIEN spricht in *Ar.* 1,20,4 vom χαρακτὴρ ὁλόκληρος (130 METZLER/SAVVIDIS); vgl. auch HILARIUS VON POITIERS, *trin.* 3,23 (CCL 62,95); hier ist ebenfalls die zu Joh 14,10 ganz analoge Formulierung aus Joh 10,38 *Pater in me et ego in Patre* mit Hebr 1,3 *imago substantiae eius* in Beziehung gesetzt.

7.52 Iohannes dicit: „Dilecti, fili dei sumus, et nondum apparet, quid erimus; scimus quia, si revelatum fuerit, similes ei erimus." O inprovida amentia, o inpudens pervicacia: homines sumus et, in quo possumus, ad similitudinem dei erimus, et similem audemus dei filium denegare?

7.53 Ergo pater dixit: „Faciamus hominem ad imaginem et similitudinem nostram." In principio ipsius mundi patrem et filium esse audio et unum opus cerno, audio loquentem, agnosco facientem. Sed et patris et fili unam imaginem, unam similitudinem lego: similitudo haec non diversitatis, sed unitatis est. Quod igitur tibi usurpas, filio dei derogas, cum utique nisi per imaginem dei ad imaginem dei esse non possis.

De sempiterno dei filio

8.54 Claret igitur non esse dissimilem et ideo proclivior via est, ut etiam sempiternum esse fateamur, cum similis sempiterni utique sempiternus sit. Si autem patrem sempiternum dicimus et hoc idem filium denegamus, dicimus esse dissimilem; sempiterno enim temporale dissimile est.

Clamat propheta sempiternum, clamat et apostolus sempiternum, plenum est vetus testamentum testimoniis fili sempiterni, plenum est novum.

PUATKD Φ*(UATO) LVZ SMCWO def. RE*
1 dilectissimi *K* | fili *PK, Aa.c.La.c.* filii *cet.* | nondum] non *Z* ‖ 2 quod erimus *C* | quia si] quoniam cum (scimus – 3 erimus *in mg.*) *Sm2* ‖ 3 ei *om. D* | inprudens *KLM* ‖ 4–5 erimus] *add.* et similitudinem dei erimus *Sa.c.* (*exp.*) ‖ 5 denegamus (audemus *om.*) *P* ‖ 11–12 dei filio *D* ‖ 12–13 ad imaginem dei *om. S* ‖ 14 De – filio] *u.t.MW* de sempiterno filii (*sic !*) dei *K* de sempiterno filio *D* de sempernitate filii dei *C, add.* II C IIII *UAT,* cap. IIII *Lm2VZ,* cap. V *Oa* ‖ 15 claruit *K* | via] *add.* facilior *Pm2* ‖ 16 fatearis *W* ‖ 16–17 sempiterni] sempiterno *KOa* ‖ 18 filio *Sp.c.m2* ‖ 19 sempiterno *bis S* sempiternum enim et *P* ‖ 20 prophetia *UAZ,* V *p.c.m2* ‖ 20–21 clamat et apostolus sempiternum *om. V* et *om. D* ‖ 21 testimoniis *om. S* ‖ 22 sempiternitate *C* sempiternum *D*

7.52 Johannes sagt: „Geliebte, wir sind Söhne Gottes, und was wir sein werden, erscheint noch nicht. Wir wissen, daß wir, wenn es offenbar sein wird, ihm ähnlich sein werden" (1 Joh 3,2*). O gedankenlose Dummheit, o unkluge Hartnäckigkeit; wir sind Menschen und, soweit wir es können, werden wir zur Ähnlichkeit Gottes gelangen, und gleichzeitig wagen wir zu verneinen, daß der Sohn Gottes ähnlich ist?

7.53 Also hat der Vater gesagt: „Wir wollen einen Menschen machen zu unserem Bild, der uns ähnlich ist" (Gen 1,26). Ich höre, daß am Anfang dieser Welt Vater und Sohn sind, und ich nehme ein einziges, einheitliches Werk wahr; ich höre einen, der spricht; ich erkenne einen, der handelt. Aber ich lese von einem einzigen Bild des Vaters und des Sohnes und von einer einzigen Ähnlichkeit; diese Ähnlichkeit ist nicht die, die auf Verschiedenheit beruht, sondern auf Einheit. Was Du also für Dich beanspruchst, sprichst Du dem Sohn Gottes ab, obwohl Du doch anders nicht Abbild Gottes sein kannst als durch das Abbild Gottes (sc. Christus) selbst[60].

Über den ewigen Sohn Gottes

8.54 Es ist also klar, daß der Sohn Gottes nicht unähnlich ist, und daher ist es der leichtere Weg, daß wir ihn auch als ewig bekennen, weil derjenige, der dem Ewigen ähnlich ist, selbstverständlich ewig ist. Wenn wir aber sagen, daß der Vater ewig ist, und dem Sohne eben das absprechen, sagen wir, daß er unähnlich ist. Dem Ewigen ist das Zeitliche nämlich unähnlich.

Der Prophet verkündigt, daß er ewig ist, auch der Apostel verkündigt, daß er ewig ist; voll ist das Alte Testament von Zeugnissen für die Ewigkeit des Sohnes, voll ist das Neue.

---

[60] Vgl. unten *fid.* 5,7,90, 654f.

8.55 Ordinem ergo teneamus. Scriptum est in veteri testamento, ut vel unum de pluribus dicam: „Ante me non fuit alius deus et post me non erit." Nihil ego argumentabor, te ipsum interrogo: Quis hoc dicit, pater an filius? — Utrum dixeris, eo te convinci intelleges vel, si credas, doceri. Quis ergo hoc dicit, pater an filius? Si filius, „ante me", inquit, „non fuit alius deus", si pater, „post me", inquit, „non erit". Hic priorem, ille posteriorem non habet. Invicem in se et pater in filio et filius in patre cognoscitur. Cum enim patrem dixeris, eius etiam filium designasti, quia nemo ipse sibi pater est. Cum filium nominas, etiam patrem eius fateris, quia nemo ipse sibi filius est. Ita nec filius sine patre nec pater potest esse sine filio. Semper igitur pater, semper et filius.

8.56 „In principio" enim „erat verbum et verbum erat apud deum et deus erat verbum, hoc erat in principio apud deum." „Erat", inquit, „apud deum": „Erat", „erat", „erat", „erat", ecce quater „erat". Ubi impius invenit quod, non erat'? Alibi quoque Iohannes in epistula sua dicit: „Quod erat in principio." Indefinite tenditur „erat". Quidquid excogitaveris, „erat" filius.

8.57 Omnes autem hereses hoc capitulo brevi piscator noster exclusit. Quod enim „erat in principio",

---

PUATKD Φ(UATO) LVZ SMCWO def. RE

1 scriptum est enim *SW* ‖ 2 ut – dicam *om.PD* | de] e Φ*a* ‖ 3 ego *PM* ergo *cet. am* ‖ 5 intellegis *PLZSC* | credis *Sp.c.m2* ‖ 6 doceris *Sp.c.m2* ‖ 8 non]nemo *K* ‖ 9 in se] esse *Sm2* | in *alt.*] et *Sa.c.* ‖ 10 etiam et *P* ‖ 12 nominasti *C* ‖ 11 quia – 12 fateris *om.T* ‖ 13 itaque *VΦam* ‖ 15 enim *om. P* ‖ 17 erat *alt.* – 18 erat *quart.*] erat et erat et erat *P* ‖ 17–18 erat *quint. om. PLM, Aa.c.m2* ‖ 20 dicet *P* | in principio] ab initio *C* | penditur *Pa.c.m2* ostenditur *L* ‖ 21 erat *pr. om. P* ‖ 22 brevi] libri *P*

---

[61] Vgl. § 24 des sogenannten Athanasianums (19 KELLY): *Et in hac trinitate nihil prius aut posterius.*

8.55 Wir wollen also die Abfolge der biblischen Schriften einhalten: Geschrieben ist also im Alten Testament — um nur einen von den vielen Belegen zu nennen: „Vor mir ist kein anderer Gott und nach mir wird keiner sein" (Jes 43,10*). Ich will jetzt nichts diskutieren, ich frage Dich selbst: Wer sagt dies, der Vater oder der Sohn? — Welchen von beiden Du auch nennen wirst, Du wirst einsehen, daß Du dadurch widerlegt wirst oder, wenn Du glaubst, belehrt wirst. Wer also sagt dies, der Vater oder der Sohn? Wenn der Sohn, dann sagt er „vor mir war kein anderer Gott", wenn der Vater, dann sagt er „nach mir wird kein anderer Gott sein". Dieser hat keinen Vorgänger, jener keinen Nachfolger[61]. Einer wird im anderen erkannt: der Vater im Sohn wie der Sohn im Vater. Wenn Du nämlich den Vater genannt hast, hast Du auch auf seinen Sohn hingewiesen, weil niemand sich selbst Vater ist.[62] Wenn Du den Sohn nennst, bekennst Du auch seinen Vater, weil niemand sich selbst Sohn ist. So kann weder der Sohn ohne den Vater noch der Vater ohne den Sohn sein. Immer ist also der Vater, immer auch der Sohn.

8.56 Denn „im Anfang war das Wort und das Wort war bei Gott und Gott war das Wort, das war im Anfang bei Gott" (Joh 1,1f). „Es war", sagt er, „bei Gott": „War", „war", „war", „war", siehe: viermal „war". Wo findet der Gottlose, daß ‚er nicht war'? Auch an anderer Stelle sagt Johannes in seinem Brief: „Was im Anfang war" (1 Joh 1, 1*). Die Ausdehnung des „war" ist unbegrenzt. Was auch immer Du ausgedacht hast, der Sohn „war" am Anfang.

8.57 Durch dieses kleine Kapitel schloß unser Fischer aber alle Häretiker aus. Was nämlich „im Anfang war",

---

[62] So schon TERTULLIAN, *adv. Prax.* 10,3–6 (CCL 2,1169f), und ATHANASIUS VON ALEXANDRIEN, *Ar.* 3,6 (PG 26,333).

non includitur tempore, non principio praevenitur. Ergo Arrius conticescat. Quod autem „erat apud deum", non permixtione confunditur, sed manentis verbi aput patrem solida perfectione distingitur, ut Sabellius obmutescat. „Et deus erat verbum"; non ergo in prolatione sermonis hoc verbum est, sed in illa caelestis designatione virtutis, ut confutetur Fotinus. Quod vero „erat in principio apud deum", sempiternae divinitatis in patre et filio inseparabilis unitas edocetur, ut erubescat Eunomius. Postremo cum omnia per eum facta dicantur, ipse conditor novi utique testamenti et veteris designatur, ut Maniceus locum temptationis habere non possit. Ita piscator bonus intra unum omnes rete conclusit, ut faceret inhabiles fraudi, quamvis essent inutiles captioni.

9.58 Dic mihi, heretice, — dat enim veniam clementissimus imperator, ut te non conloquendi studio nec audiendi cupiditate, sed exponendi gratia paulisper adloquar — dic mihi, inquam, fuitne aliquando tempus, quo omnipotens deus pater non erat et deus erat? —, Tempus', inquit, ,non ad|struo'. —

PUATKD Φ(UATO) LVZ SMCWO def. RE
1 excludit *WDZ* ‖ 2–3 per mixtionem *P* conmixtione *UAOa* ‖ 4 inmutescat *U* commutescat *T* ommutescat *A* ‖ 5 probatione *P* praelatione *M* ploratione *U* pro ratione *T* exploratione *C* ‖ 5–6 in *alt. om. D* ‖ 6 definitione *PDVZ* | confundatur *C* confitetur *Us.c.m2Oa* ‖ 7 vero] verbum *LVZC* vero verbum *W* ‖ 8 divinitatis] divine virtutis *C* | unitas] trinitas *T* ‖ 9 erubescat] *add.* eudoxius et Φa | eum] ipsum *DOa* ‖ 10 dicuntur *K* ‖ 12 omnes *om. W* ‖ 13 facerent *P* ‖ 14 dat–clementissimus] da* mihi veniam clementissime *W* ‖ 15 obloquendi *Oa* | audendi *Sa.c.m2* ‖ 16 adloquor *PK* ‖ 16–17 inquis Φam

---

[63] Zur Vorstellung von der „unzusammengeschütteteten Einheit" (ἀσύγχυτος ἕνωσις) vgl. *fid.* 1,1,6, oben 144f mit Anm. 11.
[64] Vgl. für den Ausdruck *prolatio sermonis fid.* 4,7,72, unten 512f, beziehungsweise 4,9,106, unten 538–541 mit Anm. 420.
[65] Ambrosius nennt hier die drei explizit vom sogenannten ‚Toleranzedikt' von 378 (siehe oben Einleitung, 58 Anm. 236) ausgeschlossenen Gruppen (SOCRATES, *h. e.* 5,2,1 [GCS 275]: Εὐνομιανοὺς, Φωτεινιανοὺς καὶ Μανιχαίους); eine formal ganz analog gebaute Passage übrigens bei Ambrosius, *apol. Dav.* 2,4,26 (CSEL 32/2,374).

wird nicht durch die Zeit begrenzt, ihm geht kein Anfang voraus. Also soll Arius verstummen. Was aber „bei Gott war", wird nicht durch Mischung zusammengeschüttet[63], sondern wird durch die dauerhafte Vollkommenheit des Wortes, das beim Vater bleibt, unterschieden, so daß Sabellius verstumme. „Und Gott war das Wort": Also besteht dieses Wort nicht im Hervorbringen einer Rede[64], sondern in jener Bezeichnung der himmlischen Kraft, so daß Photin widerlegt wird. Da es aber „im Anfang bei Gott war", wird die unzertrennbare Einheit der ewigen Gottheit im Vater und Sohn gezeigt, so daß Eunomius[65] sich schämen muß. Da schließlich gesagt wird, daß alles durch ihn geschaffen wurde, wird er selbst gewiß als Schöpfer des Alten und Neuen Testaments bezeichnet, so daß Mani[66] keine Gelegenheit für seine Versuchung finden kann. So fängt der gute Fischer alle in einem Netz ein[67], um sie untauglich für den Betrug zu machen, obgleich sie alle für den Fang unbrauchbar sind.[68]

9.58 Sag mir, Häretiker — der außerordentlich milde Kaiser gibt mir nämlich die Erlaubnis, daß ich Dich nicht aus Lust, mich mit Dir zu unterhalten, oder aus Begierde, Dir zuzuhören, sondern, da sich die Gelegenheit bietet, es darzustellen, ein wenig anrede[69]. Sag mir, sage ich, gab es irgendwann eine Zeit, in der der allmächtige Gott nicht Vater war und doch Gott war? ‚Ich gebe keine Zeit an', entgegnet

---

[66] *Maniceus* steht hier für MANI. — Auch an anderen Stellen zeigt sich, daß man im vierten Jahrhundert nicht mehr terminologisch eindeutig zwischen dem Häresiarchen und seinen Anhängern unterscheiden konnte: VALENTINUS wird durch VALENTINIANUS verdrängt.

[67] Die Wortstellung des lateinischen Textes (*intra unum omnes rete*) ahmt das Bild nach.

[68] Vgl. hierfür HILARIUS VON POITIERS, *trin.* 2, 13 (CCL 62, 50): *consistit enim mecum ... piscator* ....

[69] Auch bei BASILIUS VON CAESAREA, *Eun.* 2, 13 (SCh 305, 46–50), findet sich eine vergleichbare Dialogsequenz über logische Probleme einer zeitlich gedachten Zeugung. MORONI, *Lessico teologico* 349, verweist für die gedachte Situation auf die bischöfliche Gerichtsbarkeit der *Episcopalis audientia*; vgl. MARKSCHIES, *Politische Dimension des Bischofsamtes* 456–460.

Bene et argute; si enim ‚tempus' dixeris, te ipse convinces, quia necesse est adseras fuisse tempus ante filium, cum filius temporis auctor sit et creator; non potest enim post opus suum ipse coepisse. Necesse est igitur auctorem operis sui esse fatearis ante tempora. —

9.59, Ante tempora', inquit, ‚non nego filium, sed cum filium dico, ostendo priorem patrem, quia pater, inquit, filio prior'. — Quid est hoc? Negas esse tempus ante filium et tamen nescio quid ante filium vis praecessisse, quod temporis sit, et ostendis media nescio qua molimina fuisse generandi, in quo generationem patris significas temporalem. Nam si pater esse coepit, deus ergo primo erat, postea pater factus est. Quomodo ergo inmutabilis deus? Si enim ante deus, postea pater, utique generationis accessione mutatus est.

9.60 Sed avertat deus hanc amentiam. Nos enim ad impietatem eorum redarguendam hanc retulimus quaestionem. Pia mens generationem sine tempore adserit, ut et sempiternum patrem cum filio dicat nec aliquando adserat esse mutatum.

9.61 Iungat igitur honorificentia patri filium, quem divinitas iuncxit, non separet impietas, quem generationis proprietas copulavit. ‚Honorificemus filium, ut honorificemus et patrem', sicut in evangelio scriptum est.

PUATKD Φ*(UATO) LVZ SMCWO def. RE*
1 ipsum *DLSC*Φ*am* | convincis *KCW* ‖ 5 sui *om. S* | ante tempora *pr. L om. cet. am* ‖ 6 inquis *K*Φ*am* ‖ 7 inquis Φ*am* | prior est Φ*a* est prior *W* ‖ 10 ostendit *Sa.c., add.* temporis *S* | nescio quae *Sp.c.ZUT Oam* ‖ 11 in qua *P* ‖ 12 esse *om.C* ‖ 12–13 ergo *alt.*] igitur *PDZ* ‖ 14 antea *W* | post *K* ‖ 16 hanc amentiam *om. S* ‖ 16–17 ad impietate ... redarguenda *P* ‖ 17 rettulimus *S* retullimus *K, Aa.r.* ‖ 17–18 quaestionem] *add.* quia Φ*a* ‖ 18 pia] *add.* namque *m* ‖ 19 et *om. SD* ‖ 24 sicut et *Mm*

---

[70] Es handelt sich freilich um kein wörtliches Zitat (vgl. Joh 5, 23); viel-

er. Gut und scharfsinnig, wenn Du nämlich ‚Zeit' sagst, wirst Du selbst Dich widerlegen, weil es notwendig ist, daß Du behauptest, es habe die Zeit vor dem Sohn gegeben, obwohl der Sohn der Urheber und Schöpfer der Zeit ist; es ist aber nicht möglich, daß er selbst nach seinem Werk angefangen hat zu sein. Es ist also notwendig, daß Du bekennst, daß der Urheber seines Werkes vor der Zeit war.

9.59 ‚Ich leugne nicht, daß der Sohn vor der Zeit ist', sagt er, ‚sondern, wenn ich Sohn sage, zeige ich, daß der Vater früher ist, weil ein Vater — so sagt man — vor seinem Sohn existiert'. Was bedeutet das denn? Du leugnest, daß es eine Zeit vor dem Sohn gibt, und trotzdem möchtest Du, daß irgend etwas dem Sohn vorausgegangen ist, was zeitlich ist, und Du zeigst, daß es unbestimmte Anstrengungen des Erzeugens (ich weiß nicht, was für welche) gewesen sind, wodurch Du auf die zeitliche Zeugung durch den Vater hinweist. Denn wenn er irgendwann Vater zu sein begann, war er zuerst also nur Gott und wurde später aber zum Vater — auf welche Weise ist Gott dann unveränderlich? Wenn er nämlich zuerst Gott gewesen, später aber Vater geworden ist, wurde er jedenfalls durch das Hinzukommen der Zeugung verändert!

9.60 Aber Gott soll doch diesen Wahnsinn zurückweisen! Wir nämlich haben diese Frage nur aufgebracht, um ihre Häresie zu widerlegen. Der fromme Verstand spricht von einer Zeugung ohne Zeit, um sowohl den ewigen Vater mit dem Sohn auszusagen als auch zu betonen, daß er sich nicht irgendwann verändert hat.

9.61 Die Ehrerbietung soll also den Sohn mit dem Vater verbinden, den bereits die Gottheit verbunden hat, der Unglaube soll den nicht abtrennen, den die Eigenart der Zeugung verbunden hat. ‚Laßt uns den Sohn verehren, damit wir auch den Vater verehren', wie im Evangelium geschrieben steht.[70]

---

leicht darf man diese Tatsache als Hinweis auf die ursprüngliche Mündlichkeit des Textes interpretieren.

Sempiternitas fili paternae maiestatis insigne est. Si iste non semper fuit, ergo ille mutatus est. Sed semper fuit filius, ergo nec | pater aliquando mutatus est, qui inmutabilis semper est. Itaque videmus quod illi, qui volunt negare filium sempiternum, volunt patrem docere mutatum.

10.62 Accipe aliud, quo clareat filium sempiternum. Apostolus dicit quod „dei sempiterna virtus sit adque divinitas". Virtus autem dei Christus; scriptum est enim „Christum esse dei virtutem et dei sapientiam". Ergo si Christus dei virtus, quia virtus dei sempiterna, sempiternus igitur et Christus.

10.63 Non ergo ex usu generationis humanae calumniam, heretice, struas neque ex nostro sermone conponas. Neque enim angustis sermonibus nostris inmensae magnitudinem possumus divinitatis includere, „cuius magnitudinis non est finis". Namque hominis generationem si definire contendas, tempus ostendis; generatio autem divina supra omnia est, late patet, supra omnes cogitationes ascendit et sensus. Scriptum est enim: „Nemo venit ad patrem nisi per me." Quidquid igitur de patre cogitaveris, quamlibet eius aeternitatem, non potes de eo aliquid nisi per filium cogitare, nec potest ullus ad patrem nisi per filium transire sensus. „Hic est", inquit, „filius meus dilectissimus."

PUATKD Φ(UATO) LVZ SMCWO def. RE
2 sed si Φa || 3 qui] quia Dm || 4 volunt] voluerunt D || 5 volunt] docent (om. docere) S | esse mutatum SΦam || 6 accipe–sempiternum om. S || 7 dixit PD || 8 autem] enim L | christus est Φa || 9–10 si christus est m || 13 instruas LZΦa adstruas W || 14–15 magnitudinis PC || 15 divinitatem C || 16 hominis] humanam D | si om. S || 18 omnia] omnes S | cogitationes] generationes D || 19 sensum K || 21 potes] potest PD | de om. P || 22 cogitare–filium om. S

---

[71] Ambrosius schließt gern — wie hier — nach gültigen logischen Schlußregeln aus biblischen Texten, die er dann wie Axiome verwendet. Das mag an seiner juristischen Ausbildung liegen.

Die Ewigkeit des Sohnes ist das Kennzeichen der Hoheit des Vaters. Wenn der eine nicht schon immer war, hat sich also der andere verändert. Aber der Sohn war schon immer, also hat sich auch der Vater, der doch immer unveränderlich ist, nicht irgendwann verändert. Daher sehen wir, daß diejenigen, die die Ewigkeit des Sohnes leugnen wollen, lehren wollen, daß der Vater sich verändert hat.

10.62 Hör' Dir doch noch eine andere Schriftstelle an, durch die ja klar ist, daß der Sohn ewig ist: Der Apostel sagt, daß „die Kraft und Gottheit Gottes ewig" ist (vgl. Röm 1,19); die Kraft Gottes aber ist Christus; es steht nämlich geschrieben: „Christus ist Gottes Kraft und Gottes Weisheit" (1 Kor 1,24). Folglich: Wenn Christus die Kraft Gottes ist, dann ist auch Christus ewig, weil die Kraft Gottes ewig ist.[71]

10.63 Du sollst also nicht aus dem gewöhnlichen Vorgang einer menschlichen Zeugung eine falsche Anklage machen, Häretiker, noch sollst Du sie aus unserer Darlegung zusammensetzen. Denn wir können durch unsere eng begrenzten Darlegungen nicht die ungeheure Größe der göttlichen Herrlichkeit erfassen, „deren Größe ohne Ende ist" (Ps 145,3: Ps 144,3 LXX). Denn wenn Du Dich anstrengst, die menschliche Zeugung zu bestimmen, kommst Du auf die Zeit, die göttliche Zeugung steht aber über allem, weit erstreckt sie sich, über alle Gedanken und Verstandesbemühungen geht sie hinaus. Denn es steht geschrieben: „Niemand kommt zum Vater, wenn nicht durch mich" (Joh 14,6). Was auch immer Du also vom Vater denken magst, sei es auch seine Ewigkeit, Du kannst von ihm nicht irgend etwas denken außer durch den Sohn, noch kann irgendein Verstand zum Vater gelangen außer durch den Sohn[72]. „Dies ist", sagt er, „mein geliebter Sohn" (Mk 9,7*).

---

[72] ATHANASIUS VON ALEXANDRIEN wendet sich in *Ar.* 2,36,1–4 (212f METZLER/SAVVIDIS) gegen das gottlose Fragen nach dem τοιοῦτον des Vaters; vgl. aber auch *fid.* 4,8,89, unten 524f; 4,9,103–109, unten 538–543, und HILARIUS VON POITIERS, *trin.* 2,9 (CCL 62,46f).

„Est", inquit. Quod est, semper est. Unde et David: „In aeternum", inquit, „domine, permanet | verbum tuum in caelo." Quod enim manet, nec substantia nec aeternitate deficitur.

10.64 Quaeris a me, quomodo, si filius sit, non priorem habeat patrem? Quaero item abs te, quando aut quomodo filium putes esse generatum. Mihi enim inpossibile est generationis scire secretum; mens deficit, vox silet, non mea tantum, sed et angelorum. Supra potestates, supra angelos, supra cerubin, supra seraphin, „supra omnem sensum est", quia scriptum est: „Pax autem Christi quae est super omnem sensum." Si ‚pax Christi supra omnem sensum', quemadmodum non est super omnem sensum tanta generatio?

10.65 Tu quoque manum ori admove; scrutari non licet superna mysteria. Licet scire quod natus sit, non licet discutere, quemadmodum natus sit. Illud negare mihi non licet, hoc quaerere metus est. Nam si Paulus ea, quae audivit raptus in tertium caelum, „ineffabilia" dicit, quomodo nos exprimere possumus paternae generationis arcanum, quod nec sentire potuimus nec audire?

10.66 Verum si me ad consuetudinem trahis generationis humanae, ut patrem dicas priorem, vide, utrum

---

PUATKD Φ(UATO) LVZ SMCWO def. RE
1 est inquit *om. P* | inquit] *add.* qui *Km* | quod est semper] quo desinenter *U, AT a.c.m2* quod indesinenter *ATp.c.m2Oa* | david] *add.* ait *S, add.* dicit Φ*a* || 4 deficitur *PSC* definitur *DZW* finitur *L* deficit *cet.* || 5 quaeres *PS* | sit filius si non *MC, A p.c.m2, м* | priore *P* || 7 putes filium *S* || 10 super cherubin *W* cerubin *PC* cherubim *S p.c.m2UTV* cherubin *cet.* | seraphim *Sp.c.m2UTV* saerabin *Da.c.m2* saraphin *Aa.c.m2* || 11 est – 12 sensum *pr. om. D* || 11–12 quae est *om. S* || 11 super] supra *PΦam* || 12 si – 13 sensum *alt. om. S* | si – sensum tert. om. *T* || 12 si] sit *W* | supra] super *UAKLZCW* || 13 sensum *alt.*] *add.* est *Vm2W* Φ*ам* | super] supra *KMOм* || 15 ori tuo *W* | admove] *add.* et *P* || 18 si *om. C* || 19 raptus] ductus *D* || 23 esse priorem *LV*

„Ist", sagt er. Was ist, ist immer. Daher sagt auch David: „In Ewigkeit, Herr, bleibt Dein Wort im Himmel" (Ps 118,89*). Was aber bleibt, dem mangelt es weder an Substanz noch an Ewigkeit.

10.64 Du fragst mich, auf welche Weise er, wenn er Sohn ist, nicht einen Vater hatte, der früher als er da war? Ich frage Dich ebenfalls, wann oder wie Du meinst, daß der Sohn gezeugt wurde. Mir nämlich ist es unmöglich, das Geheimnis der Zeugung zu kennen, der Verstand läßt uns im Stich, die Stimme schweigt, nicht allein meine, sondern auch die der Engel. Über Mächte, über Engel, über Cherubim und über Serafim, „über alle Vernunft" geht das Geheimnis hinaus, wie geschrieben steht: „Der Friede Christi aber, welcher über alle Vernunft" hinausgeht (Phil 4,7*). Wenn der ‚Friede Christi über alle Vernunft' hinausgeht, auf welche Weise geht dann nicht auch eine solche Zeugung über alle Vernunft hinaus?

10.65 Auch Du lege die Hand auf Deinen Mund; es ist nicht erlaubt, die höheren Geheimnisse zu erforschen. Es ist erlaubt zu wissen, daß er geboren ist, es ist nicht erlaubt zu untersuchen, auf welche Weise er geboren ist. Jenes zu leugnen ist mir nicht erlaubt, dieses zu fragen, fürchte ich mich. Denn wenn Paulus das, was er hörte, als er in den dritten Himmel entrückt war, „unsagbar" nannte, auf welche Weise können wir dann das Geheimnis der väterlichen Zeugung beschreiben, das wir weder wahrnehmen noch hören konnten? (vgl. 2 Kor 12,2–4)[73].

10.66 Aber wenn Du mich unbedingt auf das Thema des gewöhnlichen Vorgangs menschlicher Zeugung bringen willst, um zu behaupten, daß der Vater früher ist, schau', ob

---

[73] ATHANASIUS VON ALEXANDRIEN unterscheidet in *Ar.* 1,28,1 (137 METZLER/SAVVIDIS) göttliche und menschliche Geburt.

ad generatio|nem dei terrenae generationis exempla conveniant. Si secundum hominem loquamur, negare non poteris priores esse in homine patris quam filii passiones. Prior crevit, prior senuit, prior doluit, prior flevit. Si igitur hic tempore minor, ille antiquior passione, si hic generationis incurrit aetatem, nec ille generandi evasit pudorem.

10.67 Quid? Te ista quaestionum tormenta delectant? Audis ‚dei filium‘: aut dele nomen aut agnosce naturam; audis ‚uterum‘: agnosce generationis perspicuae veritatem; audis ‚cor‘: verbum intellege; audis ‚dexteram‘: agnosce virtutem; audis ‚os‘: agnosce sapientiam. Non haec sunt in deo corporalibus aestimanda: inconpraehensibiliter generatur filius, inpassibiliter generat pater, et tamen ex se generat et ante omnem intellectum generat ut deus verus „deum verum". „Pater diligit" et tu discutis, pater ‚conplacet‘ et tu cum Iudaeis invides, pater ‚honorat‘ et tu cum gentibus conviciaris?

11.68 Quaeris a me, utrum prior non possit esse, qui pater est. — Quaero a te, ut doceas, quando pater fuerit prior. Aut testimoniis aut argumentis collige veritatem. Si testimoniis, accepisti utique ‚sempiternam dei esse virtutem‘,

---

PUATKD Φ(UATO) LVZ SMCWO def. RE
1 exemplum *Sa.c.* ‖ 3 potes *C* | inter homines Φ*a* in homini *Pp.c.*(!) in homines *DL* ‖ 4 prior senuit *om. P* ‖ 5 minor est *S* ‖ 9 dei *om. D* | agnosce *pr.*] cognosce *W* ‖ 11–12 cognosce virtutem *UOa* cognosce sapientiam Φ*a* ‖ 13 corporaliter *KLZUTOam* ‖ 14 generat *P, M p.r.* generavit *cet.;* generat ut *PLVCW* generavit ut *M p.c.m2K* generavit *cet.* ‖ 17 honorificat *KΦam* ‖ 18 gentilibus *LVZSΦ* | conviatiaris *Sp.c.m2 Dp.c.K* ‖ 19 qui] quia *PVW* ‖ 20 ut doceas *om. S* | prior fuerit *m* ‖ 21 aut *pr. om. m*

---

[74] Vgl. GREGOR VON NAZIANZ, *or.* 29,5 (FC 22,178): οὔκουν Πατὴρ ὕστερον, οὐ γὰρ ἤρξατο, „Er wurde also nicht erst später Vater, denn er begann nicht zu sein".

die Beispiele irdischer Zeugung zur göttlichen Zeugung passen.[74] Wenn wir auf menschlicher Ebene reden, kannst Du nicht leugnen, daß beim Menschen die Leidenschaften eines Vaters früher sind als die eines Sohnes. Er schuf als erster, er wurde als erster älter, er empfand als erster Schmerz, er weinte als erster. Wenn also dieser jünger nach der Zeit ist, dann ist jener älter hinsichtlich der Erfahrungen. Wenn dieser in die Zeit der Zeugung eingetreten ist, dann konnte jener der Schande des Zeugens nicht entgehen.

10.67 Was? Dich erfreuen solche Foltern durch Fragen? Du hörst ‚Gottes Sohn' — tilge entweder den Begriff aus oder erkenne die Natur an. Du hörst ‚Mutterschoß' (vgl. Ps 110,3: Ps 109,3 LXX) — erkenne die Wirklichkeit der klaren Zeugung an; Du hörst ‚Herz' (vgl. Ps 45,2: Ps 44,2 LXX) — verstehe das Wort; Du hörst ‚die Rechte' (vgl. Ex 15,6 und Ps 118,6: Ps 117,6 LXX) — erkenne die Kraft an; Du hörst ‚Mund' (vgl. Sir 24,5) — erkenne die Weisheit an. Diese fünf Begriffe, die sich in Gott befinden, sind nicht für Begriffe zu halten, die sich auf körperliche Zusammenhänge beziehen. Unvergleichbar wird der Sohn gezeugt, leidenschaftslos zeugt der Vater, und trotzdem zeugt er aus sich heraus, und vor allem Einsehen zeugt er: Als wahrer Gott „den wahren Gott". „Der Vater liebt" (Joh 3,35), und Du diskutierst? Dem Vater ‚gefällt's wohl', und Du bist neidisch mit den Juden? Der Vater ‚ehrt', und Du lästerst mit den Heiden?[75]

11.68 Du fragst mich, ob der nicht früher sein könnte, der der Vater ist. Ich bitte Dich, mich zu unterrichten, wann der Vater dann als der frühere da war. Sammle Wahrheit entweder aus Schriftbelegen oder Beweisgängen! Wenn aus Schriftbelegen, dann hast Du sicher auch diese Stelle wahrgenommen: ‚Die Kraft Gottes ist ewig',

---

[75] Vgl. Mt 3,17; 17,5 und Joh 8,54; 12,28; 13,31f; 17,1.5.

| legisti etiam dicentem: „Istrahel, si me audieris, non erit in te deus recens neque adorabis deo alieno." Aliud eorum aeternitatem, aliud proprietatem substantiae indifferentis significat, ut neque posteriorem neque alterius divinitatis filium esse credamus. Nam si posterior est, recens est, et si unius non est divinitatis, ‚alienus' est. Sed nec posterior, quia recens non est, nec alienus, quia ex patre natus, quia „super omnia est deus benedictus in saecula", sicut scriptum est.

11.69 Sed si alienum putant, cur adorant, cum scriptum sit: „Neque adorabis deo alieno"? Aut si non adorant, fateantur et finis est, ne quem sub religiosi nominis professione decipiant. Haec nempe sunt testimonia scripturarum, aut, si habes aliut, proferre debebis.

11.70 Superest, ut et argumentis veritas colligatur, quamquam etiam humanis testimoniis argumenta cedere soleant. Argumentare tamen, heretice, ut voles. —‚Usu', inquit, ‚accepimus eo, qui nascitur, priorem esse, qui generat'. — Persequere igitur omnia vestigia consuetudinis, et si cetera conveniunt, non obsisto, quin et istut requiras; si autem nulla concordant, quemadmodum, cum desint cetera, hoc solum exigis? Ergo, quia usum requiris, quando generatus est ex patre, parvolus fuit? Vidisti in cunis infantulum vagientem? | Processus aliquos accepit aetatis? Si enim infirmitatem generationis habuit, necesse est, ut

---

PUATKD Φ*(UATO) LVZ SMCWO def. RE*
2 deo alieno (θεῷ ἀλλοτρίῳ) *P, Sa.c.M* deos alienos *C* deum alienum *cet. am (Vulg.)* | eorum *PLZ* horum *cet.* ‖ 4 posteriorem] *add.* patre m ‖ 5 si *pr.*] *add.* patre m ‖ 5 est *alt. om. S* ‖ 6 sed nec *WZ* ‖ 7 quia *pr.*] qui *P* | natus] *add.* est *PWZ, L s.l.* ‖ 8 supra *KLVZC*Φ*am* ‖ 8 et benedictus *P* ‖ 10 adorant eum Φ*am* ‖ 11 deo alieno *P, Sa.c.m2KDW* deos alienos *C* deum alienum *cet.* (*Vulg.*) *am* (*cf.* 6) ‖ 12 ne quem] neque *PCW, La.c.m2* ‖ 13 deficiant *P* ‖ 14 debes *DZ* ‖ 15 ut *om. Sa.c.m2* | et *om. PK* ‖ 17 soles *S* volo *W* ‖ 18 inquis Φ*am* | accipimus *KLm* accipiemus Φ*a* ‖ 20 et *om. P* nec *D* ‖ 23 parvolus *PC, Ma.c.m2* parvulus *cet.* ‖ 23–24 infantem *C* ‖ 24 processos *Aa.r.* profectus *C* ‖ 25 infirmatis *C* infirmates *W*

und Du hast auch von dem Menschen gelesen, der sagt: „Israel, wenn Du mich gehört haben wirst, wird in Dir kein neuer Gott sein, und Du wirst keinen fremden Gott verehren" (Ps 80,10*). Das eine von den beiden Schriftzeugnissen zeigt die Ewigkeit, das andere die Eigenart der unterschiedslosen Substanz, so daß wir weder glauben, daß der Sohn ein späterer noch von anderer Gottheit ist. Wenn er nämlich später ist, ist er neu; und wenn er nicht eine einzige Gottheit mit dem Vater teilt, ist er ‚fremd'. Aber er ist weder später, weil er nicht neu ist, noch fremd, weil er aus dem Vater geboren wurde, weil er „Gott über alles ist und gepriesen für immer", wie geschrieben steht (Röm 9,5*).

11.69 Aber wenn sie glauben, er sei ein fremder Gott, warum beten sie ihn an, obwohl doch geschrieben steht: „Du sollst keinen fremden Gott anbeten" (Ps 80,10*)? Oder, wenn sie ihn nicht anbeten, sollen sie es bekennen, und es hat ein Ende mit dieser Auseinandersetzung, damit sie nicht irgendwen, indem sie einen heiligen Namen bekennen, täuschen. Dies sind freilich die Zeugnisse der Schriften, wenn Du andere hast, mußt Du sie vorbringen.

11.70 Es bleibt noch übrig, mit Beweisgängen die Wahrheit zu sammeln, obwohl auch die Beweisgänge sich den von Menschen vorgebrachten Schriftbelegen unterzuordnen pflegen. Bringe trotzdem Beweise vor, Häretiker, wie Du willst. ‚Die Erfahrung hat uns gelehrt', sagt er, ‚daß der, der geboren wird, einen Vorgänger hat, der zeugt'. Verfolge also alle Spuren der Gewohnheit, und wenn alles übrige damit zusammenstimmt, widersetze ich mich nicht, daß Du auch das erforschst. Wenn aber nichts zusammenstimmt, wie forderst Du dies allein, obwohl alles übrige fehlt? Also, weil Du nach der gewöhnlichen Erfahrung forschst, wann wurde er aus dem Vater erzeugt, wann war er ein Säugling? Hast Du das schreiende Kleinkind in der Wiege gesehen? Hat er irgendwelche Entwicklungen hinsichtlich seines Alters erfahren? Wenn er nämlich die Schwäche der Zeugung besaß, ist es notwendig,

non solum nascendi, sed etiam vivendi inciderit infirmitatem.

11.71 Sed fortasse eo prolabaris amentiae, ut de filio ista non abnuas, qui eum ex infirmitate metiris humana. Quid, si deum negare non potes nomine, infirmitate tamen hominem vis probare? Quid, si, dum filium discutis, patrem arguis, et dum Christo praeiudicas, patrem adiudicas?

11.72 Nam si divina generatio subiecta tempori fuit et id ex usu generationis usurpatur humanae, ergo et pater corporali utero portavit filium, decem mensuum curriculis onus vexit. Sed quomodo sine sexu altero generationis usus? Vides sollemnem generationis seriem non coepisse, et tu partus cuiusdam corporei necessitates putas fuisse sollemnes? Tu usum quaeris, ego sexum, tu tempus exigis, ego ordinem, tu finem discutis, ego quaero principium; nempe finis ex principio, non principium pendet ex fine.

11.73 ‚Omne‘, inquit, ‚quod natum est, principium habet, et ideo, quia filius est, principium habet et ex tempore esse coepit‘. — Quod ipsorum ore sit dictum. Ego autem filium natum esse profiteor, quod relicum est, inpietatis horresco. | Deum confiteris, homo, et tali circumscribis calumnia? Deus hanc averruncassit amentiam!

PUATKD Φ *(UATO) LVZ SMCWO def. RE*
3 sed si *Oa* | prolaboris *P* prolaberis *S*Φ*a* prolaueris *W* | de dei filio *Oam·* ‖ 4 eum] et *S* ‖ 5 deum] dñm (n *s.l.*) *P* ‖ 6 si *om. L* | filium dum *Ma.c.m2* ‖ 7 argues *D* | christum *TK* ‖ 10 corporali utero] corporaliter *K* | mensuum *PCUAM* mensum *SDLa.c., K* mensium *cet.* am ‖ 11 honus *PCW* sinus *D* | vexit *i.r.S* | altero] *add.* aut utero *P* ‖ 12 usu Φ*a* ‖ 13 et tu *del. Pm2* | corporei *PKMW*Φ*a* corporis *D* corporeae *cet.* m | necessitates *UATKW, Sp.c.m2a* necessitatem *D* necessitatis *cet.* m | putes *K* ‖ 14 requiris *Z* ‖ 15 fidem *P* ‖ 16 pendit *PKD* ‖ 17 inquis Φ*am* | et–habet *om. S* | est *om. P* est et *D* et *om. L* ‖ 20 relicum *PKC* relictum *D* reliquum *cet.* ‖ 21 deum] dñm *K* | calumnia] *add.* deum *L s.l.* ‖ 22 averruncassit *scripsi* averrucassit *W* hauerrucas sed (t *s.* d) *P* auero casset *Turon.* 265 averucasset *M i.r.* aberruncasset *V, Ambros. B 54 inf. m1* (ł avertat *m2*, ał abradicasset *in mg. m3*) averruncet *m* avertat *cet.* a

---

[76] Ambrosius spielt offenbar auf PACUVIUS, *trag.* 116 (206 f WARMING-

daß er nicht allein der Schwäche des Geborenwerdens unterworfen war, sondern auch der des Lebens.

11.71 Aber wahrscheinlich dürftest Du der Verrücktheit so verfallen sein, daß Du diese Aussagen über den Sohn gar nicht ablehnst, der Du ihn nach dem Maß menschlicher Schwachheit mißt. Warum willst Du ihn wegen der Schwachheit trotzdem nur als Mensch gelten lassen, wenn Du Gott dem Namen nach nicht leugnen kannst? Was ist, wenn Du, während Du den Sohn in Frage stellst, den Vater beschuldigst, und während Du Christus vorschnell verurteilst, den Vater in gleicher Weise verurteilst?

11.72 Wenn die göttliche Zeugung nämlich der Zeit unterworfen ist und sich dies wie menschliche Zeugung ereignet, dann trug auch der Vater den Sohn in einem körperlichen Schoß, zehn Monate trug er eine Last. Aber wie steht es mit der Zeugung ohne das andere Geschlecht? Du siehst, daß der gewöhnliche Ablauf der Zeugung hier nicht angefangen hat, und trotzdem glaubst Du, daß hier die gewöhnlich notwendigen Umstände einer Art von körperlicher Geburt bestanden haben? Du fragst nach der gewöhnlichen Erfahrung, ich nach dem Geschlecht, Du untersuchst die Zeit, ich die Reihenfolge, Du erörterst das Ende, ich aber suche nach dem Anfang. Es hängt aber doch wohl das Ende vom Anfang ab, nicht der Anfang vom Ende!

11.73 ‚Alles', sagt er, ‚was geboren ist, hat einen Anfang, und daher, weil er der Sohn ist, hat er einen Anfang und begann innerhalb der Zeit zu sein'. — Das sei durch ihren Mund gesagt. Ich aber bekenne, daß der Sohn Gottes geboren ist; was das übrige ihrer Auslassungen betrifft, entsetze ich mich vor der Gottlosigkeit. Du bekennst einen Gott, Mensch, und deutest ihn auf eine so böswillige Weise um? Hätte doch Gott diese Torheit abgewendet![76]

TON), an: *Di monerint meliora atque amentiam averuncassint tuam!;* vgl. LUCILIUS, *saturarum fragmenta* 616 (o. S. KRENKEL); CICERO, *Att.* 9, 2 a, 1 (530 KASTEN): *di ... averruncent!* Vgl. ThesLL 2, 1316; Ambrosius, *off.* 3, 7, 45 (102 TESTARD), und *in psalm.* 47, 8, 2 (CSEL 64, 352).

12.74 Rursus obiciunt: ‚Ergo non est filius, si non habet, quae habent filii.' — Ignoscat mihi pater, ignoscat filius, ignoscat et spiritus sanctus quaestionem pro pietate referre cupienti. Est certe pater et manet semper, sunt etiam creaturae pro dispositione divina. Est ergo aliquid earum, quod non subiectum sit aut locis aut temporibus aut creationi aut causae alicui vel auctori? Profecto nihil. Quid ergo dicitis? Est horum aliquid, quo egeat pater? Impium est dicere. Ergo aut desinite, quae creaturarum sunt, aptare divinitati, aut si conparare contenditis, considerate, quo vestra procedat impietas, quod absit, ut vel in sensus nostros aliquando veniat.

12.75 Nos enim piam responsionem tenemus. Namque omnipotens deus est et ideo nullo eorum pater indiget, qui non habet mutationem sui aliquam vel profectum, quo nos egemus, quorum infirmitas ex huiusmodi rebus profectum accipit. Qui autem omnipotens est, utique non creatus et sine | loco et supra tempora est. Nihil enim ante deum, immo hoc ipsum verbum, ante deum dicere esse aliquid, grave. Ergo si ita est, quia nihil horum est in deo patre, quae profectum significent, quia deus est, nihil horum aptari potest etiam dei filio, ut vel initium accipiat vel profectum, quia ‚deus verus' „ex deo vero" est.

PUATKD Φ(UATO) LVZ SMCWO def. RE
2 ignoscat *alt.*] *add.* mihi *ATOa* || 3 et *om. LZCWΦam* | pro pietate *KZm* de proprietate *P* proprietatem *C* proprietati *S* proprietate *cet. a* || 5 earum *Pm* eorum *cet. a* || 8 quo] quod *KDL* || 9 aut ergo *C* aut *om. S* || 10 comparere *S* || 11 ut *om. CΦa* || 13 enim] *add.* qui *S* || 15 qui] quia *PT* || 17 accepit *PKDLVZW* | qui *om. PD* | autem omnipotens est] omnipotens autem potest *P* omnipotens autem potens est *D* | utique *om. PD* | non] et non *PDZ* || 18 creatus] *add.* esse *PD* | est] esse *PD* || 20 grave est *KLZ* | eorum *WZ* || 21 quaeve *S p.c.m2* || 22 eorum *W* | aptare *Oa* | etiam potest *m* || 23 verus deus *ST*

12.74 Wiederum werfen sie ein: ‚Also ist er kein Sohn, wenn er nicht hat, was Söhne an sich haben'. — Es möge mir der Vater verzeihen, es möge mir der Sohn verzeihen, es möge mir auch der Heilige Geist verzeihen, daß ich die Frage der Pflicht entsprechend dem interessierten Leser vorlege: Er ist mit Sicherheit Vater und bleibt es immer, es gibt aber auch Geschöpfe entsprechend seines göttlichen Heilsplanes. Gibt es also irgend etwas an ihnen, das entweder Raum oder Zeit oder der Schöpfung oder irgendeiner Ursache oder einem Urheber nicht unterworfen ist? Natürlich gibt es nichts. Was also sagt ihr? Gibt es irgend etwas darunter, dessen der Vater bedarf? Es ist gottlos, das zu sagen. Also hört entweder damit auf, der Gottheit anzuhängen, was nur Geschöpfen eigen ist, oder betrachtet, wenn ihr unbedingt darauf besteht, weiter zu vergleichen, wohin eure Gottlosigkeit fortschreitet. Gott möge verhüten, daß sie auch einmal uns in den Sinn kommt!

12.75 Wir haben nämlich die fromme Antwort: Denn Gott ist allmächtig, und daher hat der Vater nichts von diesen Dingen nötig, der keinerlei Veränderung seiner selbst aufweist und auch keine Entwicklung, die wir brauchen, deren Unvollkommenheit aus derartigen Dingen eine gute Entwicklung erfährt. Wer aber allmächtig ist, der ist auch gewiß nicht erschaffen und ohne Raum und außerhalb der Zeit. Nichts nämlich ist vor Gott, vielmehr ist selbst die Aussage, es sei etwas vor Gott, schwer auszusprechen. Wenn es also so ist, daß nichts von dem, was eine Entwicklung anzeigt, in Gott dem Vater ist, weil er Gott ist, dann kann auch nichts davon dem Sohn Gottes angehängt werden, daß er einen Anfang oder eine Entwicklung erfährt, weil er ‚wahrer Gott' „von wahrem Gott"[77] ist.

---

[77] Vgl. aus dem nicaenischen Symbol θεὸν ἀληθινόν ἐκ θεοῦ ἀληθινοῦ beziehungsweise *deus verus ex deo vero*.

12.76 Ergo quia usitatum non repperimus ordinem, adquiesce, Arriane, praecipuam fili generationem fuisse. Adquiesce, inquam, et si mihi non credis, erubesce vel dei vocem dicentis: „Cui me similem existimastis?" et iterum: „Quia non sicut homo, ita et deus." Etenim si operatio dei praecipua est, quia non manibus aliquid operatur, non labore conficit, non diebus absolvit — ipse enim dixit et facta sunt, ipse mandavit et creata sunt —, cur non credamus praecipuam generationem esse eius in filio, cuius praecipuam creationem in operibus agnoscimus? Dignum certe est, ut specialiter et praecipue videatur generasse filium. Habeat generationis inusitatae gloriam, qui habet potestatis inusitatae gratiam.

12.77 Non sola admirabilis ex patre generatio Christi, admirabilis etiam ipsa generatio eius ex virgine. Tu illam dicis nostrae similem conceptionis, ego probo istam nostrae esse dissimilem, immo te ipsum cogam fateri. Dic, quemadmodum sit natus ex Maria, quo usu uterus eum habuerit virginalis, | quomodo sine semine viri partus, unde virgo praegnans, quemadmodum puella mater ante feta quam copulam uxoris experta. Causa deerat, et generabatur filius. Unde leges novatae partus?

PUATKD Φ*(UATO) LVZ SMCWO def. RE*
1 reperimus *DMm* ‖ 3 credes *P, La.c.* ‖ 3–4 voce *D* voci *K* ‖ 4 existimastis (ὡμοιώσατε)] existimasti *Pp.c.* (*ex* existimastis), *C* existimatis *KA, Ma.c.Oa* aestimatis *S* estimabitis *W* aestimastis *DZ* ‖ 5 et] est *Ka.c.m* ‖ 6 operatur aliquid *SΦam* aliquid *om. L* ‖ 10 creationem] generationem *SUATVZ*, operationem *COa* operibus eius *UATK* ‖ 11–12 generasse se *P* ‖ 13 gloria–inusitatae *om. D* ‖ 14–15 ex–admirabilis *alt. om. D* | christi] *add.* sed *Oa* ‖ 16 conceptionis *om. P* | ego *P* et ego *cet.* | probo] *add.* et *KMm* ‖ 17 esse *om. C* ‖ 18 quemadmodum] *add.* cum *D* ‖ 19 viri] virginis *C* | pregnax *V* ‖ 20 mater *PS*, matris *cet.* mater ante] mater sc̃ae *La.c.m2* (matris ante *corr. m2*) ‖ 21 feta *POa*] fetae *La.c.m2* factus *K* factum *W* foetus *cet. m* | copula *AOa* | uxoris] ut uxor *m* ‖ 22 unde] *add.* ergo Φ*am* | leges *PKW, Ma.c.m3* legis *cet. am* | novae *D*

12.76 Da wir also nicht den gewöhnlichen Ablauf wiedererkannt haben, finde Dich damit ab, Arianer, daß die Zeugung des Sohnes eine besondere war. Finde Dich damit ab, sage ich, und wenn Du mir nicht glaubst, schäme Dich wenigstens vor der Stimme Gottes, der sagt: „Wem meint ihr, daß ich ähnlich bin?" (Jes 46, 5*) und wiederum: „Nicht so wie ein Mensch; daher ein Gott" (Num 23,19*[78]). Wenn nämlich die Handlung Gottes eine besondere ist, weil er nicht etwas mit seinen Händen macht, nicht Du und er selbst ordnete an, und sie wurden geschaffen (vgl. Ps 148,5) — warum können wir nicht glauben, daß es eine besondere Zeugung dessen im Sohn gab, dessen besondere Schöpfung wir in den Werken anerkennen? Es ist sicher passend, daß er den Sohn auf besondere und eigentümliche Weise gezeugt zu haben scheint. Es soll derjenige die Ehre der ungewöhnlichen Zeugung haben, der die Gnade der ungewöhnlichen Macht hat.

12.77 Nicht allein die Zeugung Christi aus dem Vater ist wunderbar, wunderbar ist auch seine Zeugung aus der Jungfrau. Du sagst, daß jene unserer Empfängnis ähnlich sei, ich weise nach, daß diese unserer unähnlich ist. Ich werde Dich im Gegenteil sogar zwingen, gerade das zu bekennen. Sag, auf welche Weise wurde er aus Maria geboren, wie barg der jungfräuliche Mutterleib ihn, auf welche Weise wurde er ohne den Samen eines Mannes geboren, woher wurde die Jungfrau schwanger, auf welche Weise wurde das junge Mädchen eine Mutter, bevor sie durch eheliches Zusammensein schwanger wurde? Die Ursache fehlte, und doch wurde ein Sohn gezeugt. Woher stammen diese neuen Gesetze der Geburt?

---

[78] Die Vulgata übersetzt hier das griechische οὐχ ὡς ἄνθρωπος ὁ θεός: *non est Deus quasi homo*; die Vetus Latina hat nach SABATIER, *Vetus Italica* 1,307, *non quasi homo, Deus suspenditur* (= CYPRIAN, *testim.* 2,20 [CCL 3,59], beziehungsweise LAKTANZ, *div. inst.* 4,18,29 [CSEL 19,358]).

12.78 Si igitur in virgine usus defuit generationis humanae, quemadmodum in deo patre propriae generationis usum requiris? Certe usus in sexu est, quia sexus in carne. Ubi ergo caro non est, quemadmodum carnis infirmitatem exigis? Nemo meliorem discutit. Credere tibi iussum est, non discutere permissum. Scriptum est enim: „Credidit Abraham deo." Nec solum in filii generatione sermo deficit, sed etiam in operibus dei. Scriptum est enim: „Omnia opera eius in fide." Opera ergo in fide, generatio sine fide? Et discutimus quae non videmus, qui iubemur credere magis quam discutere quae videmus?

13.79 Dicet aliqui: ‚Quomodo generatus sit filius?' — Quasi sempiternus, quasi verbum, quasi „splendor lucis aeternae", quia simul splendor operatur, ut nascitur. Apostoli istut | exemplum est, non meum. Noli ergo credere quod fuerit vel momentum aliquod, quo fuerit sine sapientia deus aut sine splendore lux. Noli, Arriane, ex nostris aestimare divina, sed divina crede, ubi humana non invenis.

13.80 Rex gentilis in igne cum tribus pueris Hebraeis quarti quasi angeli vidit figuram, et quia praestare putabat angelis, ‚dei filium', quem non legit, sed credidit, iudicavit. Abraham quoque tres vidit et unum adoravit.

PUATKD Φ(UAT) LVZ SMCW def. REO
2 patre *om. C* | propriae] progenie *T* || 3 qui certe *W* | in *pr.*] ex *S* | in sexus *D* | carne] *add.* est Φ*CWLVZam* || 5 iussus *Pa.c.m2,* iustum *D* | est] *add.* et *UAOa* || 6 permissum *PL*] *add.* est *cet. am* || 7 deo] *add.* et reputatum est illi ad iustitiam *Tm* | generatione filii Φ*LVSCO* | defecit *Sa.c.m2ALVMOa* || 8 enim] *add.* credidit abraham *C* | omnia *om. D* || 8–9 opera ergo in fide *om. T* || 9 ergo] eius *W* ergo eius *Oa* || 10 vidimus *Pp.c.* | qui] quam *Sa.c.m2,* cum *Sm2* | iubemur] vetamur *D* || 12 dicit *D,* Φ*SC, Lp.c.m2* | aliqui *P, Sa.c.* aliquid *Da.c.* aliquis *cet. am* | sit] est Φ*Sm2am, om. Sm1* || 16 vel–fuerit *om. S* || 19 tribus *om. SUATD* | pueris *om. D* | hebraeis] iudaeis *PD* || 20 praestare] praestanti rem *C,* quasi praestare *D* | putabant *K* || 21 credi *UAT* credere *D*

---

[79] Bei Ps.-Eusebius von Vercelli (CPL 105; Frede, *Vetus Latina* 1/1, 574: zweite Hälfte fünftes Jahrhundert) findet sich dieser Satz als

12.78 Wenn also bei der Jungfrau der gewöhnliche Ablauf menschlicher Zeugung fehlte, auf welche Weise suchst Du bei Gott dem Vater die dem Menschen eigentümliche Zeugung? Sicherlich hängt sie mit der Geschlechtlichkeit zusammen, weil Geschlechtlichkeit zum Fleisch gehört. Wo also kein Fleisch ist — wieso verlangst Du die Schwäche des Fleisches? Niemand stellt das Bessere in Frage. Es ist Dir befohlen zu glauben, nicht erlaubt, in Frage zu stellen.[79] Es ist nämlich geschrieben: „Abraham glaubte Gott" (Röm 4,3; Gal 3,6; Jak 2,23; Gen 15,6). Und nicht allein bei der Zeugung des Sohnes versagt die Sprache, sondern auch angesichts der Werke Gottes. Es ist nämlich geschrieben: „Alle seine Werke im Glauben" (Ps 33,4: Ps 32,4 LXX). Die Werke also im Glauben, die Zeugung ohne Glauben? Und stellen wir in Frage, was wir nicht sehen, die wir dazu angehalten sind, eher zu glauben als in Frage zu stellen, was wir sehen?

13.79 Irgendwer wird da sagen: ‚Auf welche Weise ist denn der Sohn gezeugt worden?' Gleichsam ewig, als Wort, als „Abglanz des ewigen Lichtes" (Weish 7,26), weil ja der Glanz ensteht, sobald er geboren wird. Das ist das Beispiel des Apostels, nicht meines. Glaube also nicht, daß es auch nur irgendeinen Augenblick gab, in dem Gott ohne Weisheit war oder Licht ohne Glanz. Beurteile, Arianer, Göttliches nicht nach unseren Maßstäben, sondern glaube Göttliches, wo Du Menschliches nicht findest.

13.80 Der heidnische König sah im Feuer mit den drei hebräischen Jünglingen die Gestalt eines Vierten gleich wie die eines Engels, und weil er glaubte, daß er über den Engeln stehe, hielt er ihn für ‚Gottes Sohn', von dem er nicht gelesen hatte, sondern den er glaubte. Auch Abraham sah drei Männer und betete nur einen an.[80]

Zitat: *trin.* 8,3 (CCL 9,115). Wenig ergiebig ist dagegen GREGOR VON ELVIRA, *tract.* 1,33 (CCL 9,12).

[80] Vgl. auch Ambrosius, *spir.* 2 prol. 4 (CSEL 79,87), und HILARIUS VON POITIERS, *trin.* 4,25 (CCL 62,128f), sowie THUNBERG, *Early Christian Interpretations* 560–570.

13.81 Petrus in monte Moysen et Helian cum filio dei vidit nec erravit in natura nec erravit in gloria. Denique quod facere deberet, non illos, sed Christum interrogavit; nam etsi tribus parabat obsequium, unius tamen expectabat imperium. Sed quoniam vel tabernaculorum numerum deferendum tribus simpliciter aestimavit, emendatur dei patris auctoritate dicentis: „Hic est filius meus dilectissimus, ipsum audite", id est: ‚Quid conservos tuos cum domino socias tuo?' „Hic est filius meus"; non Moyses filius, non Helias filius, sed „hic filius". Sensit emendationem apostolus, procidit in faciem consternatus patris voce et filii claritate, sed levatur a filio, qui ‚iacentes erigere' consuevit. Unum videt, solum videt dei filium; recesserunt enim servuli, ut solus dominus, | qui solus designabatur filius, videretur.

13.82 Quid igitur sibi voluit illa visio, non aequalitatem Christi servorumque significans, sed mysterium signans, nisi ut appareret nobis quod lex et profetae cum evangelio congruentes sempiternum dei filium, quem adnuntiaverant, revelarent? Ergo et nos, cum audimus „ex utero" ‚filium', ‚ex corde verbum', credamus quia non plasmatus manibus, sed ex patre natus, non artificis opus, sed progenies est parentis.

PUATKD Φ(UAT) LVZ SMCW, def. REO
1 petrus quoque *D* | helian *S* heliam *UATLVM* eliam *cet.* ‖ 3 quod *PC* quid *cet.* ‖ 4 praeparabat *S* paravit *L* ‖ 8 dilectus *PDLZ* | consertos *Sa.c.* ‖ 9 tuo socias *L* | meus *om. UAT* ‖ 10 elias *PKCW* | filius *pr. om. D* | sed *om. V* | hic est *KLVW* ‖ 11 emendatione *P* | consternatur *K* ‖ 12 elevatur *LV*Φ*a* sublevatur *Mm* ‖ 13 vidit ... vidit Φ*Mam* videt ... vidit *PD* vidit ... videt *LV* ‖ 14 praecesserunt *P* ‖ 14–15 quia solus (– a solus *exp.*) *L* solus *om. Z* ‖ 16 vult *Oa* ‖ 17 servorumque] servorum *Oa* sermonum *P* | sed mysterium signans *om. D* | signans] significans *WZ* ‖ 18 ut] *add.* misterium *C* | apperiret *D* ‖ 20 audivimus *DM* ‖ 21 plasmatur *S*

13.81 Petrus sah auf dem Berg Mose und Elia mit dem Sohn Gottes und hat sich weder hinsichtlich der Natur geirrt noch hinsichtlich der Herrlichkeit. Schließlich hat er nicht jene Männer, was er hätte tun sollen, sondern Christus gefragt. Auch wenn er dreien den Dienst anbot, erwartete er trotzdem den Befehl nur von einem. Aber weil er einfältigerweise dachte, daß für drei Personen auch drei Hütten aufzustellen seien, wurde er durch die Vollmacht Gottes des Vaters korrigiert, der sagt: „Das ist mein über alles geliebter Sohn, den sollt ihr hören" (Mt 17,5*), das bedeutet: ‚Was stellst Du Deine Mitknechte Deinem Herren gleich?' „Dies ist mein Sohn", nicht Mose ist der Sohn, nicht Elia der Sohn, sondern: „Dieser ist der Sohn". Der Apostel verstand diese Korrektur, fiel auf sein Angesicht, erschreckt durch die Stimme des Vaters und die Klarheit des Sohnes, wurde aber aufgerichtet vom Sohn, der gewohnt ist, ‚die Gestrauchelten wieder aufzurichten'. Er sah einen einzigen, er sah allein Gottes Sohn, es waren nämlich die beiden Knechte verschwunden, so daß allein der Herr, der allein als Sohn bezeichnet wurde, zu sehen war.

13.82 Was also wollte jene Vision, die nicht auf die Gleichheit Christi und seiner Knechte hinwies, sondern das Geheimnis anzeigte, anderes, als daß uns klar wäre, daß Gesetz und Propheten in Übereinstimmung mit dem Evangelium den ewigen Sohn Gottes offenbarten, den sie vorher angekündigt hatten? Also wollen auch wir, wenn wir hören ‚der Sohn' „aus dem Mutterschoß" (Ps 110, 3: Ps 109, 3 LXX) und ‚das Wort aus dem Herz'[81], glauben, daß er nicht durch Hände gebildet, sondern aus dem Vater geboren wurde, nicht das Werk eines Künstlers, sondern Abkömmling des zeugenden Vaters ist.

---

[81] Vgl. Ps 44, 2 und *fid.* 1, 10, 67, oben 192 f.

13.83 Et ideo dicit „hic est filius meus". Non dixit ‚hic est temporalis', non dixit ‚haec est creatura mea, haec factura mea, hic servus meus', sed „hic est filius meus", quem videtis in gloria. Hic est „deus Abraham et deus Isac et deus Iacob", qui apparuit in rubo Moysi, de quo Moyses ait: „Qui est, misit me." Non pater in rubo, non pater in eremo, sed filius est Moysi locutus. Denique de ipso Stephanus dixit: „Hic est qui fuit in ecclesia in eremo." Hic est ergo qui legem dedit, ipse qui locutus est Moysi dicens: „Ego sum deus Abraham et deus Isac et deus Iacob." Hic est ergo deus patriarcharum, hic est deus profetarum.

13.84 ‚Filium' ergo legimus. Mens tua percipit lectionem, edat lingua confessionem. Aufer hinc argumenta, ubi fides | quaeritur. In ipsis gymnasiis suis iam dialectica tacet. Non quaero, quid loquantur philosophi, requiro, quid faciant. Soli in suis gymnasiis remanserunt. Vide, quam fides argumentis praeponderet: illi cottidie a suis consortibus deseruntur, qui copiose disputant, isti cottidie crescunt, qui simpliciter credunt. Non creditur philosophis, creditur piscatoribus, non creditur dialecticis, creditur publicanis. Illi voluptatibus et deliciis orbem ligarunt, isti ieiuniis et doloribus exue-

---

PUATKD Φ(UAT) LVZ SMCWO def. REO
1 qui dicit Φ *am* ‖ 2 est *alt. om. D* ‖ 3 haec est *S* | sed hic est filius meus *om. C* | est filius *P, om.* est *cet.* ‖ 4–5 et *pr. P, om. cet.* et *alt. PVW, om. cet.* ‖ 6 in rubo *om. C* in rubro *S* ‖ 7 moysi locutus est *SC*Φ *am* ‖ 8 dicit *SCWLVKD* | eremo] *add.* cum angelo *m* ‖ 10 et *pr. DLZ, om. cet.* et *alt. om.* Φ*KVMCam* ‖ 11 ergo *PD, Ma.r.m, om. cet. a* | deus est *KDMWm* ‖ 12 ergo] *add.* deum *C* ‖ 13 edat] et ad *Sa.c.C,* et dat *W,* et edat *L,* et *Sp.c.* | aufert *S* auferens *C* ‖ 14 suis *om. C* | iam iam *C* ‖ 15 tacet *PKD, LVp.c.ZM* tacent *LVa.c.SW* taceat *cet. am* ‖ 16 gynnasiis *P* ‖ 17 vides *K* ‖ 18 copiosa *SC* | disputantes *Sm1* disputant et *corr. Sm2* ‖ 21 voluntatibus *PD* ‖ 22 ligant *P* ligaverunt *KDW* | exsuerunt *UAT*

---

[82] Auch HILARIUS VON POITIERS, *trin.* 5, 22 (CCL 62, 173), legt den Dornbusch auf Christus aus.

13.83 Und daher sagt er: „Dies ist mein Sohn". Er hat nicht gesagt: ‚Dieser ist zeitlich', nicht gesagt: ‚Dies ist mein Geschöpf, dies ist mein Werk, dies ist mein Knecht', sondern: „Dies ist mein Sohn", den ihr in Herrlichkeit seht. Dies ist „der Gott Abrahams, Gott Isaaks und Gott Jakobs" (Ex 3,6.15), der im Dornbusch dem Mose erschien, von dem Mose sagt: „Der, der ist, der hat mich gesandt" (Ex 3,14). Nicht der Vater war im Dornbusch, nicht der Vater war in der Wüste, sondern der Sohn hat zu Mose gesprochen[82]. Schließlich hat Stephanus über ihn gesagt: „Dieser ist es, der in der Volksversammlung, in der Wüste war" (Apg 7,38*). Dieser ist also derjenige, der das Gesetz gab, er selbst ist es, der sprach und zu Mose sagte: „Ich bin der Gott Abrahams und der Gott Isaaks und der Gott Jakobs" (Ex 3,6*). Dieser ist also der Gott der Erzväter, dieser ist der Gott der Propheten.

13.84 ‚Sohn' also lesen wir. Dein Verstand nimmt das Gelesene auf, die Zunge mag ein Bekenntnis abgeben. Laß die Beweise dort beiseite, wo der Glaube gefragt ist. In ihren eigenen Schulen schweigt die Dialektik schon. Ich frage nicht, was die Philosophen sagen, ich forsche, was sie tun. Sie bleiben allein zurück in ihren Ausbildungsstätten. Sieh, wie der Glaube über die Beweise das Übergewicht gewinnt: Jene, die wortreich diskutieren, werden Tag für Tag von ihren Genossen im Stich gelassen, die dagegen, die einfältig glauben, wachsen täglich. Es wird nicht den Philosophen geglaubt, sondern es wird den Fischern geglaubt, es wird nicht den Dialektikern geglaubt, sondern den Zöllnern. Jene haben den Erdkreis durch Lust und Freude gebunden[83], die anderen ihn durch Fasten und Leiden befreit.

---

[83] Die Begriffe *voluptas et delicium* stammen aus dem geläufigen Arsenal der christlichen Epikur-Polemik und werden hier ohne explizite Erwähnung der Philosophen verwendet; zur EPIKUR-Kenntnis bei Ambrosius vgl. SCHMID, *Epikur* 787f, zur Polemik ebd. 794–796. Für die Antithese „Fischer" — „Philosoph" HAGENDAHL, *Piscatorie et non aristotelice* 184–193.

runt. Plures itaque iam coepit inlicere iniuria quam voluptas.

13.85 Quo distant a gentilibus Arriani? Illi deos adpellant dispares sexu, dissimiles potestate, isti trinitatem adserunt differentis divinitatis et dissimilis potestatis. Illi deorum suorum principium adserunt temporale et isti Christum coepisse ex tempore mentiuntur. Nonne ex philosophia omnem impietatis suae traxerunt colorem? Illi tamen, quod venerantur, amplificant, isti dei filium creaturam adserunt esse, qui deus est.

Non esse creaturam dei filium

14.86 Patuit, ut arbitror, sancte imperator, neque dissimilem patri, neque ex tempore esse dominum Iesum. | Restat, ut illud quoque sacrilegium redarguatur et probemus creaturam non esse dei filium. In quo nobis praesentis oraculum lectionis adspirat; audivimus enim legi dicente domino: „Ite in orbem universum et praedicate evangelium universae creaturae." Qui „universam creaturam" dicit,

---

PUATKD Φ*(UATO) LVZ SMCWO def. RE*
1 plura *LZ* | itaque *om. Z* | iam] quam *P* | ceperit *Z* | voluntas *PDZ* voluptas] *add.* nunc videamus Φ*(Ap.c.m2) am* ‖ 3 quo *om. Sa.c.m2*, quod *K* | distant] stant *K* | gentibus *KW* ‖ 4 dispares esse *S* | potestates *DW* ‖ 5 differentes *P, DWp.c.* | divinitatem *P* divinitati *W* | et *om. P*, sed *W* | dissimiles *DW* | et] at *C* ‖ 6 adserunt] asseverant m ‖ 8 suae *om. D* ‖ 10 creatum *D* ‖ 11 Non–filium *(Sa.c., postea exp.), (u.t. MCW, Turon. 265), om. K; add.* V *UAT, add.* cap. V *L*, VI *Z*, cap. sextum *Oa* ‖ 11 non – 13 esse *i. r. M* | 12 ut *om. CD* | sanctissime *PD* ‖ 12–13 dissimilem esse ΦZ ‖ 13 patri *PC* patris *cet. a* | iesum] deum *S* ‖ 14 redarguant *Sac.m2* | probetur *S* ‖ 15 in quo] qui *S* ‖ 16 enim *om. S*

---

[84] Die Standhaftigkeit der Christen in den Verfolgungen ist ein Motiv für Bekehrungen gewesen: Beispiele bei BARDY, *Menschen werden Christen* 164–167.

So hat das von Christen erlittene Unrecht schon mehr Menschen anzulocken begonnen als die Lust an Vergnügungen.[84]

13.85 An welchem Punkt unterscheiden sich die Arianer von den Heiden?[85] Jene rufen Götter verschiedenen Geschlechts an, unähnlicher Macht, diese behaupten eine Dreiheit unterschiedlicher Gottheit und unähnlicher Macht. Jene behaupten einen zeitlichen Beginn ihrer Götter, diese lügen und behaupten, Christus habe seinen Anfang aus der Zeit genommen. Haben sie nicht alle Schattierung ihrer Gottlosigkeit aus der Philosophie bezogen?[86] Dennoch erhöhen jene, was sie verehren, diese behaupten, der Sohn Gottes, der doch Gott ist, sei ein Geschöpf.

Daß der Sohn Gottes kein Geschöpf ist

14.86 Es ist nun klar, wie ich glaube, heiliger Kaiser, daß der Herr Jesus weder dem Vater unähnlich noch innerhalb der Zeit entstanden ist. Es bleibt übrig, daß auch jene Gotteslästerung zurückgewiesen wird und wir darlegen, daß Gottes Sohn kein Geschöpf ist. Darin bestärkt uns das Gotteswort der gerade gehörten Lesung; wir haben gehört, daß die Stelle vorgelesen wurde, an der der Herr sagt: „Geht hin in alle Lande und predigt das Evangelium allen Geschöpfen" (Mk 16, 15*[87]). Wer „allen Geschöpfen" sagt,

---

[85] Diese Argumentation geht auf ATHANASIUS VON ALEXANDRIEN zurück: Ἀρειανοὶ ὄντες οὐκ εἰσὶ Χριστιανοί (*Ar.* 1,10,7 [120 METZLER/ SAVVIDIS]).
[86] Zu dieser Argumentation LENOX-CONYNGHAM, *Ambrose and Philosophy* 112–128, sowie MADEC, *Saint Ambroise et la Philosophie* 50f.217f.
[87] FALLER, *Ambrosius* 8, 38, zur Stelle, verweist für den Text auf das *Missale Ambrosianum duplex,* Dominica 1 post pentecosten (333 CERIANI/ RATTI/MAGISTRETTI).

nullam excipit. Et ideo ubi sunt, qui creaturam Christum adpellant? Nam si creatura esset, numquid ipse sibi mandaret evangelium praedicari? Non igitur creatura est, sed creator, qui docendae creaturae discipulis suis mandat officium.

14.87 Non creatura Christus; „vanitati enim creatura subiecta est", sicut apostolus dixit. Numquid ergo Christus subiectus est vanitati? Rursus iuxta eundem apostolum „creatura congemescit et conparturit usque nunc". Num ergo Christus congemescit et conparturit, qui nostros a morte gemitus liberavit? „Creatura", inquit, „liberabitur a servitute corruptionis." Videmus igitur magnam inter creaturam et dominum esse distantiam, quia servitus creatura est, „dominus autem spiritus est; ubi autem spiritus domini, ibi libertas".

14.88 Quis hunc induxit errorem, ut eum, qui creavit omnia, qui fecit omnia, diceret creaturam? Num ipse domi|nus se creavit? Si enim lectum est quod „per ipsum omnia facta sunt et sine ipso factum est nihil", numquid ipse se fecit? Si lectum est, quod negari non potest, quia „deus in sapientia fecit omnia", numquid verisimile videri potest quia in se ipsa est facta sapientia?

14.89 Legimus ‚genitum', quia pater dixit: „Ex utero ante luciferum genui te", legimus „primogenitum" filium,

---

PUATKD Φ(UATO) LVZ SMCWO def. RE
1 excepit *La.c.CKD* ‖ 6 non ergo Φa | non creatura christus *om. Z* ‖ 7 ergo] enim *P* ‖ 9 congemiscit *Sp.c.m2WOa* | parturit *P* parit *La. c.m2* ‖ 10 numquid Φ*ZWam* | christus *om. S* | congemiscit *Sp.c.m2 W* | parturit *La.c.m2* ‖ 11 gemitos *LWa.c.C* ‖ 12 videamus *W* ‖ 13 dominum] dum *Pa.c.m2,* deum *SD* ‖ 14 spiritus *pr.*] christus *Lp.c. VZD* ‖ 15 domini *om. S* domini est Φ*am* domini iesu *Lp.c.m2Z* | ibi et *S* ‖ 16 eundem *S* ‖ 17 numquid *SZ, LMp.c.m2m* ‖ 18 se dominus *CDT* | sic *P* si enim] si eum *Sa.c.m2,* sicut *Sm2* ‖ 18 quod – 20 lectum est *om. T* ‖ 19 facta sunt omnia *PZ* ‖ 20 si] sic *PW* ‖ 22 in *om. Oa* ‖ 23 dixit] *add.* ego Φ*am* ‖ 24 legimus] *add.* enim *V* ‖ 24 filium – p. 212 l. 1 primogenitum *om. K*

nimmt niemanden davon aus. Und wo sind daher die, die Christus Geschöpf nennen? Wenn er nämlich ein Geschöpf wäre, würde er etwa befehlen, ihm selbst das Evangelium zu predigen? Also ist er kein Geschöpf, sondern der Schöpfer, der seinen Jüngern die Aufgabe überträgt, die Schöpfung zu lehren.

14.87 Christus ist kein Geschöpf; „der Vergänglichkeit ist nämlich die Schöpfung unterworfen", wie der Apostel sagt (Röm 8,20). Ist Christus also etwa der Vergänglichkeit unterworfen? Immer wieder „seufzt und liegt bis jetzt die Schöpfung in Geburtswehen", wie derselbe Apostel gesagt hat (Röm 8,22*). Dann seufzt und liegt Christus also in Geburtswehen, der unser Seufzen vom Tode befreite? „Die Schöpfung", sagt er, „wird befreit werden von der Knechtschaft der Verderbnis" (Röm 8,21). Wir sehen also, daß ein großer Unterschied zwischen der Schöpfung und dem Herrn besteht, weil die Schöpfung Knechtschaft ist, „der Herr aber Geist ist; wo aber der Geist des Herrn ist, dort ist Freiheit" (2 Kor 3,17).

14.88 Wer aber hat diesen Irrtum eingeführt, den, der alles erschuf, der alles gemacht hat, ein Geschöpf zu nennen? Hat der Herr sich etwa selbst erschaffen? Wenn nämlich vorgelesen worden ist[88], daß „durch ihn alles geschaffen wurde und ohne ihn nichts geschaffen wurde" (Joh 1,3*), hat er sich etwa selbst geschaffen? Wenn vorgelesen worden ist, was nicht geleugnet werden kann, daß „Gott in Weisheit alles erschuf" (Ps 104,24: Ps 103,24 LXX), kann dann etwa als wahrscheinlich gelten, daß die Weisheit durch sich selbst erschaffen wurde?

14.89 Wir lesen ‚gezeugt', weil der Vater gesagt hat: „Aus dem Mutterleib habe ich Dich vor dem Morgenstern gezeugt" (Ps 110,3: Ps 109,3 LXX), wir lesen „erstgezeugter" Sohn[89],

---

[88] Für das *lectum est* vgl. die Einleitung, oben 68–72, und die dort gegebenen Literaturhinweise.
[89] Vgl. Röm 8,29; Kol 1,15.18; Hebr 1,6 und Offb 1,5.

legimus „unigenitum"; „primogenitum", quia nemo ante ipsum, „unigenitum", quia nemo post ipsum. Legimus etiam: „Generationem eius quis enarrabit?" ‚Generationem' inquit, non creationem. Quid his tantis ac talibus conferri potest.

14.90 Ostendit etiam dei filius distantiam generationis et gratiae dicens: „Ascendo ad patrem meum et patrem vestrum, deum meum et deum vestrum." Non dixit ‚ascendo ad patrem nostrum', sed ‚ascendo ad patrem meum et patrem vestrum'. Separatio ista diversitatem ostendit, quod illius generator, noster creator sit.

14.91 Et addidit ‚deum meum et deum vestrum', quia licet ipse et „pater unum" sint et illi pater sit proprietate naturae, nobis deus pater coeperit esse per filium, non naturae iure, sed gratiae, tamen utramque naturam hic significare videtur in Christo, et divinitatis et carnis, divini|tatis ex patre, carnis ex matre, illam, quae ante omnia, istam, quae ex virgine. Denique ante ‚patrem' ut filius nominavit, ‚deum' postea ut homo nuncupavit.

PUATKD Φ(UATO) LVZ SMCWO def. RE
3 etiam quia *SCV* | enarravit *LVZSMCK* ∥ 4 creationes *P,* creaturam *D* ∥ 6 filium *P* ∥ 7 et *alt.*] *add.* ad *CV* ∥ 8 ad deum *C* ∥ 8 deum *pr.* – 10 vestrum *om. D* ∥ 8 et ad *SC* ∥ 11 genitor *Oa* | sit] est *DW* ∥ 12 et *om. D* ∥ 13 unus *Pa.c.m2* ∥ 14 naturali *S* | coepit *D* ∥ 15 utraque *P* utrumque *LZW* | naturae *Lp.c.m2Z* | hic] hoc *S* ∥ 16 significari videtur *W* | christo] *add.* id est *V* ∥ 17–18 illam quae ... istam quae] illamque ... istamque *DU, Aa.c.COam*, illa quae ... ista quae *VWT* ∥ 18 ante *om. S* | patrem suum *P*

---

[90] Vgl. Joh 1,14.18; 3,16.18; 1 Joh 4,9.
[91] Vgl. HILARIUS VON POITIERS, *trin.* 11,14 (CCL 62A, 542; allerdings betont HILARIUS die Unterscheidung der Naturen: *Pater igitur sibi ita ut hominibus Pater est, et Deus sibi ita ut servis Deus est;* „Vater ist er

wir lesen „eingeborener"⁹⁰; „erstgezeugter, weil niemand vor ihm war; „eingeborener", weil niemand nach ihm war. Wir lesen auch: „Wer wird von seiner Zeugung erzählen?" (Jes 53, 8 LXX); es heißt ‚Zeugung', nicht Schöpfung. Was kann so großen und so beschaffenen Zusammenhängen verglichen werden?

14.90 Und es zeigte der Sohn Gottes auch den Unterschied zwischen Zeugung und Gnade, als er sagte: „Ich gehe hinauf zu meinem Vater und zu eurem Vater, zu meinem Gott und zu eurem Gott" (Joh 20,17). Er sagte nicht: ‚Ich gehe hinauf zu unserem Vater', sondern ‚Ich gehe hinauf zu meinem Vater und zu eurem Vater'. Diese Unterscheidung zeigt die Verschiedenheit, nämlich daß er sein Erzeuger und unser Schöpfer ist.⁹¹

14.91 Und er hat hinzugefügt ‚meinem Gott und eurem Gott'; denn wenn auch er selbst und „der Vater eins" sind (Joh 10,30) und er auch für ihn Vater durch die Eigentümlichkeit der Natur ist, hat Gott auch für uns Vater zu sein begonnen durch den Sohn, nicht durch das Recht der Natur, sondern durch das der Gnade.⁹² Trotzdem scheint er auf beide Naturen in Christus hinzuweisen, sowohl auf die Natur der Gottheit als auch auf die des Fleisches, der Gottheit aus dem Vater, des Fleisches aus der Mutter, jene (sc. die Natur der Gottheit), die vor allem war, diese (sc. die Natur des Fleisches), die aus der Jungfrau war. Schließlich hat er ihn zuerst wie ein Sohn ‚Vater' genannt, dann wie ein Mensch als ‚Gott' bezeichnet.

---

ihm so, wie er den Menschen Vater ist; und Gott ist er ihm so, wie er den Knechten Gott ist"), und Ps.-DIDYMUS, trin. 3, 9 (PG 39, 852f).
⁹² „Unser Vater durch Gnade, nicht durch Natur" (Ps.-ATHANASIUS [= MARCELL VON ANCYRA], fr. 8 [PG 26, 996]). — Eine unserer Übersetzung vergleichbare Zerlegung des ambrosianischen Satzgefüges nimmt der Parisinus B.N. lat. 1745 vor, wenn er statt ‚coeperit' ‚coepit' liest.

14.92 Ubique autem ‚deum suum' quod ex persona dicat hominis testimonia docent: „Deus, deus meus, respice me, quare me dereliquisti?" et alibi: „De ventre matris meae deus meus es tu". Et supra quasi homo patitur et infra homo est, qui ‚ex matris ventre iactatur'. Itaque cum dicit „de ventre matris meae deus meus es tu", significat eum, qui pater semper erat, ex illo deum sibi esse, ex quo ‚de matris ventre iactatus' est.

14.93 Cum igitur in evangelio, in apostolo, in prophetis generationem Christi legerimus, unde audent dicere ‚creatum' esse vel ‚factum'? Et quidem in quo creatum legerint, in quo factum, considerare deberent. Edoctum est enim dei filium de deo esse genitum, de deo natum; factum autem in quo legerint, diligenter advertant. Non enim deus factus, sed deus dei filius natus est, postea autem secundum carnem homo factus est ex Maria.

14.94 Si mihi non credunt, credant apostolo | dicenti: „Postquam vero venit plenitudo temporis, misit deus filium suum factum ex muliere, factum sub lege." „Filium", inquit, „suum", non unum de multis, non communem, sed suum.

PUATKD Φ(UATO) LVZ SMCWO def. RE 17 – p. 216 l. 6: Eph I 1,2 42,18–25 (griech.); 1,3 71,8–14; 124,26–32 (lat.); I 5,1 92,25 – 93,2 (lat.); Chalc. II 3,1 207,8–15 (lat.); Copl. IV 2 82,31–38 (lat.); SEVERUS VON ANTIOCHIEN, *Contra impium grammaticum* 3,1,17 (279,9–20 LEBON = syr.)

3 in me *MCWOa* | ventre] utero *V* || 4 supra *om. D* | infra] *add.* quia *D* || 5 matris meae *om. D* || 7 illo] eo *m* || 8 ventre matris *LVΦam* | ventre] utero *Z* || 10 legimus *PC, Mp.c.* || 11 et quidem *om. UAT* || 11 et quidem – 12 factum *om. S* || 12 in quo factum] si non factum quo *V* | doctum *W* || 13 esse *om. Z* || 15–16 secundum carnem (autem *Z*) postea *PZ* || 16 est ex Maria *PV,* ex Maria est *cet. am* || 17 et si *Chalc. p. 207,9* || 18 vero *om. Copl. p. 82,31* || 19 inquit *om. W* || 20 de] ex *Ephes. I 1,2 p. 42,20 (ἐκ) Ephes. I 5,1 p. 92,27*

---

[93] Wörtlich: „aus der Rolle eines Menschen heraus"; man spricht hier gern von „Person-Exegese": ANDRESEN, *Geschichte des trinitarischen Personbegriffs* 1–39; DROBNER, *Person-Exegese,* sowie *fid.* 2,8,61, unten

14.92 Überall aber lehren die Schriftzeugnisse, daß er ihn als ‚seinen Gott' bezeichnet, weil er aus der Person eines Menschen heraus[93] sagt: „Mein Gott, mein Gott, sieh' auf mich herab, warum hast Du mich verlassen?" (Ps 21,2*), und an anderer Stelle: „Vom Leib meiner Mutter an bist Du mein Gott" (Ps 22,11: Ps 21,11 LXX). Und im oberen Text leidet er ja wie ein Mensch und im unteren Text ist er ein Mensch, der ‚aus dem Schoß der Mutter geworfen ist'. Daher weist er, wenn er sagt: „Vom Leib meiner Mutter an bist Du mein Gott", darauf hin, daß der, der immer Vater war, seit dem Augenblick sein Gott war, als er ‚aus dem Schoß der Mutter geworfen wurde'[94].

14.93 Wenn wir also im Evangelium, beim Apostel, in den Propheten von der Zeugung Christi lesen, aufgrund welcher Schriftstelle wagen sie zu sagen, daß er geschaffen oder gemacht ist? Nun hätten sie freilich genau betrachten sollen, an welcher Stelle sie gelesen haben, daß er ‚geschaffen', an welcher Stelle, daß er ‚gemacht' ist. Es ist nämlich genau gezeigt worden, daß der Sohn Gottes von Gott gezeugt ist, von Gott geboren. Sie sollen sorgfältig bedenken, an welcher Stelle sie gelesen haben, daß er gemacht ist. Gott ist nämlich nicht gemacht, sondern Gott ist als Sohn Gottes geboren, und danach aber ist er dem Fleisch nach Mensch geworden aus Maria.

14.94 Wenn sie mir nicht glauben, sollen sie doch dem Apostel glauben, der sagt: „Nachdem aber die Zeit erfüllt war, schickte Gott seinen Sohn, geboren von einer Frau, dem Gesetz unterstellt" (Gal 4,4*[95]). „Seinen Sohn" sagt er, nicht einen von vielen, nicht einen gewöhnlichen, sondern

---

290f mit Anm. 168.
[94] Vgl. die Auslegung der Passage bei AUGUSTINUS, *ep.* 140,31 (CSEL 44,181).
[95] Es ist im Deutschen kaum möglich, die durchgängige Verwendung des lateinischen *factum* nachzuahmen. Die englische Übersetzung (DE ROMESTIN, *Ambrosius von Mailand* 216) behilft sich: „...‚made' of a woman".

„Suum" cum dicit, generationis aeternae proprietatem signavit. Hunc postea „factum ex muliere" adseruit, ut factura non divinitati, sed adsumpto corpori adscriberetur, „factum ex muliere" per carnis susceptionem, „factum sub lege" per observantiam legis. Generatio autem illa caelestis ante legem, ista post legem.

15.95 Unde et illud vane iactare consuerunt quia scriptum est: „Et dominum eum et Christum fecit deus." Imperiti legant totum et intellegant. Sic enim scriptum est: „Et dominum eum et Christum fecit deus hunc Iesum, quem vos crucifixistis." Non divinitas crucifixa, sed caro est. Hoc utique fieri potuit, quod potuit crucifigi. Non ergo factura dei filius.

15.96 Facessat igitur et illud, de quo calumniari solent, et discant, quemadmodum dictum sit: „Dominus creavit me." Non dixit ‚pater creavit me', sed „dominus creavit me". Caro dominum agnoscit, gloria patrem signat, creatura nostra dominum confitetur, caritas patrem novit.

PUATKD Φ*(UATO) LVZ SMCWO def. RE*

1 suum *om. P* suum cum dicit *om. Ephes. I 1,2 p. 42,21,* cum dicit suum *Ephes. I 3, p. 71,10; I 1,2 p. 42,21 (ἀλλ' ἑαυτοῦ) dixit D* | proprietate *P, Mp.r.* ‖ 2 designavit *S,* significavit *LKD Ephes. I 3 p. 71,10. I 5,1 p. 92,28* | postea–adseruit] factum ex muliere postea adstruxit *Ephes. I 3 p. 71,10.11* | adseruit] κατασκευάζει *Ephes. I 1,2 p. 42,22* adstruxit *ibid. I 5,1 p. 92,29* ‖ 3 adsumpto corpori *P,* προσληφθέντι σώματι *Ephes. I 1,2 p. 42,23* adsumptioni corporis *cet., Ephes. I 3 p. 71, 11; I 5,1 p. 92,29; Chalc. II 3,1 p. 207,13, am* | 3–4 adscriberetur] περιγράψῃ *Ephes. I 1,2 p. 42,23sq* ‖ 4 per carnis susceptionem] διὰ τῆς προσληφθείσης σαρκός *Ephes. I 1,2 p. 42,23.24* ‖ 4–5 factum *om. P* ‖ 5 autem] γὰρ *Ephes. I 1,2 p. 42,24 (cf. ThesLL.II 1588,37sqq.)* ‖ 6 illa] αὐτοῦ *Ephes. p.42,24* | caelestis] θειοτάτη *Ephes. ibid.* | ante legem *om. P* | legem] *add. titulum: Quod facturam vel creaturam dei filium dicant arriani* Φ*a; add.* VI *UAT,* cā(p). septimum *Oa* ‖ 7 quia] quod *SDΦa* ‖ 8 dominum] deum *SΦa* | deus fecit *D* | 8 imperiti – 10 deus *om. PD* ‖ 9 sic enim] si enim sic *UA Oa* | est *om. K* ‖ 10 dominum] deum *TOa* | eum] *add.* fecit *m* ‖ 11 crucifixi *W,* crucifixa est *Sa.c.D* | est *del. S* ‖ 12 huc *D* | potuit *pr.*] oportuit *UAO* | quod potuit *om. C* quod fieri potuit *(sic!) W* ‖ 16 me *pr. om. KVSWΦam* ‖ 17 cognoscit *UTOa* | significat Φ*am*

seinen. Wenn er „seinen" sagt, hat er damit auf die Eigenart der ewigen Zeugung hingewiesen. Danach fügte er noch hinzu, daß er „von einer Frau geboren ist", damit sein Geschaffensein nicht der Gottheit, sondern dem angenommenen Leib zugeschrieben wird; „geboren von einer Frau" durch die Annahme des Fleisches, „dem Gesetz unterstellt" durch die Beachtung des Gesetzes. Die himmlische Zeugung liegt vor dem Gesetz, die irdische nach dem Gesetz.

15.95 Von daher pflegen sie sich auch vergeblich darauf zu berufen, daß geschrieben steht: „Gott hat ihn sowohl zum Herrn als auch zum Christus gemacht" (Apg 2,36). Die Unverständigen sollen die ganze Stelle lesen und verstehen. Denn so steht es geschrieben: „Und Gott hat ihn zum Herrn und Christus gemacht, diesen Jesus, den ihr gekreuzigt habt". Nicht die Gottheit wurde gekreuzigt, sondern das Fleisch. Das konnte natürlich geschehen, weil es gekreuzigt werden konnte. Also ist der Sohn Gottes kein Geschöpf.

15.96 Es soll also auch fern bleiben, was sie zu Unrecht kritisieren, und sie sollen lernen, wie die Bibelstelle „Der Herr hat mich geschaffen" (Spr 8,22*,96) gemeint ist. Er hat nicht gesagt: ‚Der Vater hat mich geschaffen', sondern: „Der Herr hat mich geschaffen". Das Fleisch kennt seinen Herrn, die Ehre weist auf den Vater hin, unsere Geschöpflichkeit bekennt den Herrn, die Liebe kennt den Vater.

---

[96] Vgl. für diese zentrale Bibelstelle SIMONETTI, *Studi sull'Arianesimo* 11–87, sowie *fid.* 3,11,82–91, unten 416–425. ATHANASIUS VON ALEXANDRIEN, *Ar.* 2,45,1f (221 METZLER/SAVVIDIS), interpretiert die Stelle anders als Ambrosius: Es bezeichne das ἔκτισε nur ein Geschehen unter anderen, nicht notwendigerweise eines, das auf ein κτίσμα als Ergebnis führt.

Itaque quis ignoret quia ob causam incorporationis hoc dicitur? In eo igitur se ‚creatum' dicit, in quo et hominem testificatur dicens: „Quid me quaeritis occidere hominem", in quo et crucifixus et mortuus et sepultus est.

15.97 Nec dubitandum quia quasi praeteritum posuit, quod erat futurum. Haec enim consuetudo est prophetiae, ut quae futura sunt, vel quasi praesentia vel quasi facta dicantur. Denique in psalmo XXI legisti: „Tauri pingues obsederunt me", legisti etiam: „Diviserunt sibi vestimenta mea", quod evangelista de tempore passionis profetatum esse significat. Deo enim, quae sunt futura, praesentia sunt, et ei, cui praecognita sunt omnia, ventura pro | factis sunt, sicut scriptum est: „Qui fecit quae ventura sunt."

15.98 Nec mirum, si „ante saecula fundatum" se esse dicit, cum legeris praedestinatum „ante tempora saecularia". Quam vero de incarnatione id videatur expressum, declarant sequentia: „Sapientia", inquit, „aedificavit sibi domum et subdidit columnas septem et interfecit suas hostias, miscuit in cratere vinum suum et paravit suam mensam;

PUATKDΦ(UATO) LVZ SMCW, – 11 prae(sentia) *O def. RE*
2 se *om. P* ‖ 3 testificabatur *Z* | occidendum *K* ‖ 3–4 hominem] *add.* qui veritatem locutus sum vobis, hominem dicit *m* ‖ 4 et *pr. om. CD, Mp.r.* | et *alt.*] est Φ*a* est et *Z* | mortuus] *add.* est *S* ‖ 5 quia quasi] quod *SΦam* | praeteritum] praescribtum *S* ‖ 6 est consuetudo *L* ‖ 7 sint *S* ‖ 8 denique *om. C* | XXI] XX° *D,* vicensimo primo (n *exp.) A,* vigesimo primo *Z* | legisti] legitis *Lp.c.m2* ‖ 11 significavit *L* ‖ 12 ei *om. Z* ‖ 13 ventura] futura *PDMZCW* ventura in alio futura *(sic!) K* | sunt *om. P* ‖ 14 fundatum *om. S* ‖ 15 ante] *add.* omnia *D* ‖ 16 quam] quod *Wam* | verum *U, Ap.c.Ta* vere *Km* ‖ 18 subdidit] succidit *Sp.c.m2* | et *alt. om. L* | interfecit] inter *PDSΦa,* in***molavit *M* (ter *eras.*), inmolavit *CLVZ,* mactavit *K* | suas] duas *PD, Sa.c.m2UAT* | suam *CV* (hostiam suam), *LZ* ‖ 19 et miscuit *W* | in cratera *Sm* (*Sept.*) in craterem *DL* in cratere *cet.* (*cf. epist.* 2[65], 9) | suum *om. D* | et *pr.om. LV*

---

97 PALLADIUS VON RATHIARIA, *c. Ambr.* 74–76 (fol. 341ʳ, 41 – 342ʳ, 34 [CCL 87, 183–185]), versucht diese Argumentation zu widerlegen, indem er auf den Gesamtzusammenhang der Bibelstelle aufmerksam macht: Wenn *caro* gemeint sei, zeige der Text, daß *caro* „vor aller Zeit" geschaffen worden sei.

Wer wüßte daher wohl nicht, daß dies der Fleischwerdung wegen gesagt ist?[97] Er nennt sich also in der Hinsicht ‚Geschöpf', in der er sich auch als Mensch bezeugt, in der er sagt: „Was sucht ihr mich, einen Menschen, zu töten"[98] und in der er auch gekreuzigt, gestorben und begraben ist.

15.97 Es ist nicht zu bezweifeln, daß er als Vergangenheit ansah, was in Zukunft geschehen wird; dies ist nämlich Gewohnheit der Prophetie, was in der Zukunft sein wird, entweder wie Gegenwärtiges oder wie bereits Geschehenes zu beschreiben.[99] Sodann hast Du im einundzwanzigsten Psalm gelesen: „Fette Stiere umgaben mich" (Ps 22,13: Ps 21,13 LXX). Du hast auch gelesen: „Sie haben meine Kleider unter sich verteilt" (Ps 22,19: Ps 21,19 LXX); was der Evangelist als etwas erweist, was von der Zeit der Passion vorhergesagt ist (vgl. Mt 27,35). Für Gott nämlich ist Zukünftiges Gegenwart, und für den, der alles vorher weiß, ist Kommendes wie Geschehenes, wie geschrieben steht: „Der gemacht hat, was kommen wird" (Jes 45,11*).

15.98 Es ist nicht verwunderlich, wenn er von sich sagt, daß er „vor den Zeitaltern gegründet" (2 Tim 1,9) sei; wenn Du gelesen hast, daß er „vor den Weltzeiten" (Tit 1,2) vorherbestimmt wurde. Wie aber dies über seine Menschwerdung ausgesagt zu sein scheint, machen die folgenden Abschnitte klar: „Die Weisheit", heißt es, „hat sich ein Haus gebaut und es auf sieben Säulen gestellt, und sie hat ihre Opfertiere getötet, hat sich Wein in ihrem Mischkrug gemischt und ihren Tisch gedeckt;

---

[98] Dieses Mischzitat aus Joh 7,19 und 8,40 findet sich auch bei *fid.* 5,15,186, unten 730–733, und *parad.* 12,58 (CSEL 32,318), sowie *in psalm.* 61,5,3 (CSEL 64,380); 61,11,1 (CSEL 64,384); vgl. auch *exc. Sat.* 1,11f (CSEL 73,215f).
[99] Hierfür vgl. PS-DIDYMUS, *trin.* 3,3 (PG 39,820f); MORESCHINI verweist in seiner Übersetzung (*Ambrosius* 15,107) auf TERTULLIAN, *Marc.* 3,5,2 (CCL 1,513).

et misit suos servos convocans cum altissima praedicatione dicens: ‚qui est insipiens, declinet ad me'". Nonne in evangelio post incarnationem haec omnia videmus esse conpleta: quod sacri convivii celebravit mysteria, quod apostolos misit, voce „clamavit dicens: Si quis sitit, veniat ad me et bibat?" Ergo sequentia respondent prioribus, et totius cursum incarnationis videmus prophetiae expositione digestum.

15.99 Multa alia documenta praesto esse possent huiusmodi de incarnatione dictum videre, sed non me involvo libris, ne tractatus videatur esse diffusior.

16.100 Nunc ipsos Arrianos interrogo, utrum idem putent esse genitum quod creatum. Si enim ‚idem' dicunt, nihil utique distat inter ‚generare' et ‚creare'. Ergo quoniam et nos creati sumus, inter nos et Christum, inter Christum et elementa nulla distantia est. Sed quamvis amentes sint, id tamen non audebunt dicere.

16.101 Postremo, ut insipientiae eorum, quod verum non est, indulgeam, si nihil, ut putant, distat in verbo, cur non eum, quem colunt, meliore adpellant nomine? Cur verbo non utuntur ‚patris'? Cur abiciunt, quod honorificentiae est, adsumunt, quod iniuriae?

PUATKD Φ(UAT) LVZ SMCW def. REO
1 et *om. L* | et misit] misitque *V* | servos suos *KDL* (τοὺς ἑαυτῆς δούλους) | alta *D* ‖ 2 quis *DZ* | et in *P* ‖ 4–5 apostolus *P* ‖ 5 vocem *P*, *Sa.c.m3* (quod *s.l.*, vocem *cancell. m3*) voce magna *Km* (voce clamare: *cf. exc. Sat. II 77, p. 292, 77, 8 Fa.*) | clamavit] et clamavit *P*, clara *CLVZ*, (*ex* clamavit) *Mp.r.*, clamans *W* ‖ 7 profetae *S* prophetica *K* ‖ 8 possunt *VZΦa*, possint *LW* possent esse *K* ‖ 9 dicta *CWam* | videre *P*, videri *cet. am* (*intellege: multa alia documenta adferre possum, quibus videas hunc locum, scil. Prov. 8, 22, de incarnatione dictum esse; de pronom.* huiusmodi = 'hoc' *vide ThessLL VI 3, 2743, 54*) ‖ 14–15 christum *pr.*] christum iesum *L* inter christum *om. m* ‖ 16 audent *Z* ‖ 18 distat *om. Sa.c.m2* ‖ 19 meliorem *Sa.c.KDVΦ* | appellent *Φa* ‖ 20–21 honorificenti *P*

---

[100] Vgl. ATHANASIUS VON ALEXANDRIEN, *Ar.* 2,48,1 (224 METZLER/SAVVIDIS): Εἰ γὰρ γέννημά ἐστι, πῶς κτίσμα λέγετε αὐτόν; „Denn wenn der Sohn das Ergebnis einer Zeugung ist, wie könnt ihr ihn ein Geschöpf nennen?"

und sie schickte ihre Knechte und rief sie zusammen und sagte mit sehr lauter Stimme: ‚Wer uneinsichtig ist, soll sich zu mir neigen'" (Spr 9, 1–4). Sehen wir etwa nicht, daß im Evangelium dies alles nach der Menschwerdung Christi erfüllt ist, daß er die Geheimnisse des heiligen Abendmahls gefeiert hat, daß er die Apostel ausgesandt hat und mit lauter Stimme „rief und sagte: Wenn irgend jemand Durst hat, soll er zu mir kommen und trinken"? (Joh 7, 37) Also antworten die neutestamentlichen Textpassagen auf die alttestamentlichen, und wir sehen, daß der Ablauf der ganzen Menschwerdung durch die Darlegung der Prophetie bereits beschrieben ist.

15.99 Viele andere Schriftzeugnisse könnten schnell bei der Hand sein, die deutlich machen, daß derartiges eine Aussage über die Menschwerdung darstellt, aber ich vergrabe mich nicht noch mehr in die biblischen Bücher, damit die Abhandlung nicht zu weitläufig erscheint.

16.100 Nun frage ich die Arianer selbst, ob sie dasselbe für gezeugt halten, das auch geschaffen ist.[100] Wenn sie nämlich ‚dasselbe' sagen, gibt es gewiß keinen Unterschied zwischen ‚zeugen' und ‚schaffen'[101]. Da also auch wir geschaffen sind, besteht dann zwischen uns und Christus, zwischen Christus und den Elementen kein Unterschied. Aber sie werden, obwohl sie von Sinnen sind, trotzdem nicht wagen, dies zu sagen.

16.101 Um schließlich ihrer Torheit zum Schein nachzugeben: Wenn es, wie sie glauben, keinen Unterschied in der Benennung gibt, warum nennen sie den, den sie verehren, nicht mit besserem Namen? Warum benutzen sie nicht den Namen ‚Vater'? Warum lehnen sie ab, was zur Ehrerbietung gehört, nehmen auf, was zur Beleidigung zählt?

---

[101] Für die Unterscheidung zwischen γένητος und γέννητος vgl. SIMONETTI, La crisi 53, und PRESTIGE, ἀγέν(ν)ητος 258–265, sowie ders., ἀγέν(ν)ητος and γέν(ν)ητος 486–496.

16.102 Si autem distat inter „creatum" et „genitum", ut ego arbitror, cum legerimus „genitum", non utique idem et genitum intellegimus et creatum. Dicant igitur generatum ex patre, ex virgine procreatum, aut dicant, quomodo dei filius et genitus et creatus. Una natura, et maxime dei, diversitatem non recipit.

16.103 Certe facessat nostra sententia, Paulum interrogemus, qui spiritu dei plenus has praevidens quaestiones generaliter contra gentes, specialiter contra Arrianos locutus ait divino iudicio eos esse damnatos, qui servirent creaturae potius quam creatori. Denique sic habes: „Tradidit illos deus in desideria cordis ipsorum, ut contumeliis adficiant corpora sua inter semetipsos; qui commutaverunt veritatem dei in mendacio et | coluerunt et servierunt creaturae potius quam creatori, qui est deus benedictus in saecula."

16.104 Prohibet itaque me Paulus creaturae servire et Christo admonet serviendum; non ergo creatura Christus. „Paulus", inquit, „servus Iesu Christi": et bonus servus, qui dominum recognoscit, ipse creaturae servire nos prohibet. Quemadmodum ergo Christo ipse serviret, si creaturam Christum putaret? Aut igitur desinant colere, quem creaturam adpellant, aut desinant, quem colere se simulant,

---

PUATKD Φ(UAT) LVZ SMCW def. REO
3 intelligemus *a* || 3–4 generatur *P* || 4 discant *K* || 5 deus *Φam* || 7 facesset *UAa* || 8 plenus *om. S, Mp.c.* || 9 generabiliter *P* || 10 ait ita *S* | eos *om. Z* | quia servirent *D* || 12 desiderio *C* | eorum *SCΦa* || 13 semet *in mg. Lm2* || 14 mendacium *Sp.c.m2CKam* || 15 deus *om. W* (*et gr.*), eras. *M* || 15–16 benedictus deus *P* (*cf. spir. III 133.139*) ||17 prohibuit Φ*a* | me itaque *LV* | et] sed *DΦ* || 19 inquit *om. S* | christi iesu *D* | et *om.* Φ*a* | qui] quia *C* || 20 dominum] xpm̄ *Ta.c.m2* dm̄ *Tm2* || 21 christo *om. C* || 22 desinant] definiant *P* | colere *om. W* || 23 quem – p. 224 l. 1 creaturam *om. D* || 23 quem colere se] colere si *S* se *om. W*

16.102 Wenn aber ein Unterschied zwischen „geschaffen" und „gezeugt" besteht, wie ich glaube, erkennen wir freilich, daß nicht dasselbe sowohl gezeugt als auch geschaffen ist, wenn wir in den Schriften „gezeugt" lesen.[102] Sie sollen doch sagen, daß er vom Vater gezeugt, aus der Jungfrau geboren ist, oder sie sollen sagen, auf welche Weise der Sohn Gottes sowohl gezeugt als auch geschaffen ist. Eine Natur, und erst recht die Gottes, verträgt keine solche Verschiedenheit.

16.103 Unsere Meinung soll freilich außen vor bleiben. Wir wollen aber Paulus fragen, der, erfüllt vom Geist Gottes, diese Fragen voraussah und sich allgemein gegen Heiden, speziell gegen Arianer wendete und sagte, daß durch das göttliche Urteil die verdammt sind, die den Geschöpfen mehr dienen als dem Schöpfer. Sodann findest Du es so in der Schrift: „Gott hat sie den Begierden ihres Herzens ausgeliefert, so daß sie ihren Körpern untereinander Schändlichkeiten zufügen; und diese haben nun die Wahrheit Gottes in Lüge verkehrt und die Schöpfung lieber verehrt und ihr mehr gedient als dem Schöpfer, der Gott ist, gepriesen in Ewigkeit" (Röm 1,24f*).

16.104 Es verbietet mir Paulus daher, daß ich dem Geschöpf diene, und ermahnt mich, daß Christus gedient werden muß; Christus ist also kein Geschöpf. „Paulus", sagt er, „Knecht Jesu Christi" (Röm 1,1); und der gute Knecht, der seinen Herrn kennt, verbietet uns selbst, einem Geschöpf zu dienen. Wie könnte er selbst also Christus dienen, wenn er Christus für ein Geschöpf hielte? Entweder sollen sie also aufhören, den zu verehren, den sie Geschöpf nennen, oder sie sollen aufhören, den, den sie zu verehren vorge-

---

[102] Bei ATHANASIUS VON ALEXANDRIEN, *decr.* 13,1 – 14,5 (11f OPITZ), findet sich zu Spr 8,22f eine vergleichbare Auslegung. Es wird gefragt, ob der Sohn entweder κτίσμα oder Sohn sei, entweder aus der οὐσία des Vaters stamme oder von außerhalb.

dicere creaturam, ne sub adpellatione cultorum sacrilegia graviora committant. Detestabilior enim domesticus hostis quam extraneus, et gravius scelus, ut adversus Christum abutantur Christi nomine.

16.105 Quem igitur meliorem interpretem quaerimus scripturarum quam illum „doctorem gentium", „vas electionis", electum de persecutoribus, qui Iesum, quem persecutus fuerat, fateretur? Legerat utique Solomonem plus quam Arrius et erat peritus in lege. Et ideo quia legerat, non creatum Christum dixit esse, sed genitum. Legerat enim: „Ipse dixit et facta sunt, ipse mandavit et creata sunt." Numquid dicto factus est Christus? Numquid mandato creatus est Christus?

16.106 Quomodo autem creatura in deo esse potest? Etenim deus naturae simplicis est, non coniunctae adque | compositae, cui nihil accedat, sed solum, quod divinum est, in natura habeat sua, ‚complens omnia', nusquam ipse confusus, penetrans omnia, nusquam ipse penetrandus, ubique totus eodemque tempore vel in caelo vel in terris vel in novissimo maris praesens, visu inconpraehensibilis, fatu ininterpraetabilis, sensu inaestimabilis, fide sequendus, religione venerandus, ut quidquid religiosius sentiri potest, quidquid praestantius ad decorem, quidquid sublimius ad potestatem, hoc deo intellegas convenire.

PUATKD Φ*(UAT) LVZ SMCW def. REO*
2–3 hostes *P* | ut *om.* Φ*a* ‖ 3–4 christum] *add.* cum Φ*a* ‖ 7 quem *om.*
m ‖ 8 fatetur *U, Ap.c.am,* fateatur *T* | legat igitur *La.c.m2* ‖ 9 et *pr. om.*
Z ‖ 10 christum *om. S*Φ | dicit *Sm* ‖ 13 in domino *P* in deum *Z* ‖
15 cui] cum *S* | accidit *P* accidat *La.c.S C*Φ*a* ‖ 16 complens] et numquam complendus adimplens *W* | nusquam] numquam *WZ* ‖ 18 uno eodemque *W* ‖ 19 praesens *om. S* | visu] *add.* usu *Z* ‖ 20 fatu *om. S,* factu *Ka.r.D, Lp.c.m2* (*ex* facto), *Mp.c.m3* | interpraetabilis *P, Ma.c.m3a* ‖
21 sentire *a* ‖ 22 potest] *add.* ad divinitatem *CK* | intellegamus *P*

---

[103] Belege für die besonders im Platonismus übliche philosophische und bei den Kappadoziern breit belegte theologische Verwendung dieses Ausdruckes (griechisch: πάντα πληροῖ) bei MORESCHINI, *Platonismo cristiano* 1385–1390.

ben, Geschöpf zu nennen, damit sie nicht mit dieser Benennung der Verehrten (sc. Vater und Sohn) schlimmere Frevel begehen. Denn abscheulicher ist der Feind in den eigenen Reihen als der außerhalb, und ein ziemlich schlimmes Verbrechen ist es, daß sie mißbräuchlich gegen Christus den Namen Christi verwenden.

16.105 Was für einen besseren Ausleger der heiligen Schriften können wir also fragen als jenen „Lehrer der Heiden" (1 Tim 2,7), „das auserlesene Gefäß" (Apg 9,15), erwählt aus den Verfolgern, der ja Jesus, den er einst verfolgt hatte, bekannt hatte? Er hatte freilich mehr den Salomo gelesen als Arius und war im Gesetz kundig. Und deshalb, weil er gelesen hatte, sagte er, daß Christus nicht geschaffen, sondern gezeugt worden ist. Er hatte nämlich gelesen: „Er hat gesprochen, und sie wurden gemacht, er hat es angeordnet, und sie sind geschaffen worden" (Ps 32,9*). Wurde etwa Christus auf ein Wort hin geschaffen? Wurde etwa Christus durch einen Befehl geschaffen?

16.106 Auf welche Weise kann sich aber ein Geschöpf in Gott befinden? Denn Gott ist von einfacher, nicht verbundener und zusammengesetzter Natur; zu dem kommt ja nichts hinzu, sondern der nur das hat, was göttlich ist, in seiner Natur, ‚alles erfüllend'[103], nirgends selbst vermischt, alles durchdringend, nirgends selbst zu durchdringen, überall ganz und zur selben Zeit gegenwärtig, sei es im Himmel, sei es auf Erden, sei es am äußersten Ende des Meeres, nicht erfaßbar für den Gesichtssinn, nicht durch Worte deutbar, durch die Sinne nicht einschätzbar, aber mit Glauben zu befolgen, mit Frömmigkeit zu verehren — so daß Du einsiehst, daß Gott zukommt, was auch immer an Frömmerem zu denken ist[104], an Vortrefflicherem, wenn man an Ruhm denkt, Erhabenerem, wenn es um Macht geht.

---

[104] Vgl. dazu SENECA, *nat.* 1 praef. 13 (5 GERCKE), *qua nihil maius cogitari potest*; ANSELM VON CANTERBURY, *Proslogion* 2 [84 SCHMITT], *quo nihil maius cogitari possit.*

16.107 Ergo quia ‚in filio conplacet pater‘, crede quia dignus patre filius, crede quia ‚a deo exivit‘ filius, ut ipse testatur dicens: Ex deo processi et veni, et alibi: „A deo exivi." Qui ex deo processit et a deo exivit, nihil aliud potest habere, nisi quod dei est.

17.108 Unde non solum deus, sed etiam verus deus, ‚verus e vero‘, et adeo verus, ut ipse sit „veritas". Itaque si nomen quaerimus, „veritas" est, si maiestatem quaerimus naturalem, eo usque dei filius verus est, ut ‚proprius‘; scriptum est enim: „Qui filio proprio non pepercit, sed pro nobis omnibus tradidit eum." Tradidit utique secundum car|nem: proprietas divinitatis est, veritas proprietatis, misericordia pietatis, oblatio securitatis.

17.109 Sed ne calumniarentur quia scriptum est ‚tradidit eum pater‘, ipse apostolus alibi dixit: „Pax a deo patre et domino nostro Iesu Christo, qui se dedit pro peccatis nostris", et alibi: „Sicut Christus dilexit nos et tradidit semetipsum pro nobis." Si ergo et traditus est a patre et ipse se tradidit, apparet unam esse operationem, unam esse patris et fili voluntatem.

PUATKD Φ(UAT) LVZ SMCW def. REO 15–20: Lat. I 258, 8–12 (griech.); 259, 8–10 (lat.)

2 patri *P* | a deo *om. W* ‖ 4 ergo qui *K*, quia *DV* | ex] et a *V* | deo deus *D* | ergo nihil *W* ‖ 6 deus *om. P* ‖ 7 verus *pr.*] deus verus *SL* | e vero] vero *W*, et vere *C*, et ex vero *L* | adeo] a deo *P, Ta.c.m2* | verus *alt.*] *add.* e vero *K* ‖ 9 dei *om. SD* | filius dei Φ*a*, filius deus *C* | est *om. PKDM* | ut et *Tp.c.a*m et ut Φ | proprius sit *D* ‖ 10 proprio filio m ‖ 11 omnibus *om.* m | eum] illum *Z* | utique] enim *P* ‖ 12–13 proprietatis] *add.* est *L* ‖ 14 calumnientur *S* calumniaretur *Cp.r.W* ‖ 15 patre nostro *C* | et a *L* ‖ 16 nostro *om. CDZ* ‖ 17 et alibi *om. D* ‖ 17 et alibi – 18 nobis *om. P* ‖ 17 dilexit vos *Sa.c.m2KZ* ‖ 18 vobis *KZCW* | et *pr. om. SDW*

---

[105] Hier ist die letztlich auf PHILO und ORIGENES zurückgehende und von ARIUS verwendete homöische Dissoziation zwischen „wahrem

16.107 Da ‚der Vater also am Sohn Wohlgefallen hat', glaube, daß der Sohn des Vaters würdig ist, glaube, daß der Sohn ‚von Gott ausgegangen ist', wie er selbst bezeugt, indem er sagt: „Aus Gott bin ich hervorgegangen und gekommen" (Joh 8,42) und an anderer Stelle „Ich bin von Gott ausgegangen" (Joh 16,27). Wer aus Gott hervorgegangen ist und von Gott ausgegangen ist, kann nichts anderes besitzen als das, was zu Gott gehört.

17.108 Von daher ist er nicht nur Gott, sondern auch wahrer Gott[105], ‚wahrer aus wahrem', und in dem Maße wahrer Gott, daß er selbst „die Wahrheit" (Joh 14,6) ist. Daher, wenn wir nach seiner Bezeichnung fragen, ist er „die Wahrheit". Wenn wir nach der Herrlichkeit, die er von Natur aus hat, fragen, ist er so weit wahrer Sohn Gottes, wie er der ‚eigene' Sohn Gottes ist. Es steht nämlich geschrieben: „Der seinen eigenen Sohn nicht verschont hat, sondern ihn für uns alle dahingegeben hat" (Röm 8,32*). Er hat ihn freilich nach dem Fleische dahingegeben. Die Besonderheit des Sohnes ist Zeichen für seine Gottheit, die Wahrheit ist Zeichen für seine Besonderheit, das Erbarmen für seine Güte, das Opfer für unsere Heilsgewißheit.

17.109 Aber damit sie nicht böswillig kritisieren, daß geschrieben steht ‚der Vater hat ihn dahingegeben', sagte der Apostel selbst an anderer Stelle: „Friede von Gott, dem Vater, und unserem Herrn Jesus Christus, der sich für unsere Sünden dahingegeben hat" (Gal 1,3f*) und an anderer Stelle: „Wie Christus uns liebte und sich für unsere Sünden selbst dahingegeben hat" (Eph 5,2). Wenn er also sowohl vom Vater dahingegeben worden ist wie auch sich selbst dahingegeben hat, zeigt sich, daß es eine einzige Handlung ist, ein gemeinsamer Wille des Vaters und des Sohnes.

Gott" (Vater) und „Gott" (Sohn) im Visier, vgl. ATHANASIUS VON ALEXANDRIEN, *decr.* 6,2 (5 OPITZ).

17.110 Si naturalem ergo maiestatem quaerimus, genitus est. Qui genitum infitiatur, proprium negat, qui proprium abnuit, communem ceteris arbitratur. Sin vero generationis ipsius proprietatem requirimus, „ex deo exivit". Nam cum in usu nostro id sit „exire", quod iam sit, et ex interioribus secretis prodire videatur, quod ‚exire' perhibetur, angustis licet sermonibus proprietatem divinae generationis advertimus, ut non ex loco aliquo videatur exisse, sed ut „deus ex deo", filius ex patre, nec videatur coepisse ex tempore, qui ex patre nascendo prodivit, ut dixit ipse, qui natus est: „Ex ore altissimi prodivi."

17.111 Sed si naturam non agnoscunt, si non credunt scripturis, vel ‚operibus credant'. Cui dicit pater „faciamus", nisi ei, quem verum filium sciret? In quo nisi in vero suam ima|ginem recognosceret? Non est unum ‚adoptivus' et ‚verus', nec filius diceret „unum sumus", si se cum vero, qui verus non erat ipse, conferret. „Faciamus" ergo dicit pater: qui dixit, verus est; potestne ergo verus non esse ille, qui fecit, et quod dicenti defertur, facienti negatur?

PUATKD Φ(UATO) LVZ SMCW, a l.1 si E, a l.13 sed O, def. R
1 si] unde si *E* (*hic incipit*) ‖ 2 qui] si quis autem *L*, *Ma.r.* (*eras.* autem), *VZCWE* | infitiaberit *C* ‖ 3 commune *W* | si vero *TK* ‖ 5 sit *alt. om. D* | et *om. DW* ‖ 6 ex interioribus] ab (*add. m2*) exterioribus *S* | quod] qui *PD* ‖ 7 sermonibus] carminibus *K* ‖ 9 nec – 10 patre *alt. om. S* ‖ 10 prodiit *a*, prodit *m* | ego ex *P* ‖ 11 prodii *am* ‖ 13–14 faciamus hominem *KE*Φ*am* ‖ 15 in vero] ubi veram *W*, in uno *Oa* ‖ 16 diceretur *P* ‖ 17 vero] uno *Oa* | qui] quia *C* | erat] esset *m* ‖ 18 potestne] potest *S*, putasne *W* | ergo *om. P* ‖ 19 differtur *CD*

---

[106] Vgl. Ambrosius, *spir.* 1,5,72 (CSEL 79,45).
[107] Vgl. aus dem Nicaenum θεὸν ἐκ θεοῦ ... θεὸν ἀληθινὸν ἐκ θεοῦ ἀληθινοῦ.
[108] Im trinitätstheologischen Streit war der Vorwurf, eine adoptianische Christologie zu lehren, ein beliebtes Motiv antiarianischer und

17.110 Wenn wir also nach seiner Hoheit, die er von Natur aus hat, fragen, besteht sie darin, daß er gezeugt ist. Wer leugnet, daß er gezeugt wurde, leugnet, daß er der eigene Sohn ist. Wer ablehnt, daß er der eigene Sohn ist, denkt, daß er auf gleicher Stufe mit den übrigen Menschen steht. Wenn wir aber die Besonderheit der Zeugung selbst untersuchen, besteht sie darin, daß er „von Gott ausgegangen ist". Denn da in unserem Sprachgebrauch nur bei dem von „Ausgehen" gesprochen werden kann, was schon existiert, und aus verborgenem Inneren hervorzugehen scheint[106], was hier mit ‚Ausgehen' benannt wird, bemerken wir freilich in sehr begrenzter Ausdrucksweise die Besonderheit der göttlichen Zeugung, daß er nämlich nicht von irgendeinem Ort ausgegangen zu sein scheint, sondern daß „Gott aus Gott"[107], der Sohn aus dem Vater ausgegangen ist, und daß der nicht in der Zeit einen Anfang genommen zu haben scheint, der aus dem Vater durch Geburt hervorgegangen ist; wie er selbst, der geboren wurde, gesagt hat: „Ich bin aus dem Munde des Höchsten hervorgegangen" (Sir 24,3).

17.111 Aber wenn sie die Natur nicht anerkennen, wenn sie nicht den biblischen Schriften glauben, ‚sollen sie doch den Werken glauben' (vgl. Joh 10,38)! Zu wem sagt der Vater „wir wollen machen", wenn nicht zu dem, den er ja als wahren Sohn kennt? In wem, wenn nicht im wahren Sohn hätte er sein Bild erkennen können? Es sind nämlich ein ‚durch Adoption angenommener Sohn'[108] und ein ‚wahrer Sohn' nicht ein und dasselbe, und der Sohn würde auch nicht sagen: Ich und der Vater „sind eins" (Joh 10,30), wenn er, obwohl er selbst nicht wahrer Sohn wäre, sich mit dem wahren Gott verglich. „Laßt uns machen" sagt also der Vater: Der, der es gesagt hat, ist wahr; kann also jener nicht wahr sein, der es gemacht hat? Also wird es dem, der spricht, zugebilligt, dem, der es macht, aber abgesprochen?

---

antihomöischer Polemik.

17.112 Quomodo autem, nisi verum filium sciret, committeret ei voluntatis suae unitatem et operis veritatem? Cum enim „eadem faciat filius opera, quae pater facit", et „quos vult, vivificet" filius, sicut scriptum est, neque differens potestate et liber est voluntate. Ita unitas servatur, quia et virtus dei in divinitatis proprietate est et libertas non in aliqua differentia, sed in unitate est voluntatis.

17.113 Turbati in freto apostolorum licet, sed adhuc non credentium chori ubi primum sub pedibus domini ludere aquas et inquieto maris aestu deambulantis domini super aquas intrepida videre vestigia, subitoque navi, quae fluctibus turbaretur, ubi eam tamen Christus ascendit, placidata aequora et elementa conspexere famulantia, verum dei filium | crediderunt dicentes: „Vere filius dei est." | 49

17.114 Hoc idem centurio „cum aliis qui secum erant" tremefactis mundi cardinibus in passione domini confitetur, et tu, heretice, negas? Centurio dicit: „Vere, filius dei erat iste." „Erat", inquit centurio, et Arrianus dicit:

PUATKD Φ(UATO) LVZ SMCWEO def. R
3 faciat] facit *K* ‖ 4 vivificat *S* ‖ 4–5 nec differens *Dm* nec indifferens *cet. a (fortasse recte: abundantia negationis; cf. Euseb.Vercell. CCL IX p. XXIII, 26 Bulhart)* ‖ 5 volumtate *P* voluntate *om. D* ‖ 6 et virtus] et visus *P* | et *om. D* ‖ 7 differentia est *LVWZ* | in *alt. om.* Φ*a* | volumtatis *P* ‖ 8 turbatum *UT,Ap.c.* | apostoli *POam* | sed *om. PKOam* ‖ 9 credentes corde *POam* | chori] cori *Sa.c.m2,* cor (or *i.r. man. post.*) *C, UAT* ‖ 10 supra *C* ‖ 11 navis *Lp.c.m2VZW* ‖ 12 ubi–christus] subito tamen christus eam *L* ‖ 12–13 placida *VW*Φ*a* placedat *C* placita *Ka.c.* placidatum aequor *D* ‖ 14 aequore *P* | vere] verus *P* | dei filius *CE*Φ*am* | est *om. E* es *m* est hic *P* ‖ 16 mundi] fundi *K* ‖ 17 verus *P* | dei filius *DE* dei *om. W* ‖ 18 erat *pr.–et om. D*

---

[109] Für die Vorstellung von der „Wahrheit" vgl. HILARIUS VON POITIERS, *trin.* 5, 5 (CCL 62, 155): *In quo ergo tandem non erit verus ille qui efficit, cum verus sit ille qui dicit, quandoquidem dicti veritatem facti veritas consequatur? Deus est qui dixit, Deus est qui fecit ....*

17.112 Wie aber würde der Vater, wenn er ihn nicht als den wahren Sohn kennen würde, ihm die Einheit seines Willens und die Wahrheit seines Werkes anvertrauen?[109] Weil „der Sohn" nämlich „dieselben Werke tut, die der Vater tut", und der Sohn diejenigen, „die der Vater will", „lebendig macht", so wie es geschrieben steht, unterscheidet sich der Sohn vom Vater auch nicht in der Macht und ist frei in seinem Willen. So ist die Einheit gewahrt, weil sowohl die Kraft Gottes in der Besonderheit der Gottheit[110] besteht als auch die Freiheit nicht in irgendwelcher Unterschiedlichkeit liegt, sondern in der Einheit des Willens.

17.113 Sobald die im Sturm verwirrten Scharen, die zwar Apostel waren, aber noch nicht glaubten, die unter den Füßen des Herrn nur ruhig dahinspielenden Wasser sahen und die unverzagten Schritte des Herrn, der — trotz tosender See — über die Wasser wandelte und plötzlich, sobald Christus dennoch zugestiegen war, die Beruhigung der Wasserflächen bemerkten und die dem Schiff, das vorher durch die Fluten geschüttelt war, dienstbaren Elemente, da glaubten sie, daß er der wahre Sohn Gottes ist, und sie sagten: „Er ist wahrhaftig der Sohn Gottes" (vgl. Mt 14,33).

17.114 Eben dies bekennt der Hauptmann „mit anderen, die mit ihm waren" (Mt 27,54), als die Achsen der Welt beim Leiden des Herrn erschüttert wurden, und Du, Häretiker, leugnest? Der Hauptmann sagt: „Wahrhaftig, dieser war Gottes Sohn" (Mt 27,54; Mk 15,39; Lk 23,47). „War es", sagt der Hauptmann, und der Arianer

---

[110] Für den Begriff *proprietas,* der dem griechischen ἴδιον / ἰδιότης entspricht, vgl. MARKSCHIES, *Ambrosius von Mailand* 203f mit Anm. 658–662.

„Non erat"! Ille ergo generationis et veritatem et aeternitatem adseruit, manu cruentus, sed mente devotus, tu, heretice, veritatem generationis negas, tempus adscribis! Utinam manus potius quam animum cruentasses! Sed nec manu innocens et mente feralis, quantum in te est, mortem infers, qui infirmum opinaris. Immo, quod gravius est, etsi divinitas vulnus sentire non possit, quod in te tamen est, maiestatem suam in Christo, non corpus interficere conaris.

17.115 Verum igitur deum dubitare non possumus, quem verum dei filium et carnifices crediderunt et daemones fatebantur, quorum nunc non testimonia requiruntur, sed tuis tamen sacrilegiis praeferuntur. Illos nominavimus, ut erubesceres, divina quoque responsa adhibuimus, ut crederes.

17.116 Clamat dominus per Eseiam: „Servientibus mihi vocabitur nomen novum, quod benedicetur super terram, et benedicent deum verum, et qui iurant super terram, iurabunt per deum verum." „Haec", inquit, „dixit Eseias, quando vidit maiesta|tem eius." Hoc in evangelio designatur, quod ,maiestatem viderit Christi et locutus sit de eo'.

17.117 Accipe tamen, quid etiam scripserit evangelista Iohannes in epistula sua dicens: Scimus quia filius dei apparuit et dedit nobis sensum, ut cognoscamus potestatem et in vero simus filio eius Iesu Christo. Hic est verus

---

PUATKD Φ*(UATO) LVZ SMCWEO def. R*
1 ergo *om. P* | generationem *D* centurionis *La.c.m2* || 1–2 et aeternitatem *om. D* || 2 sed] et *O* || 4 manum *KW* | animum *PZMOa*, -am *cet.* | nec] nunc *SC* || 5 et *om. C* || 6 inferes *K* | est *om. D* || 7 posset *S* || 8 suam *exp. L, om. Z* | non] *add.* solum *S* || 11 dei] deum *L* || 11–12 et daemones fatebantur *om. K* || 13 nominabimus *CK* || 16 eseiam *P* (*semper!*) || 17 benedicitur *D* || 18 et *om. PDKW* | verum deum *K* dominum verum *C* | verum] vivum *La.c.m2* || 19 inquit *om.* Φ*a* inquam *m* || 20 in *om. C* || 21 quod] cum *Lp.c.m2Z* | sit] est *D* || 22 quid] quod *UAT* || 23 sua *om. PSC*Φ || 24–25 potestatem] patrem *EOam* (*utrumque contra codd. sive lat. sive graec.*), verum (*ex* potestatem) *Sm2* || 25 simus in vero *SC*Φ*am* | sumus *P* | iesu christo domino nostro *WEm*

sagt: „War es nicht"! Jener also hat sowohl die Wirklichkeit als auch die Ewigkeit der Zeugung bekannt, mit blutigen Händen, aber mit frommen Geist; aber Du, Häretiker, leugnest die Wahrheit der Zeugung und schreibst sie der Zeit zu. Ach, wenn Du doch mehr die Hände als den Geist mit Blut besprizt hättest! Aber Du bist ja nicht einmal hinsichtlich der Hände unschuldig und bist hinsichtlich des Geistes todgeweiht, und — soweit Du das überhaupt kannst — tötest Christus, der Du ihn für schwach hältst. Ja, was noch schlimmer ist, Du versuchst sogar, auch wenn die Gottheit eine solche Wunde nicht fühlen kann, — soweit es dennoch in Deiner Kraft steht — ihre Hoheit in Christus, nicht seinen Körper zu töten.

17.115 Wir können also gar nicht zweifeln, daß er wahrer Gott ist, an den sogar die Henker als wahren Sohn Gottes geglaubt haben (vgl. Mt 27,54) und den die Dämonen bekannten (vgl. Mt 8,29; Mk 3,11; Lk 8,28). Von ihnen werden jetzt keine Zeugnisse verlangt, aber gegenüber Deinen gotteslästerlichen Ansichten werden sie doch vorgezogen. Jene haben wir genannt, damit Du Dich schämst, die göttliche Antwort haben wir dazugenommen, damit Du glaubst.

17.116 Der Herr sagt durch Jesaja: „Es wird denen, die mir dienen, ein neuer Name genannt werden, der gepriesen werden wird auf der Erde, und sie werden den wahren Gott preisen, und die auf der Erde schwören, werden schwören beim wahren Gott" (Jes 65,15f*). „Das", heißt es, „sagte Jesaja, als er seine Herrlichkeit gesehen hatte" (Joh 12,41*). Im Evangelium ist damit gemeint, daß er ‚die Herrlichkeit Christi gesehen und über ihn gesprochen habe'.

17.117 Nimm gleichwohl an, was auch der Evangelist Johannes in seinem Brief geschrieben hat, als er sagte: „Wir wissen, daß der Sohn Gottes erschienen ist und uns Einsicht geschenkt hat, damit wir die Macht erkennen und in seinem wahren Sohn Jesus Christus sind. Dieser ist wahrer

deus et vita aeterna". ‚Verum' Iohannes ‚filium dei' et ‚verum deum' dicit. Ergo si verus deus, utique non creatus nihil fallax habens adque fucatum, nihil confusum adque dissimile.

Definitio patrum de fide

18.118 „Deus" igitur „ex deo, lumen de lumine, verus deus de deo vero, ex patre natus, non factus, unius substantiae cum patre".

18.119 Sic nempe nostri secundum scripturas dixerunt patres, qui etiam sacrilega docmata ideo suis inserenda putavere decretis, ut Arri perfidia ipsa se proderet, ne quasi fucis quibusdam et coloribus inlita velaretur. Fucum enim faciunt, qui non audent explicare, quod sentiunt. Censorie igitur inpietas Arriana non expositione reseratur, sed damnatione detegitur, ut qui curiose gestit audire, prius damnatam cognosceret, ne laberetur, quam expositam audiret, ut crederet.

Expositio qua Arrii perfidia damnata est

18.120 „Eos", inquit, „qui dicunt ‚erat, quando non erat' et ‚antequam nasceretur, non erat', et qui ex nihilo factum

---

PUATKD Φ(UATO) LVZ SMCWEO def. R
5 Definitio – fide *om. KD, add.* cap. VI. *Lm2*, VII *UATZ,* cap. VIII *Oa* ‖ 7–8 cum patre substantiae *C* ‖ 10–11 putaverunt esse *P* putarent *W* ‖ 11 ne] nec *C* neque *LE* ‖ 12 colore *U* colori *AT* ‖ 14 reseratur *D* ‖ 14 sed – 16 audire *om. K* ‖ 15 ut *om. CD* | damnatum *S* ‖ 16 laberetur] falleretur *S* | expositum *S* ‖ 17 Expositio – est *om. E;* Expositio Arrii *S (sed cancell. man. post.)*, *L, u.t.C, Ma.c.m2, VWZ* | expositio quam arripit iam damnata est *(post 13 erat alt.) D* | Qua] quo *P* quae *KΦa* qua *s.l. Mm2* | Arri *K* | Perfidiam *KΦa* perfidia *Mm2* | Damnata est] Damnat *KΦa* damnatur *Mm2; add.* cap. VII *Lm2,* VIII *UAT,* ca. IX *Oa* ‖ 19 qui] quia *K* qui aut *E*

---

[111] *Sc.* im Bekenntnis von Nicaea; vgl. die griechische Fassung des Anathematismus: Τοὺς δὲ λέγοντας ἦν ποτε ὅτε οὐκ ἦν, καὶ πρὶν γεννηθῆναι οὐκ ἦν, καὶ ὅτι ἐξ οὐκ ὄντων ἐγένετο, ἢ ἐξ ἑτέρας ὑποστάσεως ἢ οὐσίας

Gott und ewiges Leben" (1 Joh 5, 20). Johannes nennt ihn ‚wahren Sohn Gottes' und ‚wahren Gott'. Wenn er also wahrer Gott ist, ist er freilich nicht geschaffen, hat nichts Trügerisches und darum Verfälschtes an sich, nichts Zusammengeschüttetes oder Unähnliches.

Synodalerklärung der nicaenischen Väter über den Glauben

18.118 Also: „Gott aus Gott, Licht vom Licht, wahrer Gott von wahrem Gott, aus dem Vater geboren, nicht geschaffen, einer Substanz mit dem Vater".

18.119 So allerdings lehrten unsere Väter gemäß den Schriften, die deswegen auch meinten, die gotteslästerlichen Lehren in ihre Beschlüsse einfügen zu müssen, damit der Unglaube des Arius sich selbst verrät und nicht gleichsam durch gewisse Betrugsmanöver und Schönfärberei verschleiert wird. Ein Betrugsmanöver führen nämlich die durch, die nicht zu erklären wagen, was sie glauben. Mit strengem Tadel also wird die arianische Häresie nicht durch Erklärung offenbar gemacht, sondern nur durch Verdammung aufgedeckt, so daß einer, der neugierig darauf drängt zu hören, erkennt, daß sie verdammt ist, damit er ihr nicht verfällt, bevor er sie ausgelegt hört, so daß er ihr gar glaubt.

Erklärung, wie der Unglaube des Arius verurteilt worden ist.

18.120 „Diejenigen", heißt es[111], „welche sagen, ‚es gab eine Zeit, als er noch nicht war' und ‚bevor er geboren wurde[112], war er nicht', und die sagen, daß der Sohn Gottes

---

φάσκοντας εἶναι, ἢ κτιστὸν ἢ τρεπτὸν ἢ ἀλλοιωτὸν τὸν υἱὸν τοῦ θεοῦ, ἀναθεματίζει ἡ καθολικὴ ἐκκλησία (161 HAHN); vgl. auch MARKSCHIES, *Ambrosius von Mailand und die Trinitätstheologie* 13 Anm. 15.

[112] Mit den nicaenischen Anathematismen beschäftigt sich Ambrosius noch in *fid.* 4, 8, 79, unten 516–519, und 4, 9, 96, unten 532f. Dort übersetzt *antequam generatur* das griechische πρὶν γεννηθῆναι, hier *antequam nasceretur*.

aut ex alia substantia vel usia dicunt esse aut mutabilem et convertibilem dei filium, anathematizat catholica et apostolica ecclesia".

18.121 Accepisti, sancte imperator, eos qui talia adseruerunt, iure damnatos. Non humana industria, non conposito aliquo trecenti decem et octo, ut supra pressius dixi, episcopi ad concilium convenerunt, sed ut in numero eorum per signum suae passionis et nominis dominus Iesus suo probaret se adesse concilio: Crux in trecentis, Iesu nomen in decem et octo est sacerdotibus.

18.122 Hoc et in Ariminensi concilio habuit prima confessio et post Ariminense concilium secunda correctio. Con|fessionem epistula ad imperatorem Constantium missa testatur, correctionem secuta concilia confitentur.

PUATKD Φ(UATO)LVZ SMCWEO def. R
2 et] aut *CD*m ‖ 3 et apostolica *om.* S ‖ 5 iure esse *KEUAT* ‖ 5–6 conpositio *K* conpositione Φ*a* ‖ 6 alique *C* aliqua *K* aliqua sed Φ*a* | pressius *om.* Φ*a* praessius *P* expressius *Lp.c.m2CKZ* ‖ 7 ad concilio *P* ‖ 9 iesum *PDW* ‖ 11 habuit – 12 concilium *om.* S ‖ 12 et–concilium *om.* K | consilium *L* | correptio *D* ‖ 13 confessionem *om.* Φ*a* confessionis *D* correctionem *C*

---

[113] *Fid.* 1 prol. 3.5, oben 140–143.
[114] Das griechische Tau (T) ist Zahlzeichen für 300 und Symbol des Kreuzes, das griechische Zahlzeichen für 18 besteht aus den Anfangsbuchstaben des Namens Jesu (ιη). Siehe hierzu MEYER/SUNTRUP, *Lexikon der Zahlensymbolik* 828–830, mit weiterführender Literatur sowie die Literaturangaben zu 1 prol. 3.5, unten 140–143 Anm. 4–9.
[115] Die Synode von Rimini, die mit über vierhundert Bischöfen das erste Reichskonzil von Nicaea noch übertraf, wird nicht ohne Grund hier nach einem Hinweis auf die ‚dreihundertachtzehn Väter von Nicaea' genannt (zur Teilnehmerzahl vgl. SOZOMENUS, *h. e.* 4, 17,2 [GCS 163]), und zuletzt LÖHR, *Kirchenparteien* 112; BRENNECKE, *Geschichte der Homöer* 26, sowie HANSON, *The Search for the Christian Doctrine of God* 376. — Ihr Bekenntnis findet sich bei HILARIUS VON POITIERS, *coll. antiar.* A IX 1 (CSEL 65/4, 95f).
[116] FALLER, *Ambrosius* 8, 51, zur Stelle, und MORESCHINI, *Ambrosius* 15, 119 Anm. 6, erklären nicht, worauf sich der Ausdruck *secunda correctio* bezieht. Dabei verschweigt Ambrosius mit ihm taktvoll beziehungsweise schamhaft den für die nicaenischen Abendländer traumatischen

aus nichts geschaffen oder aus anderer Substanz oder ousia sei oder veränderbar und wandelbar, verflucht die katholische und apostolische Kirche".

18.121 Du hast bereits zugestimmt, heiliger Kaiser, daß die, die solches behaupten, mit Recht verurteilt sind. Nicht durch menschliches Zutun, nicht durch irgendeine Verabredung kamen die dreihundertachtzehn Bischöfe zum Konzil zusammen, wie ich oben ziemlich knapp gesagt habe[113], sondern damit der Herr Jesus in ihrer Zahl durch das Zeichen seines Kreuzesleidens und Namens beweist, daß er seinem Konzil beisteht: Das Kreuz zeigt sich in den dreihundert; Jesu Namen in den achtzehn Priestern.[114]

18.122 Diesen Inhalt hatte auch das erste Bekenntnis in der Synode von Rimini[115] und die zweite Korrektur nach der Synode von Rimini[116]. Dieses Bekenntnis belegt auch der Brief, der an den Kaiser Constantius geschickt wurde[117]. Und die folgenden Synoden bekannten sich zur Korrektur.

Widerruf der Glaubenserklärung von Rimini durch die Formel von Nike (10.Oktober 359; Text: THEODORET VON CYRRHUS, *h. e.* 2, 21, 3–7 [GCS 145f]; vgl. BRENNECKE, *Geschichte der Homöer* 246f, mit Bemerkungen 33 Anm. 54, und DUVAL, *Manoeuvre fraudaleuse* 51–103) und ihre Annahme durch die Synodalen von Rimini (von den Gegnern scharf als ‚Betrug' gekennzeichnet: HILARIUS VON POITIERS, *coll. antiar.* A I 4, 1 [CSEL 65/4, 45]): Nur der Eingeweihte weiß, was sich hinter der *prima correctio* verbirgt, nämlich das sogenannte ‚Umfallen' der nicaenisch gesonnenen Synodalen zugunsten des homöischen Bekenntnisses. Bei der *secunda correctio* muß man wohl an die Synode von Paris (360/361) denken, da in deren Synodalbrief sich die Bischöfe auch explizit, das heißt korrigierend, auf den Widerruf von Rimini bezogen (Synodalbrief bei HILARIUS VON POITIERS, *coll. antiar.* A I [CSEL 65/4, 43–46]; vgl. SIMONETTI, *La crisi* 357, beziehungsweise BRENNECKE, *Hilarius von Poitiers* 364–367, und HANSON, *The Search for the Christian Doctrine of God* 465). Freilich handelte es sich hier nicht um ein gut besuchtes Reichskonzil wie bei der Bischofsversammlung von Rimini, sondern um ein eher lokales Ereignis; natürlich verbreitet sich Ambrosius über dieses eher peinliche Detail nicht.

[117] Der Brief findet sich bei HILARIUS VON POITIERS, *coll. antiar.* A V 1 (CSEL 65, 78–85).

19.123 Arrius ergo dicit: „Erat, quando non erat." Sed scriptura dicit „erat", non dicit ‚non erat'; denique Iohannes scripsit: „In principio erat verbum et verbum erat apud deum et deus erat verbum. Hoc erat in principio apud deum." Ecce quoties ‚erat' et nusquam dixit quod ‚non erat'. Cui ergo credimus? Iohanni ‚in Christi pectore recumbenti', an Arrio inter effusa se sua viscera volutanti, ut agnosceremus similem Iudae proditoris Arri quoque fuisse perfidiam, quem similis poena damnavit?

19.124 Effusa sunt enim et Arri viscera — pudet dicere, ubi — adque ita ‚crepuit medius' prostratus in faciem, ea, quibus Christum negaverat, foede ora pollutus. Crepuit enim, sicut etiam de Iuda Petrus apostolus | dixit, quia „possedit agrum de mercede iniustitiae et in faciem prostratus crepuit medius, et effusa sunt omnia viscera eius". Non est fortuita mors, ubi in sacrilegio pari poenae parilis processit exemplum, ut idem subirent supplicium, qui eundem dominum negaverunt et qui eundem dominum prodiderunt.

PUATKD LVZ SMCWEO def. R
3 scripsit] dicit *L* | erat verbum] verbum erat *D* || 5 quoties *K* || 7 se sua] saeua *K* || 10 et *om. PZMW* | arri *LK, Ea.c.m2* || 12 christi (*add.* nomen *m2*) *U*, christi *T* | foede ora] foedera *SDWZU, Aa.c.* (o *s.* r *add. m2*) fęderA (o *s.* e *alt.,* e *alt. del.*) *L* foeda ora *C* (hora), *Oam* || 13 sanctus apostolus petrus *CE* sanctus petrus apostolus *LV* || 14 agrum] aurum *S* | in facie *L* || 16 poenam *W* pena *D* poena *M* | parile *Sa.c.m2UOa* pari *K* paribilis *C* || 18 et – prodiderunt *om. P* tradiderunt *C*

---

[118] In den §§ 123–131 wird der Anathematismus, mit dem das Bekenntnis der Synode von Nicaea abschließt, als Gliederungsprinzip einer komprimierten Widerlegung subordinatianischer Theologie verwendet (vgl. die Einleitung, unten 64–66 mit Anm. 256).
[119] Diese unappetitliche Legende (vgl. LEROY-MOLINGHEN, *La mort d'Arius* 105–111) findet sich erstmals bei ATHANASIUS VON ALEXANDRIEN, *ep. Aeg. Lib.* 19 (PG 25, 581), beziehungsweise *ep. Serap.* 3, 1–3 (179 OPITZ), und *ep. mort. Ar.* 3, 3 (179 OPITZ; zitiert bei THEODORET VON CYRRHUS, *h. e.* 1, 14, 8 [GCS 57]). Ambrosius könnte sie aber auch vermittelt worden sein durch EPIPHANIUS VON SALAMIS, *haer.* 69, 10, 3

19.123 Arius sagt also: „Es gab eine Zeit, als er noch nicht war"[118]. Aber die Schrift sagt, „er war", sie sagt nicht ‚er war nicht'. Sodann hat Johannes geschrieben: „Am Anfang war das Wort und das Wort war bei Gott und Gott war das Wort. Das war im Anfang bei Gott" (Joh 1,1f). Sieh', wie oft er sagte: ‚Er war', und nirgends, daß ‚er nicht war'. Wem glauben wir also? Johannes, ‚der an der Brust Christi ruhte', oder Arius, der sich in seinen herausgequollenen Eingeweiden wälzte, damit wir erkennen, daß der Unglaube auch des Arius ähnlich dem des Verräters Judas gewesen ist, den eine ähnliche Strafe getroffen hat?

19.124 Es sind nämlich die Eingeweide auch des Arius herausgequollen[119] (man schämt sich, zu sagen, wo), und so ‚brach er mitten auseinander', als er auf sein Angesicht fiel, und war häßlich am Mund besudelt, mit dem er Christus verleugnet hatte. Er brach nämlich mitten auseinander, wie auch der Apostel Petrus von Judas erzählte, daß er „vom Lohn seiner Ungerechtigkeit einen Acker erworben hatte, und mitten auseinander brach, als er auf sein Angesicht fiel, und alle seine Eingeweide quollen heraus" (Apg 1,18*). Dieser Tod ist da nicht zufällig, wo sich beim gleichen Frevel ein Beispiel ebenso gleicher Strafe ereignete, so daß diejenigen, die denselben Herrn verleugnet und denselben Herrn verraten haben, dieselbe Todesstrafe erlitten.

(GCS 160), oder durch die drei sparsamen Anspielungen bei GREGOR VON NAZIANZ, or. 21,13 (SCh 270,134), vom 2. Mai 379, or. 25,8 (SCh 284,174) aus dem Jahre 380, sowie or. 36,1 (SCh 318,242) vom 27. November 380. Die verschiedenen Belege zeigen, daß es sich im griechischen Bereich um eine verbreitete Legende handelte; im lateinischen Bereich ist sie meines Wissens nur in einem späteren Text, dem Bekenntnis des römischen Luziferianers FAUSTINUS PRESBYTER von 384, belegt (Coll. Avell. 2,7 [CCL 69,363]): *humana consuetudine secessum petit atque illic cum sedit, gravissimo repente dolore cruciatus omnia sua viscera et ipsum cor ... effudit in stercora atque ita (mirabile dictu!) internis omnibus evacuatis attenuatus est vel ad momentum sicut luridati corporis tabe resolutus est, ut per angustias foraminis et sedilis totus ipse laberetur.*

19.125 Veniamus ad alia. Arrius dicit: „Antequam nasceretur, non erat". Sed scriptura dicit omnia esse per filium. Quomodo ergo aliis dedit esse, qui non erat? Cum autem dicit impius ‚quando' et ‚ante', haec utique duo verba tempus ostendunt. Quomodo ergo negant tempus ante filium et volunt prius fuisse quae temporis sunt, cum id ipsum ‚quando' et ‚ante' et ‚aliquando non fuisse' sit temporis?

19.126 Arrius dicit „ex nihilo" dei filium. Quomodo ergo ‚filius', quomodo paterno generatus ‚ex utero', quomodo ‚eructuatum ex corde verbum' legitur, nisi ut ex intimo et inaestimabili patris intellegatur, ut scriptum est, ‚prodisse' secreto? Filius enim aut per adoptionem aut per naturam est. Per adoptionem nos filii dicimur, ille per veritatem naturae est. Quomodo ergo ex nihilo ille, qui ex nihilo fecit omnia?

19.127 Non habet filium, qui nescit, unde sit. Denique nec Iudaei habebant filium, quia, unde esset, nesciebant, et | ideo dixit his dominus: „Nescitis unde veni", et infra: „Neque me nostis neque patrem meum scitis". Qui enim negat ex patre filium, nec patrem, ex quo est filius, novit, neque filium novit, quia patrem nescit.

19.128 Arrius dicit „ex alia substantia". — Quae igitur alia substantia aequatur dei filio, ut ex ipsa dei filius sit? Aut

---

PUATKD LVZ SMCWEO def. R
1 arrianus *Z* || 4 et *om. K* || 7 ipsud *KM* | et *alt. om. S* | sit] sed *S* || 9 dei filius *KLSCW* Φαμ || 10 paterno] pater non *Pp.c.m1KDL* pater si non *Um1, Aa.r.* patrem habuit *Um2* | generatur *SD* generans (*ex* generatus *corr. m2*) *L* || 11 ructatur *C* eructatum *Ap.r.VZCWm* || 11–12 intimo] initio *Sa.c.m2* || 12 intellegatur–est] videatur *P* || 13 prodidisse *S, La.r.* | non per adoptionem sed per naturam *UAT* per adoptione *P* || 15 natura *CM* | ex *pr. om. Sa.c.m2* | ille qui ex nihilo *om. PDS* || 19 dixit *om. La.c.m2* | his] hic *D* eis *C* iħs*K* || 20 nostis] noscitis *Oa* nosti *D* | meum *om. Z* | scitis *om. D* || 23 quae – 24 substantia *om. P* || 24 ut] *add.* haec. *P* ||

---

[120] Zur Verwendung dieser Bibelstelle im arianischen Streit vgl. die sorg-

19.125 Kommen wir zu einem anderen Thema! Arius sagt: „Bevor er geboren wurde, war er nicht". Aber die Schrift sagt, daß alles durch den Sohn ist. Wie also ermöglichte der, der nicht war, anderen zu sein? Wenn aber der Gottlose ‚als' und ‚vorher' sagt, deuten diese beiden Worte freilich auf Zeit hin. Wie bestreiten sie also, daß es eine Zeit vor dem Sohn gab, und wollen gleichzeitig, daß etwas, das zur Zeit gehört, früher dagewesen ist, da gerade die Ausdrücke ‚als' und ‚vorher' und ‚irgendwann nicht gewesen sein' zur Zeit gehören?

19.126 Arius sagt, der Sohn Gottes sei „aus Nichts" entstanden; wie liest man aber ‚Sohn', wie ‚aus dem' väterlichen ‚Leib' gezeugt, wie ‚das Wort, das aus dem Herzen herausgestoßen ist' (Ps 45,2: Ps 44,2 LXX)[120], wenn man nicht einsieht, daß er aus dem verborgenen und unermeßlichen Inneren des Vaters ‚hervorgegangen' ist, wie geschrieben steht? Sohn ist er nämlich entweder durch Adoption oder von Natur aus. Wir werden durch Adoption Söhne genannt, er ist durch die Wirklichkeit der Natur Sohn. Wie also stammt jener aus Nichts, der eben aus dem Nichts alles schuf?

19.127 Der hat den Sohn nicht, der nicht weiß, woher er kommt. Schließlich hatten auch die Juden den Sohn nicht, weil sie nicht wußten, woher er kam. Und daher sagte der Herr zu ihnen: „Ihr wißt nicht, woher ich gekommen bin" (Joh 8,14) und weiter unten: „Ihr kennt weder mich noch meinen Vater" (Joh 8,19*). Wer nämlich leugnet, daß der Vater aus dem Sohn entstanden ist, kennt auch nicht den Vater, aus dem der Sohn ist, und auch nicht den Sohn, weil er den Vater nicht kennt.

19.128 Arius sagt „aus einer anderen Substanz" — welche andere Substanz wird also mit dem Sohn Gottes verglichen, so daß aus ihr der Sohn Gottes ist? Oder wieso

---

fältigen Nachweise und gründlichen Untersuchungen bei GRÜNBECK, *Christologische Schriftargumentation und Bildersprache* 127–201 (Einwände in der Rez. von MARKSCHIES, *Rez. Grünbeck* 376–378).

quomodo repraehendunt, quia nos in deo aut usian graece aut latine substantiam dicimus, cum ex alia dicendo substantia deum filium etiam ipsi substantiam dei esse confirment?

19.129 Sed si de nomine substantiae aut ‚naturae divinae' voluerint dicere, facile revincentur, quia et usian graece et substantiam latine frequenter scriptura memoravit. Et Petrus vult nos, ut legimus, „divinae consortes" fieri „naturae". Quod si ex alia substantia filium dicent, ipsi se revincent et verbum substantiae, quod metuunt, confitendo et filium creaturis, quibus praeferre se simulant, conferendo.

19.130 Arrius dicit „creaturam" dei filium „non sicut ceteras creaturas". — Quae enim creatura sicut alia creatura est? Homo non ut angelus, terra non ut caelum, sol non ut aqua, lumen non ut tenebrae. Nihil ergo praeferendo donavit, sed ad simplices decipiendos misero colore fraudem suae impietatis obduxit.

19.131 Arrius dicit „mutabilem et convertibilem dei filium". Quomodo ergo deus, si mutabilis, cum ipse dixerit: „Ego sum, ego sum et non sum mutatus"?

PUATKD Φ*(UATO) LVZ SMCWEO def. R*
1 usian *UKVZS* usiam *cet.* ‖ 3 deum *om. P,* dominum *VZ,* deum esse *Oa,* dei esse *CUATm* | ipsis *TW* | dei *om. S* ‖ 5 volunt *UAT* | revincuntur *UADOa* vincuntur *T* | usian *UKVZSM* osiam *La.c.m2* usiam *cet.* ‖ 6 et *om. P* ‖ 6 latine substantiam *LVZSC*Φ*am* ‖ 8 substantia alia *PDME* | dicunt *KWE* dicit *D* | revincunt *KDUAOam* convincunt *T* ‖ 10 conferendo] coaequabunt Φ*a* ‖ 11–12 ceteras *om. P* ‖ 12 creatura *pr.*] *add.* non Φ*am* | creatura *alt.*] *add.* non *Km* ‖ 13 aqua] luna *La.c.m2* ‖ 15 accipiendos *Oa* ‖ 17 dixit *SD* | et convertibilem *om. P* ‖ 18 si] sit *Up.c.m2TOa, om. C* | inmutabilis *C* | dixit *SDC* ‖ 19 ego sum *alt. om. SCE eras. M*

---

[121] Hier irrt Ambrosius; in der Septuaginta findet sich οὐσία in Tob 14, 13 und 3 Makk 3, 28; dazu in Lk 15, 12 f. Häufiger belegt ist ὑπόστασις (zwanzigmal nach HATCH/REDPATH, *Concordance* 1417, fünfmal im Neuen Testament). Nach SIMONETTI, *La crisi* 524 Anm. 181, ist die Verwechslung beider Vokabeln in dieser gegen die Homöer gerichteten Behauptung bei Autoren, die kein Griechisch konnten (wie POTAMIUS, GREGOR VON ELVIRA und PHOEBADIUS VON AGEN) verständlich, verwundert aber bei Ambrosius. Sie dürfte als Abhängigkeit von solcher

tadeln sie, daß wir bei Gott entweder griechisch οὐσία oder lateinisch *substantia* sagen, während sie — indem sie sagen, daß der Sohn Gottes aus einer anderen Substanz sei — auch selbst bekräftigen, daß es eine Substanz Gottes gibt?

19.129 Aber wenn sie kritisch über die Begriffe *substantia* oder ‚göttliche Natur' sprechen wollen, werden sie leicht widerlegt werden, weil die Schrift häufig das griechische Wort οὐσία und das lateinische *substantia* erwähnt hat[121]. Auch Petrus will, wie wir gelesen haben, daß wir zu „Teilhabern der göttlichen Natur" (2 Petr 1,4) werden. Wenn sie aber sagen, daß der Sohn aus einer anderen Substanz ist, widerlegen sie sich selbst, einerseits durch das Bekenntnis zum Wort *substantia,* welches sie fürchten, andererseits dadurch, daß sie den Sohn mit den Geschöpfen vergleichen, den sie angeblich diesem vorziehen.

19.130 Arius sagt, daß der Sohn Gottes „ein Geschöpf" ist, „aber nicht wie die übrigen Geschöpfe" ist. — Welches Geschöpf aber ist schon wie ein anderes Geschöpf? Ein Mensch ist nicht wie ein Engel, die Erde nicht wie der Himmel, die Sonne nicht wie das Wasser, das Licht nicht wie die Finsternis. Nichts also hat er erreicht, indem er den Sohn den übrigen Geschöpfen vorzieht, sondern, um die einfachen Gläubigen zu täuschen, hat er mit schlechter Farbe den Betrug seiner Gottlosigkeit vertuscht[122].

19.131 Arius sagt, daß „der Sohn Gottes veränderlich und wandelbar"[123] ist. Wie kann er also Gott sein, wenn er denn veränderlich ist, obwohl er doch selbst gesagt hat: „Ich bin, ich bin und ich bin nicht verändert" (Mal 3,6*)?

Tradition zu erklären sein und wird auf mangelnde eigene Recherche zurückgehen. Immerhin kommt das lateinische Wort *substantia* zweiundneunzigmal in der lateinischen Bibel (jedenfalls in der Vulgata) vor.
[122] Dieser Abschnitt könnte auf die Lektüre eines ATHANASIUS-Textes zurückgehen (*Ar.* 2,19,1–6 [195 f METZLER/SAVVIDIS]).
[123] Das sagt ARIUS gerade nicht, vgl. den Brief an den Ortsbischof ALEXANDER, ca. 320 n. Chr: ἀτρεπτὸν καὶ ἀλλοίωτον (Urkunde 6,2 [OPITZ]; zitiert von EUSEBIUS VON CAESAREA, Urkunde 7,2 [OPITZ]).

20.132 Vere nunc mihi propheticum illud est confitendum, quod prophetaturus de domino praemittit Eseias dicens: „O miser ego et conpuncto corde, qui cum immunda labia habeam, in medio quoque populi inhabitem inmunda labia habentis, vidi dominum sabaoth." Ergo si Eseias miserum se dicit, qui vidit dominum sabaoth, quid ego de me dicam, qui, cum inmunda labia habeam, cogor de dei generatione tractare? Quo igitur de his quae metuo locuturus erumpo, cum David de his quae sciat, ori suo custodiam petat? O si mihi quoque „unum de serafin" candentem illum carbonem, quem „de altari" divino sumpsit utriusque „forcipe" deferens testamenti, inmunda adurat labia!

20.133 Aut — quia tunc serafin descendit in figura ad prophetam, tu autem, domine, revelato mysterio ad nos in carne venisti, ‚non per legatum neque per nuntium sed ipse' per te —, ab occultis meis conscientiam meam mundes, ut ego quoque, dudum inmundus, sed iam per tuam misericordiam fide mundus, illud Davidicum canam dicens: „Psallam tibi in cithara, deus Istrahel; gaudebunt labia mea, cum cantavero tibi, et anima mea, quam redemisti."

PUATKD Φ*(UATO) LVZ SMCWEO def. R*
1 verum *MEm* ‖ 2 quod] quo *K* ‖ profeta *S* ‖ promittit *KDW* ‖ 3 dicit *S* ‖ 4 habitem *D* ‖ 5–6 ergo–sabaoth *om. S* ‖ 7 labia] *add.* mea *D* ‖ 7 habens *W* ‖ 8 quo] quid *Oa* ‖ 9 sciebat *D* ‖ 10 petit *D* ‖ unus *Cm* ‖ 10–11 seraphim *Sp.c.VT* ‖ 11 altario *D* ‖ 12 forfice *LZ* ‖ 14 aut] at *UT, Ap.c.m* ‖ seraphim *V om. S* ‖ in figuram *PLZW* ‖ 17–18 munda *P* ‖ 18 ut] *add.* et *W* ‖ 19 david cum *P* ‖ 20 deus sancte israhel *C* ‖ 21 cum] dum *KDWEOam*

---

[124] Gemeint ist: „durch Feuer reinigte".
[125] Ambrosius spielt wahrscheinlich auf seine eigene Taufe (vermutlich 374 n. Chr.: DUVAL, *Ambroise* 243–283) an, so jedenfalls MORESCHINI,

20.132 Aber nun muß ich jenes prophetische Wort bekennen, das Jesaja, bevor er über den Herrn prophetisch zu reden beginnt, vorausschickt und sagt: „Ich Unglücklicher, mein Herz ist erschüttert, der ich, obwohl ich unreine Lippen habe und auch inmitten eines Volkes mit unreinen Lippen lebe, den Herrn Zebaoth gesehen habe" (Jes 6,5*). Also, wenn Jesaja sich einen Unglücklichen nennt, der doch den Herren Zebaoth gesehen hat, was soll ich von mir sagen, der ich, obwohl ich unreine Lippen habe, gezwungen werde, von der göttlichen Zeugung zu handeln? Wohin gerate ich, wenn ich über die Dinge, die ich fürchte, ein Gespräch vom Zaun brechen wollte, obwohl doch David angesichts der Dinge, die er weiß, bittet, daß sein Mund davor bewahrt wird, sie auszusprechen (vgl. Ps 141,3: Ps 140,3 LXX). Oh, wenn mir doch auch „einer von den Serafim" jene glühende Kohle, die er „vom" göttlichen „Altar" genommen hat, „mit der Feuerzange" (Jes 6,6)[124] beider Testamente herabbrächte und meine unreinen Lippen versengte!

20.133 Oder — weil damals der Seraf als Vorausbild herabstieg zum Propheten, Du aber, Herr, durch eine geheimnisvolle Offenbarung zu uns im Fleisch gekommen bist, ‚nicht durch einen Boten oder durch einen Gesandten, sondern selbst' (Ps 18,13 LXX), durch Dich — so reinige mein Gewissen von meinen verborgenen (Sünden), damit auch ich, obwohl ich vorher unrein war, aber nun durch Dein Erbarmen im Glauben gereinigt bin[125], jenes Lied Davids singen und sprechen kann: „Ich will Dir mit der Kithara Psalmen singen, Gott Israels, es sollen sich meine Lippen freuen, wenn ich Dir gesungen habe, und meine Seele, die Du erlöst hast" (Ps 70,22f*).

Ambrosius 15,125.

20.134 Itaque, domine, calumniatores tuos et hostes relinquens confer te ad nos et sanctifica aures principis Gratiani omniumque praeterea, quorum in manibus hic libellus venerit, vacuas mihi praesta, necubi auditae perfidiae sordes resideant. Emunda ergo, emunda autem non fontanis poculis nec fluviali haustu nec susurro praetermeantis rivuli, sed sermonibus ad vicem aquarum operantibus, supra nitorem aquarum perspicuis et omni purioribus nive, illis utique sermonibus, quibus dixisti: „Si fuerint peccata vestra sicut phoenicium, ut nivem dealbabo."

20.135 Est etiam poculum, quo secreta mentis mundare consuesti, poculum non naturae veteris nec ex vite sollemni, sed poculum novum de caelo delatum, in terra expressum ex illo botryone peregrino, qui sicut uva de vite, ita ille in carne crucis pependit e ligno. Ex hoc ergo botryone est vinum quod „laetificat cor hominis", sobrietatem inebriat, crapulam fidei et verae religionis exhalat, crapulam castitatis infundit.

PUATKD Φ*(UATO) LVZ SMCWEO def. R*
2 relinques (et hostes) *K* | confer te] converte *C* ‖ 3 manus *KDm* ‖ 4 liber hic *S* hic liber *LVZCUAT* | praesta] *add.* aures *LVZCm* | necubi] nec ibi *Oa* ‖ 5 residant *PKMVZ*Φ*a* | autem] aurem *TDCEm* ‖ 6 haustu] austo *U, TAa.c.m2* | susurru *C* susurris *W* ‖ 6–7 praeter remeantis *S* ‖ 7 rivulis *K* ‖ 9 illis] is *S* | dixisti] *add.* per esaiam *Ea* ‖ 11 est *om. D* | etiam] iam *C* | poculum *pr.*] vinum *P* | mentis *om. P* ‖ 12 consuisti *KDLMCW* consuevisti *m* | poculum] vinum *PDE, (*Ĩ poculum *s.l.m2) L* vinum poculum *V* | vitae *P, Sa.c.m2* ‖ 12–13 sollemnis *PDC* ‖ 13 sed] et *C* | poculum] vinum *PD* | de caelo–expressum *om. SKUAT* | in terram, *UATKDS* ‖ 14 botruone *S* botrone *K* batrone *C* butrione *D*

---

[126] Angespielt wird auf eine Episode aus dem Alten Testament: die Kundschafter mit der Traube. Die typologische Deutung der Traube ist bei den Kirchenvätern häufiger belegt, vgl. zum Beispiel HIERONYMUS, *epist.* 109,11 (CSEL 55,139). Eine Predigt des CAESARIUS VON ARLES (5./6. Jahrhundert) handelt von diesem Thema, *serm.* 107 (CCL 103,443–446): *De exploratoribus et de botro*. Zur Wirkung der Geschichte in der bildenden Kunst vgl. THOMAS, *Kundschafter*.

[127] Die angespielte Redewendung *sobria ebrietas* („nüchterne Trunken-

20.134 Daher, Herr, verlasse Deine Verleumder und Feinde, komm' Du zu uns und heilige die Ohren des Herrschers Gratian und außerdem die all' derer, in deren Hände dieses Büchlein kommen wird, und gewähre mir, daß diese Ohren rein sind, damit nicht irgendwo ein schmutziger Rest vom gehörten Unglauben zurückbleibe. Reinige also, reinige aber nicht durch Quellwassertrank und nicht durch einen Schluck Flußwasser und auch nicht durch das Murmeln des vorbeifließenden Bächleins, sondern durch Worte, die anstelle von Wasser wirken, die über den Glanz des Wassers hinaus durchsichtig sind und reiner als aller Schnee, besonders durch jene Worte, durch die Du gesagt hast: „Selbst wenn eure Sünden so wie Scharlach sind, ich will sie rein waschen wie Schnee" (Jes 1,18*).

20.135 Es gibt nämlich einen Trank, durch den Du die verborgenen Sünden des Geistes zu reinigen pflegst, einen Trank nicht von alter Natur und auch nicht von einem gewöhnlichen Weinstock, sondern einen neuen Trank, vom Himmel herabgesandt, auf der Erde ausgepreßt aus jener fremden Traube (vgl. Num 13,23)[126], der so wie eine Weintraube am Weinstock im Fleisch am Holz des Kreuzes gehangen hat. Aus dieser Traube ist der Wein, der „das Herz des Menschen erfreut" (Ps 104,15: Ps 103,15 LXX), die Nüchternheit trunken macht[127], den Rausch des Glaubens und der wahren Gottesfurcht auslöst, den Rausch der Enthaltsamkeit eingießt.

---

heit") verwendete Ambrosius häufig (zum Beispiel im *Hymnus 2 splendor paternae gloriae* [187 FONTAINE]; *in psalm. 118* 10,43 [CSEL 62,229]; *in psalm.* 1,33 [CSEL 64,29]; *Iac.* 2,3 [CSEL 32/2,32]; *Ioseph* 11,60 [CSEL 32/2,111]; *fug. saec.* 8,47 [CSEL 32/1,201]; *Cain et Ab.* 1,5,19 [CSEL 32,355], sowie *epist. extra coll.* 14[63] [CSEL 82/3,251]). Er dürfte die Vorstellung von ORIGENES übernommen haben, der sie wiederum aus philonischer Tradition rezipierte (LEWY, *Sobria ebrietas* 67.103–105, beziehungsweise DASSMANN, *Frömmigkeit* 89.103.169.190–192). Allerdings erweitert sich bei Ambrosius der Ausdruck „über seine spezifische Bedeutung als Terminus für einen ekstatischen Vorgang zur Bezeichnung der Grundstimmung des in Gott ruhenden Frommen überhaupt" (LEWY, *Sobria ebrietas* 149).

20.136 Hoc igitur vino, domine meus, domine, aures augustae mentis emunda, ut sicut vino naturali ho|mines inebriati quietem diligunt, timorem mortis expellunt, iniurias non sentiunt, aliena non quaerunt, suorum obliviscuntur, ita etiam vino tuo crapulatus pacem diligat et fidei exsultatione securus mortem infidelitatis ignoret, patientiam caritatis exhibeat, sacrilegia aliena non teneat, fidem etiam pignoribus suis praeferat, secundum quod scriptum est: ‚Relinque omnia tua' „et veni, sequere me".

20.137 Hoc vino, domine Iesu, sensus etiam nostros dilue, ut te adoremus, te canamus, „visibilium et invisibilium" creatorem. Non potes ergo invisibilis aut bonus non esse, qui id etiam tuis operibus contulisti.

PUATKD Φ(UATO) LVZ SMCWEO def. R
1 vino] poculo *EOa* | domine *alt.*] domini *Kam* ‖ 2 auguste *CD* augusti *KOa* | vino] poculo *Oa* ‖ 3 mortis] mentis *Lm1* (Ϊ mortis *s.l. Lm2*) ‖ 4 iniuriam *D* ‖ 5 etiam] *add.* nunc *E* | vino] poculo *Oa* | et *om. E* ‖ 8 etiam] *add.* dignioribus *K* | pigneribus *Sa.c.m2* ‖ 9 tua *om. T* | veni *om. V* ‖ 10 vino] poculo *EOa* | vino] *add.* nomine *S* ‖ 11 canamus (*cf. Eph. 5, 19)*] colamus *SCΦam* colamus te canamus *W* cantemus *K* ‖ 12 potest *KD, La.c.* ‖ 13 qui id] quid *P, Sa.c.m2* quod *Sm2DLm2M* qui *Lm1UW* qui vitam *C* | contulisti] *add.* amen *K*
Liber primus explicit. Incipit liber secundus *P* Finit liber primus. Incipiunt Capitula. I. Quod Arriani bonum dei filium negent. II. De vero et bono dei filio. III. De omnipotente dei filio. IV. De domino maiestatis dei filio. Incipit liber secundus de patre et filio *UT,* (*sine numeris*) *A* Ambrosi episcopi liber I. explicit. Incipit secundus *K* Explicit liber I. Incipit liber II *D* Explicit de fide liber I. Incipit liber II. feliciter *L* Explicit liber primus. Incipit liber secundus *VMCWE* Liber primus explicit in nomine domini iesu christi. Incipit secundus sancti ambrosii episcopi et confessoris *S* De fide liber I. Explicit (*sequuntur tituli l. II sine inscr.:*) I. Nemo bonus nisi unus deus. II. De vero et bono deo dei filio III. De omnipotente dei filio III. De domino magestatis. Incipit liber secundus de fide *Z* Sancti ambrosii episcopi liber primus de fide ad gratianum augustum explicit. Prefatio eiusdem in librum secundum de fide ad gratianum augustum explicit. Prefatio eiusdem in librum secundum de fide ad gratianum augustum incipit *Oa* (*add. eadem fere capitula quae UAT, sed ante II 1,15*).

20.136 Durch diesen Wein also, mein Herr, Herr, reinige die Ohren des erhabenen Geistes, damit — wie die Menschen, durch natürlichen Wein berauscht, die Ruhe lieben, die Furcht vor dem Tod austreiben, keine Ungerechtigkeiten wahrnehmen, nichts Fremdes suchen, ihre Angelegenheiten vergessen —, ebenso auch der Herrscher, der durch Deinen Wein berauscht den Frieden liebt und sicher durch die Fröhlichkeit des Glaubens den Tod des Unglaubens nicht kennt, Geduld bei der Nächstenliebe zeigt, nicht in fremden Gotteslästerungen beharrt, den Glauben auch seinen Angehörigen vorzieht[128], entsprechend dem, was geschrieben steht: ‚Verlaß all Deinen Besitz' „und komm, folge mir nach" (Mt 19,21).

20.137 Durch diesen Wein, Herr Jesus, reinige auch unsere Sinne, daß wir Dich verehren, Dir singen, dem Schöpfer „des Sichtbaren und Unsichtbaren"[129]. Es kann also nicht sein, daß Du nicht unsichtbar oder nicht gut bist, der Du das gerade Deinen Werken zuteil werden ließest.

---

[128] Hier spielt Ambrosius vermutlich auf Verwandte GRATIANS an, die der homöischen Theologie nahestanden, auf seine Schwiegermutter JUSTINA (gestorben etwa 388) und deren Sohn VALENTINIAN II., seinen Halbbruder (AUGUSTUS 375–392) — so jedenfalls FALLER, *Ambrosius* 8,4*.
[129] Vgl. aus dem Nicaenum πάντων ὁρατῶν τε καὶ ἀοράτων ποιήτην beziehungsweise Kol 1,16 ... ὅτι ἐν αὐτῷ ἐκτίσθη τὰ πάντα ἐν τοῖς οὐρανοῖς καὶ ἐπὶ τῆς γῆς, τὰ ὁρατὰ καὶ τὰ ἀόρατα ....